三国士族生存法则

SANGUO SHIZU SHENGCUN FAZE

张睿 著

北京理工大学出版社

版权专有　侵权必究

图书在版编目（CIP）数据

三国士族生存法则 / 张睿著． — 北京 ：北京理工大学出版社，2025.7.
ISBN 978-7-5763-4961-0

Ⅰ．K236.09

中国国家版本馆 CIP 数据核字第 2025AB0685 号

责任编辑： 李慧智　　**文案编辑：** 周佩卿
责任校对： 王雅静　　**责任印制：** 施胜娟

出版发行 / 北京理工大学出版社有限责任公司
社　　址 / 北京市丰台区四合庄路 6 号
邮　　编 / 100070
电　　话 /（010）68944451（大众售后服务热线）
　　　　　（010）68912824（大众售后服务热线）
网　　址 / http：// www.bitpress.com.cn

版 印 次 / 2025 年 7 月第 1 版第 1 次印刷
印　　刷 / 三河市华骏印务包装有限公司
开　　本 / 710mm×1000mm　1/16
印　　张 / 23.25
字　　数 / 260 千字
定　　价 / 68.00 元

图书出现印装质量问题，请拨打售后服务热线，负责调换

推荐序

桃园三结义为什么值得推崇？

"少不读《水浒》，老不读《三国》。"

以前的时候，我对这句话的理解和所有人一样，以为是年轻人血气方刚，所以不能读充满打打杀杀的《水浒传》，避免沾染一身江湖义气；老年人阅历已多，城府既深，读了《三国演义》的兵书韬略，会更加老谋深算。

但是看了张睿（星彩她爹）的节目之后，我对这句话有了更深的理解。

我们喜欢三国，往往是因为喜欢里面的群星璀璨、文争武斗。武将，我们喜欢给他们排名，所谓的"一吕二赵三典韦，四关五马六张飞，七黄八夏九姜维"。文臣，我们也要争个一二三、甲乙丙，诸葛亮是三国第一流谋士当之无愧，但是又有人说"奉孝不死，卧龙不出"。郭嘉是不是三国第一谋士？抑或是为曹操奠定了颍川谋士团的荀彧？况且还有贾诩号称三国第一毒士……

精彩是精彩，但是这是演义，是带有虚构色彩的，不是真实的历史……

以前的时候，我一直有个疑惑。琅琊诸葛家三兄弟，最为著名的诸葛亮，担任了蜀国丞相，"功盖分三国，名成八阵图"，那么诸葛家族应该都在蜀国一人得道、鸡犬升天了吧？但事实上并不是这样，反倒是诸葛亮的兄长诸葛瑾到了吴国，最终成为孙权临终时候的顾命重臣；诸葛亮的堂弟诸葛诞去了魏国，官至征东大将军，也成了一方大员。

一家三兄弟到了三个国家，这是为了以身入局，左右天下局势，搅动天下风云；还是同室操戈，互为敌仇？

读了张睿的书之后，我理解了，原来这只是为了自身家族的生存。天下纷争，为了保持家族的生存和发展，只能在魏、蜀、吴三个阵营分别投资。

个人出仕，都是为了家族。而家族之间互相联姻、互为世交，就形成了弥漫和笼盖整个三国政局的士族势力。

翻开三国历史，天下霸主之位你争我夺，但逃不开士族生存法则。汝南袁家，四世三公，门生故吏，遍布天下，所以就有了袁绍雄踞冀州，袁术称帝汝南；沛国曹家，借助于宦官集团登上政治舞台，联合北方士族集团，成为新兴势力；刘表、刘焉、刘虞出身刘氏宗族，都是比刘备还要正宗的"皇叔"；弘农杨家、安平崔家、颍川荀家，他们也许没有资格角逐天下，也都纷纷找到自己的代理人，以图自己的家族壮大……

"上品无寒门，下品无士族"。三国固然不是士族最为鼎盛的时代，但是恰恰是士族的上升时代。

这就回到了我的那个标题，三国时期士族错综复杂、盘根错节，对这一现象仔细分析，群雄逐鹿几乎都可以从这一视角来解释。但是偏偏有三个人，一个是织席贩履之辈，另两个是屠狗卖浆、贩夫走卒之辈，他们白手起家，开创了自己的一片天地，也真正让三国这个千古瞩目的时代放射出耀眼的光华。

或许这就是我们推崇"桃园三结义"的原因吧？明白了这一点，读这本书，就对我们很有意义。

高希希

目录

I 第一部分
士族生存法则　001

蔡瑁　十二黄金兄弟　007

祢衡　祢衡为什么爱骂人　014

郭嘉　郭嘉是不是三国首席谋士　022

程昱　三国中谁最通透？　030

李典　曹操最对不起哪个家族　037

丁奉　三国里最励志的人　046

士仁　刘备的第四个兄弟　052

黄忠　当将军还是当老兵　062

张裕　蜀汉第一预言家　068

张松　一半是小丑，一半是英雄　076

马谡　出来混，早晚是要还的　081

孟达	看穿了一切却无路可选	089
蒋琬	庞统和诸葛亮的双料接班人	097
魏延	因为我不是士族	105
廖化	因为我是士族	113
黄权	蜀汉结局最好的将领	119
申耽	反复投降，魏蜀之间的"墙头草"	128
庞林	我的哥哥是庞统	134
庞涣	我的舅舅是诸葛亮	140

II 第二部分
客观评价   147

张角	三国到底讲了什么？	149
董卓	董卓到底是被谁杀死的？	153
丁原	寒门进不了高端局	157
公孙瓒	文武双全害死人	160
陶谦	和贼寇为伍的野蛮人军团老大	170
吕布	吕布的困境	175

袁绍	士大夫联盟盟主	181
袁术	三国后勤天花板	186
刘表	刘表不是"守家之犬"	190
刘繇	乱世里的"孤勇者"	195
张鲁	三国仁德天花板	202
马腾	边疆武者的生存之道	207
曹操	曹操的终身学习	211
夏侯惇	夏侯惇很忙	217
夏侯渊	理想的"背锅侠"	221
曹仁	三国战绩天花板	227
曹纯	从参军到督军	233
曹洪	曹营中军大管家	237
张辽	榜样的力量是无穷的	242
乐进	元老和降将的区别	247
于禁	节钺有什么用	251
张郃	张郃的宿命	256
徐晃	典型的战场预备队	260
曹丕	曹丕的作用	265
曹睿	三国后宫人数天花板	273

司马懿　士族吃掉军阀	278
华佗　不为良医，愿为良吏	283
孙坚　为什么三国杀中孙坚没有主公技	287
孙策　孙策适合做主公吗	293
孙权　噩梦难度的主公之路	297
徐琨　孙权的哥哥，孙权的岳父	301
刘焉　为什么《蜀书》第一个写的不是刘备	304
刘璋　说曹操来，曹操没来	311
刘备　刘备的"逆商"	320
诸葛亮　诸葛亮最杰出的贡献	325
关羽　关羽败在刘备的"政治失衡"	331
张飞　张飞为什么会"刑杀既过差"	343
赵云　最后的元老派	348
马超　马超的价值	352
魏延　魏延的"奇谋"	356

I

第 一 部 分

士族生存法则

士族生存法则

| 第零条 |

士族只有一个目标，成为当地第一家族

| 第一条 |

士族必须和控制自己家乡的军阀合作

| 第二条 |

非我乡党，其心必异

| 第三条 |

如果你的乡党派系得势了，你就去追随

| 第四条 |

士族失去家乡，如同失去一臂

| 第五条 |

士族必须掌兵权，才有能量

| 第六条 |

要成为士族派系老大的亲近之人

| 第七条 |

士族讲究按家族排位

| 第八条 |

"蝙蝠人"是无敌的

| 第九条 |

去投靠皇权支持的派系

| 第十条 |

士族应该花钱让子弟成为名士的徒弟

| 第十一条 |

我是股东我怕谁?

| 第十二条 |

士族投资主公,主公赢了,士族是有分红的

| 第十三条 |

家族是个整体,分红都有份,问责也都有份

| 第十四条 |

士族派系首领必须罩着本派系所有人

| 第十五条 |

对外论派，对内论系

| 第十六条 |

没有主公喜欢被大士族控制

| 第十七条 |

士族应该组队发展

| 第十八条 |

士族的斗争，只有斩尽杀绝

| 第十九条 |

想强大，子弟需要去当文官，最好是京官

| 第二十条 |

在我的家乡，外地人休想打败我

| 第二十一条 |

原配大士族股东不允许其他妖艳士族股东崛起

| 第二十二条 |

士族可以与宗室平起平坐，但千万别想高于宗室

| 第二十三条 |

士族需要制造忠孝故事，帮助子弟扬名

| 第二十四条 |

政治投机是双刃剑，能让你一步登天，也会让你全族遭难

| 第二十五条 |

你是否被提拔，不是由你的才华决定的，而是由你家族在当地的能量排名决定的

| 第二十六条 |

士族不投资边疆武人

| 第二十七条 |

主公为了不成为傀儡，会去玩制衡

| 第二十八条 |

派系一旦可能或已经被边缘化，就会叛变

| 第二十九条 |

士族强大到巅峰后，必定会成为权臣

蔡瑁

十二黄金兄弟

你是曹操的好友,所以见过曹操许多极端的行为。曹操和袁绍一样是纨绔子弟,常常带着家仆牵着狗出门,甚至大白天调戏良家妇女,还曾做过持刀劫持新娘子的事。你看不惯他的做法,但因为你的姑父(张温)是曹操爷爷提拔的,姑父常带着你去拜访曹家,希望你能融入这个京城公子哥的圈子。然而,你总觉得和他们格格不入。

有一年,你又到了曹家,曹操神神秘秘地把你带进地下室里面,竟然捆着一个上身赤裸的健硕男子。曹操对你邪魅一笑,说:"交给你了。"之前劫持新娘,你还能理解,现在竟然对捆绑的壮汉有兴趣,你吓得连连后退,拔腿就跑。曹操赶忙追上你,在他的详细解释下,你才明白缘由。当时处于党锢之祸时期,宦官经常残害士大夫,袁绍和一群南阳人创建了一个神秘组织,叫"奔走之友",暗中营救士大夫。曹操是袁绍的好友,也是"奔走之友"一员。那

第一部分
士族生存法则

个被捆绑的人其实就是宦官通缉的士大夫。曹操把他装扮成奴隶,想让你带到荆州家乡保护起来。你脱口道:"为什么是我呀?"曹操没有回答,只是微笑地看着你,一时间你好像明白了什么。"奔走之友"是袁绍和南阳人创建的,而你的姑父不就是南阳人吗?怪不得姑父让你加入他们的圈子。这些年来,其实是"奔走之友"组织在考察你,觉得你信得过,现在把任务派给你了。你的家族是荆州豪强,你是有能力做这件事的。但一旦被发现,那可就是得罪了宦官集团。你陷入了纠结,但你突然想到,《士族生存法则》第十七条:"士族应该组队发展。"如果想成为你自己家乡的士族队长,那营救士人的行动则是一个很好的投机选择。对内能成为荆州士族队长,对外与袁家、曹家建立关系,买卖划算,于是你决定做。就这样,你成为"奔走之友"的编外人员,逐渐融入了一个特别的圈子。

若干年后的一天,曹操又一次神神秘秘地把你带进了地下室,里面又有一名男子,穿着华丽的衣服。曹操说,此人叫刘备,他新结识的幽州人,因打了督邮而逃到京城来的,是位英雄,想介绍给你认识。你与刘备交谈,发现他果然气度不凡。几天后,袁绍说要给你介绍一位好友,说与他同门,还说此人的师父的师父是自己的叔叔的岳父。你试图理解,但还是被绕晕了。袁绍说,总之此人与他是师出同门,是他的师弟,一见面竟然又是刘备。袁绍说,要介绍你们俩认识,你们俩都笑了。袁绍还喊来了他的弟弟袁术。袁绍说,袁术以前是他同父异母的弟弟,现在是他的堂弟,因为他自己过继到了二伯家。你再次尝试去理解,但又一次被绕晕了。为什么袁绍的人际关系都是这么复杂呢?袁绍说,不重要,总之袁术是他的弟弟。袁术又带来了一个打黄巾军有功的壮士,叫孙坚,刚来京蔡瑁：
十二黄金兄弟

城，大家把酒言欢。你这次在京城待得有点久，想回荆州了，却被姑父叫住了。姑父说，他新收了一个府官参军，带你认识一下，结果一见面竟然是孙坚。你和孙坚都笑了。和孙坚吃完饭，你正准备回荆州，却得知荆州的好友黄祖来了。黄祖是第一次来京城，需要你陪着他游京城，因为他不认识路。黄祖表示他想见一位在京城的三公府里当府官的同族，但他无法确定是三公中哪一位的府官。你经过几天的调查，找到了这个人叫黄盖。巧合的是，孙坚在你们上次吃完饭后对你的印象不错，回请了你一顿，并且还邀请了一位朋友，说和他一样，也是三公府的府官，一见面果然是黄盖，你和黄盖相视一笑。京城的圈子真小，这饭局吃来吃去，总能遇到熟人。京城里还有一位你和黄祖共同认识的好友荆州人蒯越，他在大将军府任职。你们聚会的时候，蒯越带来了两位他的同事刘表和张津。你和黄祖准备回荆州，袁绍为你们送行，推荐你认识他最欣赏的小弟，一见面发现竟是刘表。圈子是真小。你姑父的仆人找到你说，姑父邀请你参加酒宴，他举办了一个南阳人老乡聚会。席间有南阳的大名士宋忠，还有张津也在，原来他也是南阳人。你姑父还要介绍给你们认识，你和张津都笑了。果然是圈子，这就是个圈。你真的决定要走了，这时曹操带着刘备来找你，说他们要回曹操的亳州老家，说要带着刘备见见曹操的父母，临走前跟你吃个饭，并打算介绍朋友给你认识。你说别麻烦了，这次你请客，拜托曹操把袁绍、袁术、黄祖、黄盖、孙坚、曹操、刘备、蒯越、刘表、张津，还有你姑父张温一起叫上，连你一共十二个人。聚会时，你举杯说，大家都是一个圈子的，以后互帮互助。孙坚提议十二个人结义。刘备说，不可，结义是胡人的行为，我们又不是胡人。袁绍说，确实不

第一部分
士族生存法则

妥，张温是姑父，是长辈，差辈。你们吃饭的地方，装修得金碧辉煌的，金灿灿的。你随口说了句，这是黄金楼。曹操说咱们十二个人都是为大汉奋斗的义士，齐聚在黄金楼，咱们就是十二黄金兄弟。

数年后，董卓作乱，十二黄金兄弟里的袁绍、袁术、曹操、孙坚都参与反对。你写信给袁绍，询问你和蒯越、黄祖是否能参与。袁绍说，你们别动，他对你们另有安排。果然，没过多久，荆州新上任了一位州牧，不是别人，正是十二黄金兄弟里的刘表。刘表拿着袁绍的亲笔信要求你们全力协助自己，帮助他坐稳荆州。蒯越问你怎么看，黄祖抢话说，都是黄金兄弟，那必须帮。你平静地说，确实都是黄金兄弟，必须信任，但是防人之心不可无。荆州毕竟是你们的家，你们才是荆州的王者，不能让荆州姓了刘。就这样，你们全力帮助刘表坐稳荆州。同时为了防刘表，你还把姐姐嫁给了刘表，贴身防着他。刘表有一点点风吹草动，你都能第一时间知道。你和刘表是一种很微妙的关系。在外人看来，你是他的小舅子，但在你看来，刘表是你的提线木偶；在刘表自己看来，他只是荆州的半个主人。

黄金兄弟们打完董卓后，有一天孙坚突然带兵进入了你们的地界。刘表、蒯越、黄祖都问你怎么看，你说都是黄金兄弟，必须信任，但防人之心不可无。果然，孙坚突然露出獠牙，对你们发起了进攻。你们这才知道，十二黄金兄弟里面，袁绍和袁术翻脸了。刘表是袁绍的铁杆小弟，所以袁术命令小弟孙坚来进攻刘表。你们全力反击，杀掉了孙坚。

荆州和交州接壤，数年后，朝廷派来一位交州牧，正是十二黄金兄弟里面的张津。刘表、蒯越、黄祖问，你怎么看。你说都是黄金兄弟，必须信任，但防人之心不可无。果然，张津露出了獠牙，对你们发动了进攻。你们这才知道十二黄金兄弟里面的曹操和袁绍翻脸了，刘表是袁绍的铁杆小弟，所以曹操拉拢了张津来打刘表。你们全力反击，张津败了并被杀。

几年后，官渡之战，袁绍败了，然后死了。袁绍的小弟刘备来投靠，刘表问你怎么看。你说都是黄金兄弟，必须信任，但防人之心不可无。你和刘表对刘备严加防范，只给他一座新野小城，并限制刘备的兵力。不知道刘备是否有獠牙，也许有，也许没有。总之，在你们的严防死守之下，刘备没有机会露出獠牙。

与此同时，孙坚的儿子们长大了，他们露出了獠牙，先后五次来进攻你们。这就有点不讲理了，因为当年他们的父亲孙坚跟你们都是黄金兄弟，结果来打你们，他们的老爹死了，你们都没有赶尽杀绝，还把他们给放了。现在倒好，如今他们却称你们是杀父仇人，一次次来报仇，来了五次。第五次，黄祖不幸被孙坚的儿子杀了。你有些难过，你感觉荆州可能守不住了。孙坚的儿子如果第六次来，那就危险了。

与此同时，曹操消灭了袁绍的儿子们，带大军南下。他写信给你和蒯越说，黄金兄弟，你们不跟随我吗？你思考了很久，你想起了少年时，姑父带你去拜见曹操的那个夏天。最终你决定跟随曹操，那刘备怎么处理呢？蒯越问要不要除掉他，你说算了，黄金兄弟一场，让刘备自生自灭吧。在你们投靠曹操后，刘备与你们的敌人孙家联盟了，曹操进攻了这个联盟。

此时，孙家有人来信要投降，正是黄金兄弟中的黄盖。黄盖说，

第一部分
士族生存法则

他从未忘记自己是黄金兄弟。当年孙坚带着他们来打荆州的时候，他就很反对，说怎么能打自家兄弟呢。结果孙坚死了，那是他自找的。但万没想到孙坚儿子们小心眼，认为黄盖和黄祖是同族，认定黄盖是内奸，十年里，把黄盖扔到各地去当县令，打黄祖从来不带黄盖。现在程普、韩当、吕蒙都已经是中郎将了，黄盖仍然是个都尉，比人家差了两阶，黄盖觉得自己在孙家没有机会了，想要投靠黄金兄弟们。曹操拿着信问你怎么看，你说黄金兄弟必须信任，但是防人之心不可无。果然，黄盖露出了獠牙，一场大火后，曹操带着你和蒯越回到了北方。

曹操问你，如果你是他，你会怎么看待自己和蒯越？你说，都是黄金兄弟，必须信任，但是防人之心不可无。曹操哈哈大笑，说你很通透，所以他不敢给你们实权，但荣华富贵管够。你笑了笑说，这个可以接受，多谢了，黄金兄弟。你和蒯越一直在曹操那里，享受着荣华富贵，像看戏一样看着黄金兄弟们的命运。黄盖打赢了赤壁，但还是不被重用，一直无法进入核心利益圈。其实道理很简单，《士族生存法则》第二条："非我乡党，其心必异。"东吴是淮泗人和江东人掌权，黄盖一个荆州人不被信任也是情理之中。黄金兄弟的刘备和黄金兄弟孙坚的儿子还是闹翻了，两边都有獠牙，谁都不信任谁。獠牙咬獠牙，好几撮毛呢，斗来斗去，非常精彩。

蔡瑁 小传

蔡瑁（生卒年不详），字德珪，襄阳郡襄阳县蔡洲（今属湖北省襄阳市）人。

出身襄阳豪族蔡氏，姑母是东汉太尉张温之妻，长姐嫁给黄承彦为妻，二姐嫁给刘表为继室。

少时，与曹操交好。

初平元年（190年），助刘表平定荆州，历任江夏、南郡、章陵等诸郡太守，镇南将军军师。

建安十三年（208年），刘表去世后，蔡瑁拥立与蔡家联姻的刘琮继位。

同年，曹操南征，随刘琮举州投降曹操。

后，在曹操麾下被当作故友相待，历任从事中郎、司马、长水校尉，封爵为汉阳亭侯。

祢衡

祢衡为什么爱骂人

你是祢衡,青州平原国人,这一年十九周岁,刚刚成年。《士族生存法则》第零条:"士族只有一个目标,成为当地第一家族。"族长对你说,你是子侄里最有才学的,家族能不能逆袭,能不能成为平原国第一家族,就全看你了。你眨巴着大眼睛看着族长说,《士族生存法则》第十条:"士族应该花钱让子弟成为名士的徒弟。"请问家族为我请了哪位名士呢?族长挠了挠头说,我们家族没有这个实力,这条路行不通,只能换条路了。《士族生存法则》第二十三条:"士族需要制造忠孝故事,帮助子弟扬名。"族长说,你听说过孔融让梨和卧冰求鲤吗?是的,你说听说过,孔融把大梨让给哥哥,知道谦让;王祥为了能让继母吃到新鲜的鲤鱼,用身体去融化冰河抓鱼,非常孝顺。族长说,对,就是这种套路,你也得按这个套路多来几次才能成为名士。你很惊讶,孔融让梨和卧冰求鲤怎么成套路了?族长说,你还是太单纯。孔家是大士族,家里会缺大梨吗?需

祢衡：
祢衡为什么爱骂人

要让来让去的吗？那王祥是琅琊王氏大士族，他爷爷以前是青州刺史，家里吃不起鲤鱼吗？至于要用身体去融化冰块吗？这就是家族给编的故事，为了让他们出名用的，你们回去研究研究，咱们也照这个路子来，但别太雷同了，否则显得很假。你似懂非懂地点了点头。在族人的集体智慧之下，你也拥有了几个孝道故事，但传播性很有限，只有本县的人知道。达不到像孔融让梨、卧冰求鲤这种全国皆知的效果。族长做了总结说，故事本身不错，但推广能力很弱，我们家族没有办法和孔家、琅琊王氏这样的家族相比，人家是大士族，有影响力。那现在怎么办呢？有人说了，平原国相是刘备，只要他听到了这个故事，就能重用祢衡，咱们得想办法，让他听到。族里的人七嘴八舌地讨论，但最后的结论是，刘备现在忙着打仗，他和单经、陶谦一起进攻袁绍、曹操，没有闲心听故事，族人的情绪又陷入了低落。

就在此时，你突然收到了一封信，写信的竟然就是同州的北海相——孔融。孔融听说了你的孝道故事，很感兴趣，要和你结交。全族沸腾了，祢家终于要逆袭了。孔融不断地和你书信往来，没有多久，江湖上就传开了，说孔融极其重视孝道，而且要求极高，不仅严以律己，还严以律人。他看见百姓哭坟不够悲伤，立刻将百姓斩首，他也极度欣赏有孝道的后生，说同州有一名后生很孝顺，孔融就与其书信交往。孔融都四十岁了，那后生才二十岁，属于忘年交。孔融没有因为自己的家族身份、官职、年龄而以高高在上的姿态来摆谱，而是和你像朋友一样一起交往。孔融名声大震，但是没有任何人关心你这个后生，只知道孔融了不起。这令你很失望，和你的心理预期不一样，但至少比没有这样的关系好。家族商议认为

015

第一部分
士族生存法则

至少搭上了孔融这条人脉，只要你坚持与孔融书信交往，过不了多久，一定能被孔融提拔为官员，家族就有逆袭的可能了。就这样，你与孔融书信交往了快两年，而孔融始终没有提到让你去当官的意思，至于什么时候能向孔融请求官职，这件事家族内部也是商议了很多次，最后的结论是要稳住，再等等，不能过早地暴露真实意图。

但这一年，突然有个六岁的儿童名声大振，他叫陆绩，跟父亲去袁术那里做客，藏了三个橘子，说要带回去给母亲吃。陆绩怀橘，大孝子立刻名满天下。你们一家人开会讨论，江东顶级家族陆家缺三个橘子吗？这段子编得也太拙劣了。族长说了，你们别嫉妒了，人家陆家是江东顶级士族，所以故事会传遍天下，而我们不是。你很不甘心，再也坐不住了，干脆向孔融坦白了你想当官的想法。孔融回了信，先是夸奖了你的文采，然后又说，可惜你没有厉害的老师，你得去找一个厉害的师门。孔融建议你去荆州，荆州的刘表正在办学馆，学子上千人，名士非常多，以大儒宋忠为首。你要是能成为他们的弟子，他就会提拔你，别人也没话说。既然孔融给指了条明路，那就去吧，你是全族的希望。背上行囊，二十一周岁的你出发了。你本想着能用才华征服大儒宋忠，成为他的徒弟，但你想多了，完全摸不到门在哪儿。几次碰壁之后，你才明白，这里的上等学子是荆州本地的士族子弟，比如潘浚；中等学子是中原汝颍子弟，比如徐庶、石广元、孟公威；像你这种青州平原来的，家族又没有名气，只能算下等学子，大儒名士看都不会看一眼。一年过去了，二十三周岁的你觉得看不见希望，只好写信给孔融，请求他为你指点迷津，然而信却石沉大海。此时，曹操把汉献帝迁到了许昌，

祢衡：
祢衡为什么爱骂人

许昌新朝廷人才不足，急需人才。曹操对外宣称，唯才是举，不看家族，许多像你一样的下等学子，都决定去许昌碰碰运气。到了许昌后，你拿着竹片做的门贴，四处拜访，寻求机会，但处处都吃闭门羹。最后这名帖上的字都已经磨得看不清楚了，但依然没有人接受你。

就在此时，有人找到你，把你带入一间大宅子，里面坐着一个陌生的中年人，正是孔融。原来之前的信之所以没有回应，是因为孔融遭到了袁绍儿子袁谭的进攻，北海失守了，孔融逃到了许昌。现在，曹操组建了许昌新朝廷，招募名士，孔融是大名士，自然被招来了，当了大官。孔融声称自己忠于汉室，与曹贼势不两立，他要组建属于自己的汉臣团队，要把你吸纳进去。他会亲自写信给汉献帝，向汉献帝推荐你。你简直不敢相信自己的耳朵，这几个月你的名帖已经磨坏了，都没有找到任何机会，现在竟然会被推荐给皇帝，这是在做梦吗？你问孔融，那我需要做什么呢？孔融说，你没有名气，需要编故事让自己出名。你一听到这句话，感到脑海一片混乱，心想：我和我的家族要是有这个能力，我至于沦落到今天吗？孔融似乎看出了你的担心，对你说，你放心，我会用我的资源来宣传你，你要相信我。你顿时信心满满，但问题是，你孤身在许昌，没有和父母在一起，关于孝道的段子也编不了。孔融说，这次咱不玩孝道，你要玩忠诚。你要忠于皇帝，要反对和曹操合作的士族们，懂了吗？你听我安排就好。果然没过多久，江湖上流传一个爆炸性的新闻，说有一个叫祢衡的年轻人，他说颍川士族的荀彧是"小白脸"，适合去吊丧；说颍川士族的陈群是酒鬼，适合去卖酒；说河内士族的司马朗是个胖子，适合去当屠夫。这个骂得爽，汉臣

第一部分
士族生存法则

们都被点燃了，全部夸赞你。荀彧、陈群、司马朗这些人，都是曹操的大股东。你骂他们，让曹操脸上无光，但汉献帝特别高兴，汉臣们特别高兴，整天把忠汉挂在嘴边的名士们特别高兴。孔融立刻写信给汉献帝，拼命地夸你。

事情到了这一步，曹操必须面对你了，这导致曹操极为难做。如果不选你当官，说不过去，所有忠汉的大臣名士都推荐你，曹操不用你，那曹操还忠汉吗？但如果给你封了官，那说明什么？那说明你说的是对的，曹操支持你的观点，曹操也认为荀彧、陈群、司马朗都是酒囊饭袋。这可把曹操陷入两难境地，只好开会研究怎么处理这件事。没过多久，曹操果然要召见你。你兴奋不已，终于等到这天了，见到了曹操，曹操就能封你当高官了。孔融跟你说，别激动，你又有一个扬名的好机会了，但是现在不要去，而且你要私下里说曹操的坏话，你的名气就更大了。果然是个爆炸性新闻，之前骂荀彧、陈群的那个叫祢衡的人，竟然拒绝了曹操的邀请，有骨气，真汉子！你再次名声大噪。曹操只得再次表现诚意，又来请你。孔融说，这次可以去了。你去了，到了那儿之后，万万没想到曹操只让你当一个小小的鼓吏。怎么会这样，自己的名气都这么大了，怎么才是个鼓吏？这明显就是对你的打击报复。随即曹操方面迅速发布了一份文告，提出了唯才是举的原则，说他们用人，是用人之长，经过他们的调查，了解到你最大的三个特点：一个是文章写得好，第二个是口才好，第三个是鼓打得好。虽然曹操说，是有心提拔你当主簿之类的文官，但眼下没有位置，需要等待，你可以先进来当鼓吏，并说任何人只要有一技之长，曹操都要。这么一忽悠，劳苦大众们觉得曹操很会用人。孔融对你说，这是曹操在故意羞辱

祢衡：
祢衡为什么爱骂人

我们忠汉的文人集团。他敢羞辱我们，我们就得羞辱他。孔融对你耳语了一番，你有些惊讶，但孔融告诉你，这一切是为了大汉。几天后，曹操宴请宾客，你作为鼓吏的一员要演出。演出那天要穿演出服，其他的鼓吏都是穿着演出服出场的，唯独你没穿。管事的让你下去换演出服，结果你当着所有宾客的面直接脱衣服、脱得一丝不挂，然后换演出服。这个行为极为不雅，导致曹操非常没有面子。曹操无奈地笑了笑说，好，你们赢了，不装了，摊牌了，我让你当鼓吏，本来就是为了羞辱你，没想到却被你给羞辱了。你再次爆火，比前两次都要火，你被所有的反曹义士视为第一人。

　　曹操也怕了，他担心你未来会有更多惊人之举，于是决定把你推荐到刘表那里去。你顺利地到了荆州。一年前你就在荆州，当时是下等学子无人问津，但一年后，你已经是名满天下的名士了。刘表带着所有有头有脸的人物来迎接你。一些名士说，当年你在荆州的时候，就看你是个好苗子，本来要计划收你为徒的，只是想再磨炼磨炼你，没想到你去许昌了，在许昌你的学识大增，我们现在已经不敢收你为徒了，您的学识比我们还强，希望您呢以后能指点我们，大家兄弟相称。你看到这群点头哈腰、言不由衷的人觉得很好笑，但也感受到了名气的威力。你要让自己的名气更大，成为大汉最有名气的人。你延续之前的套路，先是把荆州的名士全部骂成"酒囊饭袋"，就像骂荀彧一样；然后装清高，刘表的宴会不去，刘表开会也不去。当年你都能不给曹操面子，何况刘表？然后再干一些出格的事，当众打高层的脸。比如刘表要给汉献帝写奏章，刘表找了好多名士一起写，写完了，请你看一看，你看了过后直接"擦擦擦"撕掉，硬摔在地上，刘表和名士们都是被你吓傻了，当众被你

第一部分
士族生存法则

打脸。你拿起笔点点刷刷，新的奏章写好了，交给刘表，写得非常好，众名士无话可说，这就是你的能力。你确实有过人的文采，只是你以前不出名，没有机会，你的文采的确是可以碾压所有人的。此事一出，你又一次扬名了。你按照这几招的手法又效仿了几次，每次都扬名，但刘表被你玩得吃不消了，刘表麾下的文官们也都怕了你。

刘表就把你派到了他麾下的统帅黄祖那里。黄祖和刘表的情况不一样。刘表所在的荆州是省会，黄祖这边算是军事前线，他统领的是水军舰队，他常常在大船上一待就是十天半个月。船舰里面又没有什么文官，所以你自然而然地就成了第一文官，所有的文字工作都由你负责。你的文采和能力非常强，黄祖对你赞不绝口，黄祖的儿子和你称兄道弟。有一次，黄祖的儿子宴请宾客，把你叫来，要炫耀一下，让你以鹦鹉为题写一篇文章。你提笔就写，一气呵成，文采华丽，宾客都惊呆了，你又扬名了。你明白在乱世，对于文人，实力是必须有的，但名气更必须有。没有名气，光有实力一点用都没有。所以你必须让自己一直有名下去，要一直一直有名下去。于是你继续玩你的三板斧——骂人、装清高、做出格的事。有一次当众辱骂黄祖是"死打铁匠"，黄祖很生气，要动手打你。你立刻火上浇油，继续骂。因为你知道事件升级，才能火，这传出去，对于你大名士祢衡来说，这叫有气节，敢于顶撞水军统帅黄祖。你幻想着大家会怎么评价你时，突然，听到黄祖大叫，让左右把你拉下，给砍了。你有一点惊讶，但转念又一想，没事，黄祖舍不得砍我。而且这种事件一升级，你就更出名了。但就在此时，突然剑光一闪，你感觉自己的脑袋飞了起来。你惊愕到了极点，你被杀了。你的头在空中翻滚，你看见了黄祖惊讶的表情，看见了黄祖的儿子赤脚冲过来要救你。但是已经晚了。同时你也看清了持剑砍你的人，那不是士兵，而是黄祖身边的一名文官。你不知道那个文官叫什么，只是隐约觉得眼熟，你甚至不明白那个文官为什么要杀你。你骂过这么多的人，只是为了出名，对于因为被你骂而遭遇不幸后果的人，你毫不在意，又怎么会知道这个小文官是谁呢？这小文官也知道，黄祖说杀你是气话，所以他立刻抓住了机会，抢先拔剑杀了你，就是怕黄祖收回了气话。你最后残留的意识在想，因为骂荆州水军统帅黄祖"死打铁匠"被斩，这一定是爆炸性的消息。不知道能爆到什么程度，希望能超越骂荀彧那次，也算是破了你的记录吧。

叙述到现在，那你觉得祢衡是个怎么样的人呢，是个可怜之人还是可恨之人呢？

祢衡 小传

祢衡（173年—198年），字正平，平原郡般县（今山东省临邑县）人，辞赋家、名士。

少有文采和辩才，性格刚直高傲，喜欢指摘时弊、轻视别人。

汉献帝兴平（194年—195年）年间，在荆州避难。

建安（196年—220年）初期，到许都来游学。因孔融举荐，被曹操任命为鼓吏，击鼓骂曹，被曹操送至荆州刘表处。

在荆州，祢衡侮辱、轻慢刘表，被送至夏口黄祖处。

在夏口，提笔立就《鹦鹉赋》，语惊四座。因骂黄祖为"死锻锡公（打铁匠）"，被黄祖所杀，时年仅25周岁。

郭嘉

郭嘉是不是三国首席谋士

你是郭嘉,颍川士族。汉光武帝刘秀的云台二十八将里面,有七位是颍川的,所以颍川士族非常强大。大士族有荀、钟、陈、韩四家,中小士族有辛家、郭家、戏家、淳于家、赵家、杜家等等。汉末时,袁家成为天下士族之首,所以颍川的士族们也纷纷效力于袁家。大士族里面,荀家的荀衍、荀谌、荀彧三兄弟,效忠于袁绍。韩家里面的韩馥,本就是袁家门生。中小士族里面,淳于家族出了淳于琼、辛家出了辛评、辛毗,当然你们郭氏家族也派出了郭图,你的族兄弟。《士族生存法则》第零条:"士族只有一个目标,成为当地第一家族。"现在颍川的第一家族是荀家,所以超越荀家、取代荀家,是你颍川郭氏家族的唯一目标。在袁绍集团内,荀家的老大级人物,有荀衍、荀谌、荀彧三兄弟,而郭氏家族的老大级人物只有郭图。为了与荀家竞争,郭图要求家族输送人才,辅助自己。家族内部开会决议,最后选择了你,派你去辅助郭图。然而,郭图看到你后非常不满意,《士族生存法则》第十条:"士族应该花钱让子弟成为名士的徒弟。"而你们那一支本就不富裕,没钱让你成为名士子弟,你压根儿没有名气。就连这一次选你,也是你们这一支的叔伯们跟族长据理力争,认为族长一直亏待你们这一支,族长理亏,才勉强同意选的你。郭图看着你直挠头,该怎么向袁绍推荐你呢?该怎么推荐,才能让袁绍封你个要职呢?果然,袁绍发问了,说郭奉孝,我怎么没听说过呀?郭图赶忙解释说,他清高,十九岁成人以后就当隐士,只与俊杰交往,不和俗人交往,所以大家都不知道他,只有见识高超的人才会惊奇于他的才能。袁绍听完哈哈大笑,说他方才与郭奉孝聊了一回,没有感觉到惊奇,看来他不是见识高超的人。计划失败了,袁绍没看上你,你只能在郭图的手下打打杂,并没有成为能和荀家抗衡的人物。

此时,袁绍占了冀州,扶植其盟友曹操占兖州。袁绍要求颍川士族支持曹操。曹操当时那么弱小,没有人愿意去辅助他。但是荀家作为颍川士族之首,必须给袁绍面子,就把三兄弟里最小的荀彧派到了曹操那里,然后又把侄子荀攸派到了曹操那里。郭图开始思考了,如果要取代荀家,不光在袁绍这里,他要战胜荀衍、荀谌,还要在曹操那里战胜荀彧。郭图就要求家族派人去曹操那里,人派了,但很可惜,没有被曹操重用。相反,荀彧推荐了他的小弟——戏家人戏志才,成了曹操麾下的首席随军谋士。按曹操的话说,除了戏志才,他找不到第二个能商量计谋的人。此言一出,一语成谶,戏志才病死了,曹操真的找不到第二个能商量计谋的人了。曹操就对荀彧说,你从颍川再推荐一个人来替代戏志才。荀家就带着颍川士族开会,商议来商议去,谁都不愿意去,唯独郭氏家族提

第一部分
士族生存法则

名了你——郭奉孝，要求把你从袁绍那里改派到曹操那里，反正也没人愿意去，荀家就同意了。你问郭图有这个必要吗？之前我们家族不是派人去曹操那里了吗？不是没被重用吗？郭图说了，这次不一样，《士族生存法则》第六条："要成为士族派系老大的亲近之人。"这次的职位是顶替曹操的首席随军谋士戏志才，若成功，便是曹操最亲近的人。为了给你造势，郭图还为你安排了一次送行仪式。郭图拉着辛家的辛评一起表示对你的不舍和重视。当然，主角是你，你需要陈词一番，你表达了自己很有才能，但又不能被袁绍重用。一番造势过后，你到了曹操那里，立刻被奉为上宾。外界传闻说，你是郭氏家族和荀氏家族为首的颍川中小家族联名推荐的。因为颍川氏族们都不愿意跟随曹操，所以曹操很没面子。现在获得了一个你这样被联名推荐的隐藏名士，曹操也觉得很有面子，非常重视你，并特地为你创设一个官职，叫军师祭酒。你在曹操这里风头正盛，成了名副其实的首席随军谋士，和曹操的亲近关系超越了荀彧、荀悦、荀攸，而在袁绍那里，郭图的势头也超越了荀衍和荀谌。郭氏家族欢喜不已，认为超越荀家，成为颍川第一士族指日可待。

然而，局势很快发生了变化，荀彧的侄子荀攸原本是高级文官，但现在突然转职，也成了随军谋士，和你的职业一模一样，这是几个意思啊，是巧合呢，还是荀家发起了反击？你搞不明白，荀攸作为随军谋士非常厉害，再加上他又是荀家人，一下子变成了曹家的首席随军谋士，被称为"谋主"。你心中愤怒，荀家过分了，说好了，是你来代替戏志才成为随军首席谋士的。结果荀家派了个侄子过来，而且这个叫荀攸的，说是侄子，年龄比他叔叔荀彧还大郭嘉：

郭嘉是不是三国首席谋士

六岁，157年生的，比你大了十三岁。他是个老江湖，曾经在大将军府效力，跟过何进，还参与策划刺杀董卓，差点当了蜀郡太守，属于老资格。他经验更多，而且老奸巨猾，眼珠子一转就是一个点子。在你看来，荀家派这么一个人过来就是故意的。你有些灰心，但你渐渐感觉，虽然荀攸功劳多又厉害，但曹操并不亲近他，相反更亲近你。你突然想起了《士族生存法则》第十六条："没有主公喜欢被大士族控制。"曹操和荀家是合作关系，荀彧管着曹操的后方，但在曹操的前方又出现了荀攸这么一个上蹿下跳、能力非凡的人，曹操能高兴吗？合着后方前方都被荀家控制了，所以曹操要故意提拔你，用你来制衡荀攸，不能让荀家太猖狂。你领悟到了这一点，心里立刻有谱了。在当前的局面下，你和曹操的对手都是荀家，对手的对手就是队友。所以曹操拉你当队友，但这话不能明说。有主公当队友，你自信许多，频频献计，和荀攸比得有来有往，虽然略占下风，但曹操挺你，也就平衡了。在战张绣时，荀攸提出有可能会被刘表、张绣两面夹击，曹操没听，战败。你也不能闲着，恰好此时袁绍写信来讥讽曹操，你抓住机会，提出了《十胜十败论》，说曹操比袁绍强，大大鼓舞了曹军的士气，也立了功，和荀攸打了个五五开；灭吕布时，曹操对外宣布，鼓励曹操不放弃的是荀攸和你，五五开；建议曹操用水计的是荀攸和你，五五开。为了给荀家面子，荀攸排在你前面，但功劳上，你们俩平分秋色。曹操的意思很明显了，但是也让颍川的大家族荀家、钟家、陈家非常不满，曹操怎么能让你郭氏这种小家族和他们大家族平起平坐呢？为了敲打一下你，让你不要太猖狂，同时为了试探曹操的真实态度，三大家族决定派陈群来弹劾你，理由也很有意思，行为不检点。这个罪名

025

第一部分
士族生存法则

定得很高明，真的是可大可小，可深可浅，可俗可雅，可内可外。什么叫不检点，不遵守礼法吗，这是大事。但如果只是乱讲话呢，这也叫不检点，这是小事。往浅了说，可以理解为是不守纪律；往深了说，可以理解成破坏法度；往雅了说，不拘小节；往俗了说，老百姓怀疑你是贪酒好色；往外说，你是军师祭酒，不检点，不做好榜样；往内说，大家都是颍川士族，你郭氏是中小家族，请摆正你的位置，不要想这些有的没的。你听到这个消息没有表态，只是觉得很好笑。曹操不傻，大士族们什么意思，曹操心里明白。接下来曹操表态的时刻到了。曹操放走了刘备，众大臣说不该放走刘备，简直是放虎归山。曹操说，是呀，郭奉孝就是这么提醒我的，我没有听，是我的错。也有大臣说，主公，我认为你做的是对的，因为眼下需要为你塑造一个仁德的形象，放走刘备这样有利于你获得仁德，有利于你和袁绍争夺支持者，所以应该放走刘备。曹操立刻说，对对对对，郭奉孝之前也是这么跟我说的，他就说应该放走刘备。群臣们都惊了，要放刘备的是郭奉孝，不放刘备的还是郭奉孝；说放了刘备正确，郭奉孝有功，说放了刘备是错误，郭奉孝还有功。这还讲点道理吗？是的，这就是曹操的态度。什么检点不检点，我曹操就支持中小士族。曹操要去打袁绍，但担心孙策会偷袭后方。你说孙策不会的，他得罪了江东士族，必定会被江东士族杀死。有大臣说，我也认为孙策会被江东士族杀死，但你怎么确定是什么时候被杀呢？万一我们去打袁绍，孙策来偷袭我们的后方，偷袭我们之后，他才被江东士族杀死，他是被杀死了，但我们被偷袭了，也导致我们对抗袁绍失败了，怎么办呢？曹操就像没听见这句话一样，自顾自地说郭奉孝说得对，就这么决定了打袁绍，散会。

郭嘉：
郭嘉是不是三国首席谋士

众人都向你投来了钦佩的目光，那眼神仿佛在说，你给主公喝了啥迷魂药了？你觉得机会到了，应该进一步了。《士族生存法则》第五条："士族必须掌兵权，才有能量。"你先提出了要指挥少量军队的想法，这个不能急，要一步一步来，先争取指挥个一两千人，未来再提出个一两万人。你上报了想法，并未得到曹操的批准，反而是钟繇被任命为首都市长、关中都督，掌握后方一切事务。你简直不敢相信自己的耳朵。曹家不是只有自家人才能当大统帅吗？他钟繇凭什么当大统帅呀？钟繇之前干啥了，有啥功劳？内心抱怨着，却突然明白钟繇不只是钟繇，钟繇还是荀彧的臂膀。这个位置其实是荀彧的，钟繇是代替荀彧去的。如果荀彧要求当后方大统帅，那曹操没有办法拒绝，因为人家是大股东，但他们这么干，是不是在对你反击呢？

与此同时，袁绍军中传出一个好消息，郭图分割了河北第一士族沮授的兵权，一分为三，郭图和淳于琼各占一份。郭图还支持袁绍的大公子袁谭，被袁谭视为心腹，现在郭图已经是袁绍军中实力最雄厚的第一人了。你意识到，如果郭氏家族要取代荀家，依靠曹操是不可能了。如果袁绍灭了曹操，而郭图又是袁绍军中的第一人，那郭氏家族就能成为颍川第一家族。当你意识到这一点，便失去献策的动力了。整个官渡之战，你几乎没有参与，荀攸依然是劳模，连出三计加两次推理。第一计声东击西，干掉颜良；第二计以辎重诱敌，干掉文丑；第三计策划了奇袭袁绍的运粮队。两次推理，第一次推理，许攸是真投降；第二次推理，张郃是真投降。最终，官渡之战，袁绍败了，接着袁绍死了。群臣们都建议趁势进攻，只有你提出来暂时放弃进攻，认为袁绍的儿子们会开始内讧，这样对我

第一部分
士族生存法则

们有利。果然，袁绍的儿子们内讧了。

205年，曹操灭了袁谭势力，郭图和他带去的郭氏子弟全部被杀。你听到这个消息既崩溃又愤恨，同样是袁绍军，为什么荀衍、荀谌能带着荀家人顺利投靠曹操，而你郭氏家族，郭图和子弟们就这样全部被杀了？为什么？这是为什么？这就是荀家怕你郭氏取代他，下的杀招吗？《士族生存法则》第十八条："士族的斗争，只有斩尽杀绝。"你急火攻心，大病一场，但你知道现在不是病的时候，袁家势力里一定还有逃走而没有被杀的郭氏子弟，你得救他们。你向曹操提议，应该对袁家冰释前嫌，敞开胸怀接纳袁绍势力的所有名士，包括骂曹操的陈琳。曹操听从了建议，果然，有一些逃亡的郭家子弟来投，躲过了杀身之祸，你也算对得起列祖列宗了。

207年，曹操要追击袁氏残部，进入乌桓的地界。群臣们反对说，太过危险，只有你建议进攻，非常坚持。曹操去了，在白狼山之战中斩杀了蹋顿单于，全军上下都知道。曹操再一次宣布，你郭奉孝说得对，你的计谋又成功了。但这只是对外，对内并非如此。白狼山之战凶多吉少，曹操差点死在那里。所以这件事在一些人的渲染之下，变成了说曹操之前想除掉郭图一族，你心怀不满，想让曹操为郭图一族陪葬。甚至有人说，你一直希望袁绍军胜过曹操军，所以打袁绍的时候你不出力。即便是说袁家儿子们会内讧那一次，也是为了曹操放松进攻，希望郭家人能逃走。

听到这些传言，你上次就急火攻心，并没有好透，这次愈加严重。恍惚之间，你甚至也在自己问自己，我为什么这么坚持让曹操打白狼山，我真的有必胜的把握吗？还是我内心里真的有一种想法，是希望曹操为我们郭氏家族陪葬？重要吗？反正郭氏家族彻底完了，现在想来，郭氏家族取代荀家成为颍川第一家族的想法，真的是夜郎自大、螳臂当车。伴随着你的去世，一切的猜疑也就没人追究了，但对外还是要给足体面。毕竟你曾是曹操的首席谋臣，各种怀念你的话，各种仪式要做足，但你的儿子想被重用是不可能的，而且你的儿子也早早就死去了。如果再有一次机会，你还会选择与荀家为敌吗？

郭嘉 小传

郭嘉（170年—207年），字奉孝，颍川阳翟（今河南省禹州市）人。

出身汉代汝颍士族颍川郭氏，少有大志。

初，郭嘉北行去见袁绍，未得重用。

建安元年（196年），荀彧将其推荐给曹操。与曹操一见如故，在司徒府任职。

建安三年（198年），被曹操任命为军师祭酒，屡次献计，在剿灭吕布的战役中有一定的贡献。

建安五年（200年），建议曹操先打刘备，后打袁绍，又分析孙策必然会遇刺。后来果然都与他的预料相符。

建安七年（202年），袁绍病逝，建议曹操暂缓进攻，等待袁绍的儿子们自相攻击。

建安十年（205年），跟随曹操在南皮（今河北省南皮县）进攻袁谭，冀州平定，被封为洧阳亭侯。

建安十二年（207年），他建议曹操轻兵兼道，北击乌桓，群臣反对，曹操采纳了郭嘉建议，险中得胜。同年，郭嘉病故于易州（今河北省易县），享年37周岁，谥号贞侯。

程昱 三国中谁最通透？

《三国志》里谁最通透？有的说是贾诩。非也，是你，程昱，你忘了吗？

你本名程立，出生在兖州小家族，《士族生存法则》第二十五条："你是否被提拔，不是由你的才华决定的，而是由你家族在当地的能量排名决定的。"你们家族在兖州排不上号，所以你活到五十岁了，还没有当过官。但你很通透，知道要有大成就，就必须依附强者，于是选择跟随士族之首袁家。

此时，兖州一把手是州牧刘岱，他遇到的难题，是不知道该支持袁绍还是公孙瓒。他听说你有谋略，请你来出主意。你果断建议他支持袁绍，州牧听取了。一年后，袁绍扶持藩属曹操进入兖州。这年曹操三十七岁，荀彧二十九岁，你比曹操大十四岁，年龄上能当曹操的大哥，你比荀彧大二十二岁，能当他爹，但是你却喊着叫着要给他们当小弟。族人看不懂，你说曹操的后台是袁绍，袁绍是天下士族之首。族人说那人家为什么要你呢？你说我曾帮助兖州牧刘岱支持袁绍，那不是假的，我帮了他，他凭什么不要我？果然，你进入了袁绍势力曹操分部。《士族生存法则》第一条："士族必须和控制自己家乡的军阀合作。"所以兖州的世家大族张邈家族、陈宫家族、李典家族等等，都支持了曹操。兖州世家大族们，在袁曹联合反击公孙瓒、陶谦、袁术时贡献很大。《士族生存法则》第十二条："士族投资主公，主公赢了，士族是有分红的。"但曹操并没有给兖州人分太多利益。因为曹操的原始股东是荀彧为首的颍川士族。《士族生存法则》第二十一条："原配大民族股东不允许其他妖艳士族股东崛起。"在荀彧为首的颍川士族看来，他们才是曹操的"原配"。曹操偏向"原配"，这引发了兖州士族的极度不满，矛盾激化，愈演愈烈。最后曹操杀了兖州名士边让，震慑兖州，兖州人不敢闹了。

趁着曹操攻打陶谦，兖州人勾结吕布，试图推翻曹操。兖州各族纷纷叛变曹操，叛得只剩三座城了。李典家族没叛变，你没叛变，还有兖州人典韦，他原本是跟随张邈的，这个时候竟然叛变了张邈归附曹操了。战争不可避免，曾经的同乡、同事、朋友，现在都成了敌人，刀兵相见，你死我活。你来不及想太多，只是想着如何能保住仅剩的三座城。你设计封住黄河渡口，挡住了陈宫军团，成功地守住了三城，成为曹操保住根据地的关键。曹操狼狈归来，对你大加赞赏，三十九岁的曹操拍着五十三岁的你的肩膀说，小伙有前途，跟着大哥我好好干。你赶忙说，大哥，我曾经做了个梦，梦见我双手托起太阳。我以前搞不懂这个梦的意思，现在我明白了，曹操大人，您就是这个太阳。曹操说你的名字里有个立字，你又托起

第一部分
士族生存法则

了太阳，太阳是日，那我就给你改个名字，立上加个日，以后就是你的名字了。这就是你的通透，知道自己想要啥，会和领导聊天。曹操和荀彧很开心，关键是这个梦，能给刚战败的士兵提升士气。原来曹操大人是太阳，天命所在，"曹太阳"的军团士气提升了。然而眼下爆发了蝗灾，粮食短缺，军队需要粮草供应。你现在是"曹太阳"和荀彧最信任的本地人，那由谁来供应粮草呢？只能是你。你理直气壮地去各大家族"零元购"。以前送礼都敲不开门的家族，现在只能供奉你，不敢说半个不字，但粮草依然不够。你胆子大，直接暗示手下把一些饿死的灾民的肉，弄成肉干和其他肉干混在一起。大家黑不提白不提，装不知道。曹操为了军队的生存，也无从置喙。

曹军和吕布、张邈军在兖州争夺激烈。一些兖州人质问你，你作为本地人，支持外来势力和兖州人为敌合适吗？你就这么看重曹操吗？你不予回答。《士族生存法则》第二十六条："士族不投资边疆武人。"你知道中原士族是看不起边疆武人的，任何边疆武人势力一旦进入中原，都会因为得不到士族的支持而失败。董卓、李傕、吕布都是如此，长久不了。曹操如果败了，能去找袁绍，吕布如果败了，能去找谁，阎王爷吗？这时，袁绍要求藩属曹操把族人送到邺城当人质，你建议曹操不要接受，曹操听了。兖州人知道这个消息，开心得不得了，说你没有变心，还是帮兖州人的；说你忽悠了曹操，说曹操和袁绍快要闹翻了。曹操没了袁绍这个后台，他们兖州人随时可以消灭曹操，但结果袁绍依然给了曹操五千兵，并亲自带兵来击败吕布。你的族人不解地问你，曹操拒绝了袁绍，为什么袁绍还会帮曹操呢？你笑着告诉他们，弟弟拒绝了哥哥，哥哥也会帮弟弟，因为哥哥需要弟弟。还有人不解说，你不一直是袁绍的粉丝吗，现在怎么向曹操了，你更换门庭了？你说自己并不爱袁绍，只是希望能得到袁绍的支持。现在袁绍把资源给了曹操，曹操又分给了你，你的目的达到了。如果曹操完蛋了，那你还能获得袁绍的支持吗？

接着曹操在袁绍的帮助下，收复了兖州。那派谁来管理兖州呢？必须是兖州本地人，信得过的人，候选人员只有你和李典的家族。李典家族有一万多族人，如果造反太可怕了，而你家族弱小，根本翻不起浪来，安全。就这样，你成了兖州督。《士族生存法则》第五条："士族必须掌兵权，才有能量。"身为兖州督的你，从那一天开始开启了掌兵之路。你的崛起，令荀彧为首的颍川士族股东很不满意，令兖州本地豪强李典家族也不满意。换成别人可能在这个问题上失策，会觉得自己是兖州人，就要代表兖州股东和颍川股东斗到底，但你不会，你通透。《士族生存法则》第十八条："士族的斗争，只有斩尽杀绝。"你很清楚，颍川士族派那是顶级家族，刘秀的云台二十八将里面有七个颍川的，颍川士族就是那么强大。而你是谁，兖州排不上号的家族，怎么能与荀彧、钟繇、陈群死磕？此时你六十岁了，你决定躺平，千万不能让荀彧等人把你视为政敌。你特别懂分寸感，曹操要给你增加兵力，你坚决不要，真需要用兵的时候，宁可去找一些流民来使用。这是一种通透，一定不能让荀彧感觉曹操很重视你。其实曹操特别希望能扶持一个派系来制衡荀彧派系，但你坚决不上套，各种拒绝，各种躺平。

几年后，你就果断放弃了兵权，去首都当"吉祥物"了。同样是兖州人的李典学习你，把一万三千多的族人私兵，送到邺城当人

第一部分
士族生存法则

质:"颍川士族的大人们,你们看清楚了,我们兖州人躺平了,没有意图取代你们,千万不要误会。"

你到七十岁了,得为子孙后代考虑了。你想让他们也能安安稳稳地当"吉祥物",不用干活,还享受着荣华富贵。于是你大大方方地帮助曹丕。但你和那些投机者不一样,他们帮助曹丕是为了让曹丕获得更多利益,但这样会令曹操很不满,而你不是。你的目标是要让曹操、曹丕父子更和谐,消除潜在的误会,这令曹操跟曹丕都很满意,所以说还是你通透。

十年后,你八十岁,曹操去世了,曹丕当了皇帝,你位列九卿,封为乡侯,儿孙们也被封侯。你虽然是个"吉祥物",但依然小心翼翼。今天顶撞一名同事,明天抬杠一名同事,把同事关系弄得极差,这就是你小心翼翼的方式。族人不解,问你这是要干吗,为什么要四处树敌呢?你微微一笑,一个四处树敌的人,还能创建派系吗,还能加入别的派系吗?主公最喜欢的就是没有派系的人。果然曹丕打算封你为三公,就在此时你去世了,八十岁寿终正寝。曹丕为你流泪,追封你为车骑将军,三公级别,谥号曰"肃"。

十三年后,曹睿开始为他爷爷曹操在太庙配享功臣,第一批仅三个人,第一位夏侯惇,第二位曹仁,第三位不是夏侯渊,不是曹洪,不是张辽,不是郭嘉,而是你。一共二十六个功臣,你排第三,首批就有你。此时你的子孙们都活着,他们获得了荣耀和富贵。你很通透,泉下有知,非常满意,这就是你想要的。有人说贾诩比你通透,贾诩先后跟了董卓、牛辅、李傕、段煨、张绣、曹操,频繁跳槽。而你前五十年不当官,看准曹操,一生只侍一主,谁的选择更通透?

程昱：
三国中谁最通透？

总之别人获得兵权，就争权，你躺平；别人压制乡党，要当本州的老大，你带着乡党躺平，感化乡党，把族人送去当人质；别人成为吉祥物，开始抱怨，开始不满，你主动要求当"吉祥物"，开开心心当"吉祥物"；别人投机储君会惹恼主公，而你能令主公和储君都很满意；别人混派系，圆滑，朋友多，而你偏偏要杠所有人，把人际关系搞坏。你要让主公知道，你不混派系。最终八十岁寿终正寝，追封车骑、三公级别，位列太庙配享功臣第三，子孙封侯。三国智者无数，或痴或嗔或贪，但没有人比你通透。

程昱 小传

程昱（141年—220年），字仲德，本名程立，更名为程昱。兖州东郡东阿（今山东省东阿县）人，东汉末年三国时期曹魏名臣。

黄巾起义时，用计保守住了东阿县城。

初平三年（192年），被曹操征辟为寿张令。

曹操征徐州时，与荀彧留守后方，兖州诸郡县反叛曹操支持吕布，程昱先协助荀彧守住鄄城，又劝范县、东阿县不要反叛，保住三城，因功受封为东平相。

建安元年（196年），与荀彧力劝曹操迎接天子。汉献帝定都许县后，以程昱为尚书；又以程昱为东中郎将，领济阴太守，都督兖州事。

建安五年（200年），迁为振威将军，敢以七百兵守鄄城，推断袁绍军不会来进攻自己。曹操称之为："程昱之胆，过于贲育。"

建安七年（202年），与李典负责运输，击败袁绍军的封锁，打通水道，被拜为奋武将军，受封安国亭侯。后主动放弃

第一部分
士族生存法则

兵权，闭门不出。

建安十六年（211年），曹操征讨韩遂、马超，曹丕留守，让程昱给曹丕当参军。

建安二十二年（217年），担任卫尉。后因与中尉邢贞争威仪，遭到罢免。

延康元年（220年），与魏国公卿共劝魏王曹丕即帝位；复为卫尉，进封安乡侯。朝廷欲以他为三公时去世，享年八十岁。追赠车骑将军，谥曰肃。

青龙元年（233年），曹魏武庙仅配享三将：夏侯惇、曹仁与程昱。

李典

曹操最对不起哪个家族

曹操最对不起哪个家族？吕伯奢吗？非也。曹操最对不起的就是你的家族，他欠你一个重号将军加州牧。什么？你不记得了？我带你梦回三国。

你出生在一个大族，你们家族连同族人和部曲有一万多人，族长是你的叔叔（李乾），他是当地的英雄，一呼百应，拥有能立刻扩充成几万军队的力量，比一个小军阀的实力都要强。你们家族明明是大族，但你叔叔总爱自称是士族。你问叔叔士族和大族有区别吗，叔叔说，士族和大族都是有地有钱有粮有私兵。你说哪不同呢？叔叔说，士族有文化，家里出文官，出大官，我们家族也想当士族，但在子侄中除了你，他们都不是这块料，读书的重任就交给你了。你连忙摆手，叔叔，我的环首刀用得可好了，钩镶用得也贼溜，咱能商量商量吗？你叔叔给你丢下了一箱的书籍，最上面一本叫《春秋》，然后对你说，家族能不能成为士族就全靠你了，然后

第一部分
士族生存法则

还派人收走了你的环首刀和钩镶。就这样,春去秋来,你苦读《春秋》,你叔叔向往士族,《士族生存法则》第十条:"士族应该花钱让子弟成为名士的徒弟。"于是,叔叔给你找来了名士,教你学习经学,你也很努力,算是博览群书了。《士族生存法则》第十九条:"想强大,子弟需要去当文官,最好是京官。"你叔叔盘算着得走走关系,得想办法给你弄个月旦评,结果出事了。

曹操占领了兖州,兖州就是你们的家乡。《士族生存法则》第一条:"士族必须和控制自己家乡的军阀合作。"就这样,你叔叔大手一挥,带领一万多族人部曲以及数不尽的民兵去投靠了曹操。曹操一开始都惊了,以为是地方豪强来进攻,在得知是豪强大族来投靠后,都觉得有点不可思议。曹操再三确认你们家族是来投靠他,而不是收编他,明白了之后,开心得差点要跳段舞。接下来你的家乡开始为曹操打仗。《士族生存法则》第二十条:"在我的家乡,外地人休想打败我。"青州黄巾兵来打你的家乡兖州,被你们的家族军团击败了;豫州的袁术来打你的家乡兖州,被你们的家族军团击败了。你们家族军团还跟着曹操去打徐州,这个战绩就一般了。因为离开了你的家乡,本地人的加持就没有了。

你们家族战绩好,人数多,而且有钱,配得起铠甲。在当时的军队里,覆甲率非常低,一支军队能有三分之一的士兵有铠甲就很不错了。但你们家族军团不差钱,你叔叔花得起钱,士兵的装备好,所以就厉害。本地人地形熟,又加分。在本州威望高,老百姓支持你们,给你们当内线,向你们报告敌人的情报,又加分。而且打仗时你们是家族军团,"上阵亲兄弟,打仗父子兵",都"嗷嗷"往前冲,没有人会败退。因为一次败退,很有可能会导致全族遭殃,所以你们家族的军团战斗力比曹操的本部还要强。在曹操军团里，你们家族军团是步兵第一军团，曹仁的骑兵队是骑兵第一军团。曹操打仗全靠你们家族和曹仁，这些大大小小的仗，你大部分都参加了。按你叔叔的话说，家族能不能变成士族就靠你了，你的命比他亲儿子的命都重要。

就在此时突然接到噩耗，你叔叔被吕布军杀了，这消息让你感到震惊，吕布军是外地人，在兖州怎么能有能力杀掉你叔叔呢？族人说，你叔叔带着几个亲信去各县劳军，结果被吕布军抓了，他不愿意投降吕布，就被杀了。就在你在思考该怎么办的时候，发现你们家族上上下下全部都穿着孝衣，外面罩着铠甲，你叔叔的儿子也就是你的堂哥（李整），一声令下，带领一万多孝衣军团，杀了出去，呼喊着要杀吕布，要为你叔叔报仇。当时是蝗灾，没有粮食吃，吕布军杀了你叔叔，可算是捅了马蜂窝了。你叔叔是当地的英雄，曹操打出了要为你叔叔报仇的旗号，各家族支持曹操，给曹操提供粮食，都拒绝为吕布提供粮食。吕布军没粮食吃，又遭遇前来报仇的你们家族军团，哪扛得住呀？吕布军一败涂地，被赶出了兖州，你堂兄带领军团一口气收服了曾经被吕布霸占的兖州各县，成为兖州的新英雄，被曹操封为青州刺史。当时的青州还不在曹操手中，曹操的意思是打下青州，青州就是你堂兄的。虽然是遥领的官，但刺史这个级别是真的，刺史级别也就是省长级别。你堂兄一跃成为曹军中身份最高的将领，比夏侯惇、夏侯渊、曹仁、曹洪都要高，而且手握的家族军团人数最多，战斗力最强，是名副其实的曹军第一统帅。

但是没过多久，你堂兄就莫名其妙病逝了，你顺理成章成为家

第一部分
士族生存法则

族掌门人。大家都知道你有文化，家族要成为士族靠着你，所以你接位。原本你以为你会接替堂兄成为省长级别的青州刺史，但没想到曹操说，你没有什么资历，只能先封你为县长。虽然后来把你升为太守，但是也只是市长级别，说好的省长呢？然而，曹操封兖州人程昱为兖州督。因为程昱是兖州人，根据《三互法》，本地的州牧不能是本地人，程昱当不了兖州牧，所以曹操封他为兖州督。你大为恼火。凭什么呀？你们家族是曹操手下的最强军团，战功最多，吕布都是你们赶跑的，那程昱有什么资格当你们州的一把手，凭什么他是省长，而我只是市长？族人们也是议论纷纷，有的人说不着急，等要打仗了，你就故意刁难曹操，我们家族军团的一万多人不出力，让程昱打去。你觉得很有道理，但没有想到，官渡之战，这种大决战，曹操竟然不重用你们家族，不重用曾经的第一军团，反而让你们家族负责押运物资，你大为愤怒。这还不算完，曹操还派夏侯渊来监视你，夏侯渊不光是曹操的兄弟，还是曹操的连襟，年轻时还为曹操坐过牢，是曹操本人最信任的人，比对夏侯惇、曹仁还要信任，派了一个这样的人看着你，你都无语了。有的族人说，曹操竟然这样对我们，要不我们不跟他干了。你想了想，摇了摇头，一来沉没成本太高，二来我们又不能离开家乡。曹操占着我们家乡，我们不跟他干了，那是要跟他对抗吗？这没法整。官渡打完了，夏侯渊也走了，你松了一口气。你想了想，我们家族必须打仗，必须有战功，不然家族影响力会下降。你打算向曹操提出要打硬仗，结果接到的命令是，你和程昱配合水路运送军粮——又是押运物资的活。你心态有点崩，但眼下有个棘手的问题，你要和程昱见面了。这个你咒骂过无数次的名字，终于要见到真人了。你在想：

李典：
曹操最对不起哪个家族

如何才能摆出一个三分讥笑、三分薄凉、四分漫不经心的态度去面对他呢？

结果见面后，程昱三句话就把你说蒙了。程昱说你们家族不用仇视他，你们是囚犯，他也是，没有区别。"囚犯"，什么意思？完全不知道程昱在说什么。程昱说，《士族生存法则》第二十一条："原配大士族股东不允许其他妖艳士族股东崛起。"曹操势力的大股东是颍川士族，是荀彧、荀攸、钟繇、陈群，他们又怎么能让兖州士族崛起，来和他们争利益呢？所以他们会死死地压住你们兖州家族。而且之前兖州的张邈、陈宫叛变了，所以在曹家人和颍川人看来，你们兖州人时刻有可能再次造反。曹操既怕我们造反，又怕我们崛起，现在你知道为什么只能干运送物资的活了吧？你恍然大悟，但你不甘心，恰好你们运粮的路被袁绍军给堵住了，你正愁没有机会打仗呢，就趁机带领家族军团把袁绍军击败了。整个江湖都震惊了，传言曹操手下的运输队竟然能打败袁绍军的正规军，太强了。后来你继续负责运粮，往来于前线和首都许昌之间，适逢刘备来奇袭许昌，首都市长夏侯惇和协防首都的于禁，还有运粮到了这里的你，三个人凑了一个联合军团，仓皇应对刘备。结果夏侯惇、于禁都被刘备伏击了，而你带着运粮队打败了刘备的伏兵，刘备逃走了。江湖又震惊了，都在传闻曹操麾下的那个运输队，上次干倒了袁绍军，这次干跑了刘备军，还救了夏侯惇和于禁，这是什么神奇的运输队？不了解内幕的人都不理解，外人哪里知道这运输队曾经还打跑过袁术和吕布。曹操有这么强悍的军队，却不重用，这惹得四处流言蜚语。曹操只得再次启用你的家族军团，曹操先是本人带着你去打邺城，然后派乐进陪着你去打壶关，打管承。这种安排

第一部分
士族生存法则

令你很不爽，你们家是曹家早期最大的功臣，现在成囚犯了。

一不做，二不休，你直接把一万三千族人和部曲送给了曹操，放在邺城当人质。曹操都惊了，第一次见到主动上缴上万人来当人质的。你自断羽翼，再也没有崛起的可能了。曹操也就放心了。你只留了一个营，也就千人左右，成为一名普通的将领。但新问题来了，虽然你想低调但在别人眼里你不普通。崇拜你的人，觉得你有文化，而且是统帅过上万军团的人。厌恶你的人，觉得你们兖州人就是叛徒，是罪人，而且认为你不够勇猛。当然，曹军将领之间本就互相鄙视，谁都不服谁。于禁、乐进觉得自己是元老，但在你眼里，他们出身寒酸。张辽、徐晃、张郃、朱灵觉得自己很厉害，但在别人的眼里，他们是没有气节的降将，是贰臣。曹操怕你们直接互相打起来，给你们找了个和事佬。和稀泥的叫赵俨，也是颍川人，是荀彧推荐的。名义上赵俨是护军，管着你们，事实上是负责协调关系的。这些人当中你最特别，因为只有你是正儿八经学过儒学，是有老师的，有点士族子弟的风范。而赵俨又是颍川士族，自然和你最能聊得来。在你和赵俨的接触中，你也渐渐明白了一些士族做事的逻辑。

再回过头来看《春秋》，你才发现，原来你看书只是在看历史故事，士族看书在看生存法则。当聊到《士族生存法则》第十六条"没有主公喜欢被大士族控制"时，你立刻打了个冷战。你的家族当年实力这么强大，比曹操本部还要强大，那曹操睡得着吗？而且你叔叔是个武人，说的都是江湖义气那一套，跟曹操称兄道弟。在你叔叔看来，是我把你当兄弟，但在曹操看来，是你没把我当主公，而且你的实力还超过我，这和被大士族控制有什么区别？加

李典：
曹操最对不起哪个家族

上你们家族又是兖州的，曹操和颍川士族是豫州的。《士族生存法则》第二条："非我乡党，其心必异。"让豫州人无条件相信你们兖州人，怎么可能呢？而且兖州的张邈和陈宫还造反了。你开始怀疑，或许你叔叔的死根本就不是意外。这是曹操的一石二鸟之计，既干掉了你叔叔，又削弱了你们家族的能量，最主要的是激怒兖州各家族，赶走吕布。然后，你想到了你的堂兄曾被曹操提拔为省长级别。《士族生存法则》第二十二条："士族可以和宗室平起平坐，但千万别想高于宗室。"如果是士族，一定不敢让自己的官职超越夏侯惇、曹仁。即便是曹操试探性的封赏，你也应该果断拒绝，这就是吃了没有文化的亏。再说到你，曹操一定也不能再重用你了，押运物资去吧。即便如此，还不放心，还派夏侯渊来看住你。想明白了这些，你先是愤怒，但转念又一想，如果自己是曹操，又该怎么面对这个强大的家族军团呢？这就像主人在指挥一条狼狗，主人不会恐惧，因为狼狗懂规矩，但指挥的如果是一匹狼，那太可怕了。狼不懂规矩，时刻有掉头咬主人的可能。士族就是狼狗，不懂士族规则的大族就是一匹狼。你有些后怕，幸亏你当时把一万多族人和部曲主动送去当人质，否则你能否安全地活到今天都是个未知数。

你想明白了这些，就带着一千名李家军，跟着曹操攻打马超，又与乐进、张辽一起守了合肥。听闻孙权要兵临城下了，张辽来与你商量，问能不能放弃曾经的仇恨。因为张辽是吕布军，而你叔叔就是吕布军杀的，所以张辽算是你半个仇人。还有人猜测当时杀你叔叔的时候，张辽也参与了。在你顿悟了狼和狼狗的道理之后，你自然释怀了和张辽所谓的仇恨。合肥有八千守军，张辽需要八百人当敢死队，论单兵能力，论士兵装备，在合肥城里没有人能比得上

第一部分
士族生存法则

你这一千家族军团,这可是击败过袁术、吕布、袁绍、刘备的军团。上阵亲兄弟,打仗父子兵。第二天你带着八百名族人跟着张辽冲出合肥城。这八百名族人是步兵,与你一样,善于用环首刀,能克制骑兵,善于用钩镶,能克制戟兵。逍遥津,张辽一战成名。与此同时,合肥也爆发了瘟疫,你因为瘟疫去世。吴军当中的甘宁也因为瘟疫去世了。你临死前笑着说,一定是我传染给甘宁的,一换一也不吃亏了。逍遥津之战结束,世人只知道张辽,没有人记得你,也没有人知道那八百勇士是你的族人。因为你们家族的事情很复杂,曹操不想过多地提起,也更不会重用你的儿子。整个家族的荣光就此终结。

后来曹丕上位后,追念你在合肥的战绩,追加了你儿子的食邑。重用是不可能重用的,但可以给你儿子的食邑多一点,让你的子孙生活得更好一点。此后,你进了地府,又看见了你的叔叔和堂兄们。你把你对士族文化的理解,把家族怎么没落的过程说给他们听。但是他们不信,他们只会告诉你,是你想多了。

李典 小传

李典(生卒年不详),字曼成,山阳郡钜野县(今山东省菏泽市巨野县)人,居于乘氏县,东汉末年三国时期曹魏名将。

年少时好学,拜师读《春秋左氏传》,熟读各种书籍。

李家为兖州豪强,李典叔父率众投靠曹操,随曹操南征北战,战绩斐然,李典叔父死后,由李典堂兄李整接班,被曹操封为遥领青州刺史。建安五年(200年),李整去世,李典接班,任颍阴县县令,担任中郎将,后升迁为离狐太守。

建安七年（202年），博望坡之战中识破刘备的伪遁伏兵之计，带兵救出夏侯惇、于禁。

建安九年（204年），跟随曹操围攻邺城。

建安十年（205年），与乐进在壶关围攻高干。

建安十一年（206年），与乐进在长广攻打管承。都取得胜利，升为捕虏将军，被封为都亭侯。迁徙部下族人一万三千多口到邺县，被曹操加封为破虏将军。

建安二十年（215年），逍遥津一战当中，与张辽一起打败孙权。因功增加封地一百户。

李典卒，时年三十六岁。

丁奉
三国里最励志的人

谁是三国里最励志的人?

当然是你,你忘了吗?你出生在淮泗的庶民家庭,因为不是士家大族,所以没有文化,不认识字,想出头只能靠武力。老人们告诉你,许多淮泗人跨过长江,到了江东去当兵当将领。所以江东这个名词成为传说中的乐土,那边有许多淮泗的传说人物,其中孩子们最爱讨论的就是"淮泗五勇士":蒋钦、周泰、陈武、徐盛、潘璋,这五勇士的称呼是孩童们给起的。五勇士里的周泰粉丝最多,听说他挨了十二刀都没有死,太厉害了,简直是妖怪。孩童们都嚷嚷着五勇士的第一名应该是周泰才对,怎么周泰才排第二呢,那个叫蒋钦的凭什么排第一?有中年大叔告诉孩子们,蒋钦指挥打仗很厉害,周泰比不上蒋钦,孩童们都不服。而你和他们不一样,虽然你只有五六岁,但你并不在乎蒋钦和周泰谁是第一,你更喜欢的是排第四名的徐盛。那一年,徐盛带着不到二百兵防御黄祖军,杀伤对方上千人，被孙权封为校尉，徐盛成为你心中的英雄。你暗暗下定决心，在种地之余要苦练武功，你要成为淮泗的第六勇士。后来听说徐盛平贼有功，被封为中郎将、督校兵。而你此时还未成年，还在家里一边种地，一边练武。

十年后，你终于到了江东当了兵。你虽然还未成年，但非常骁勇，因此被破格提拔为小将。你渴望被划分到五勇士的军团，但事与愿违，你被划分到了甘宁军。战皖城之战时，甘宁率军爬上城墙，你紧随其后，击溃敌军，但你也受伤了。第一次濡须口之战，甘宁百骑劫曹营，你就是百骑中的一骑。将领们都很欣赏你，对你的评价是："战斗常冠军，每斩将搴，身被创夷。"接着逍遥津之战，你跟随甘宁出战，遭到了张辽的袭击，淮泗五勇士里面的陈武奋战而死，你的偶像五勇士里的徐盛负伤，并丢失了自己的长矛。徐盛的士兵们吓得纷纷后退，幸好五勇士里的潘璋率军赶到，斩杀了一些后退的徐盛士兵，才稳住士气。你跟着甘宁反击曹军，营救了孙权，才控制住局面。逍遥津之战结束后，甘宁因为瘟疫去世，你被划分到陆逊的军队。一年后你听到了关于徐盛的战功：第二次濡须之战，大风把东吴的战船吹到了曹军岸边。曹军和吴军都傻了，一边不敢下去，一边不敢上岸。唯有你的偶像徐盛率军冲上岸，斩杀敌军，敌人伤亡惨重，孙权"大壮"徐盛。在你的记忆里得到主公"大壮"称赞的，这个世界上只有两个人：一个是曹操对逍遥津的张辽，再一个就是孙权对濡须口的徐盛了。

听到偶像立功的消息，你为偶像开心。就像你还是孩童时，听说了徐盛击败黄祖军一样，你决心向偶像学习。这一年，曹操策反了丹阳山越的贼帅，你跟随陆逊大破山越，收降数万山越人，从中

第一部分
士族生存法则

挑选了一支万人精兵。两年后，陆逊带着这万人精兵去奇袭荆州，与吕蒙军两路并进，你也跟着陆逊拿下秭归，切断了益州和荆州的连接处。五勇士中的潘璋带兵斩杀了关羽，你兴奋欢呼，只可惜你的身份太低，潘璋不知道你是谁。但万万没有想到，在两年后的夷陵之战中，你被借调给了潘璋军。你终于在五勇士的军团里作战了，达成了儿时的愿望，而且徐盛也参与了这场战役。此时的徐盛已是建武将军，而你还是个小将，但你能与偶像并肩作战，太兴奋了。身处五勇士潘璋的军团，旁边又是五勇士的徐盛，而且打了一场大胜仗，大败刘备。这不就是你儿时梦寐以求的画面吗？你们军团还斩杀了刘备的大督冯习，有大战功。但还来不及好好庆贺一番，曹军就攻过来了。洞口之战，徐盛防御曹休有功，被封为安东将军、芜湖侯。安东将军属于重号将军，芜湖侯是个县侯，吃一个县的税收，已经是侯的顶级了，再往上就是公级爵位了，而你依旧是个小将，什么爵位也没有。你很羡慕：自己啥时候才能像偶像徐盛一样？接着徐盛又立功了。曹丕亲率水军舰队来攻击，徐盛用百里疑城之计，吓走了曹丕，保护了东吴的安全。占卜师说，至少二十五年，曹魏水军不敢再来进犯。你对偶像佩服得五体投地，不知道自己未来哪一天才能吓退敌军，保江东二十五年安全。

若干年后，你的偶像徐盛去世了，你哭得像个孩子一样。一来你恨老天爷，夺走了你偶像的生命；二来，你恨自己为什么那么不争气，这么多年只是个小将，没有资格让你的偶像认识你。你曾无数次幻想自己当上了杂号将军，哪怕只是当上个偏将军，去拜访一下偶像。但事与愿违，直到偶像去世，你连个偏将军都不是。数年后，234年，你的上司潘璋也去世了。此时淮泗五勇士全都不在了，你也快四十岁了,终于凭借累积的战功当上了偏将军。你默默地对自己说:"我是淮泗第六勇士,淮泗勇士,精神永存。"然而接下来的日子里,你并没有什么作为。

直到十八年后,252年,将近六十岁的你,在东兴之战中,率领军队击破魏军。你一战成名,名声大噪,你终于凭借战功出名了,你终于可以骄傲地说自己是淮泗第六勇士了。只是这一天来得太晚了。你因功被封为灭寇将军、都乡侯,距离你的偶像徐盛去世已经二十五年左右了,你都没有达到他的官职。他二十九年前就是重号将军了,而今天的你才是杂号将军;他二十九年前就是县侯了,今天的你才是个乡侯。你不禁自嘲,我这个高度好意思说自己是淮泗第六勇士吗?简直是给淮泗五勇士丢人。三年后,魏国毌丘俭叛乱,文钦来降,你奉命去迎接文钦,被封为虎威将军。三十九年前,虎威将军就是吕蒙的官职。你要对得起这个将军名号的荣耀。你跨马持矛,率军冲入敌阵,斩首数百,因功被封为安丰侯。你终于成为县侯了。时隔三十二年,你终于和你的偶像一样,成为县候。两年后,魏国诸葛诞叛乱失败,你率军去营救,作战有功,被封为左将军。左将军在重号将军的序列当中也名列前茅。时隔三十四年,你终于超越了你的偶像徐盛。

又过了两年,皇帝孙休想干掉权臣孙綝。你和重臣张布合谋,帮助孙休干掉了权臣,因功被封为大将军。在你之上的将军,只有上大将军朱绩一人。你不禁感慨,朱绩是谁?他爹是朱然,当年的左大司马、右军师,孙权的心腹。那我爹是谁?淮泗地区一个普普通通的农民。我今天只在朱绩之下,没有背景的淮泗庶民能混到这个高度,还奢望什么?不过你也懂了,杀一个权臣比在战场上杀

第一部分
士族生存法则

一万个敌军都来得管用，政治行为才能令人飞黄腾达，而并非战场搏杀。像淮泗五勇士一样，拼杀一辈子，也只是个勇士。但政治行为大多和武将无关，这是士家大族玩的，自己也是机缘巧合，误打误撞被时局拉进了这个圈子。接下来，孙休病重，想让自己十岁的儿子接班，但重臣张布拉着你一起拥立孙皓当皇帝。以前二宫之争的时候，太子是孙和，但没当成皇帝；孙皓是他的儿子，太子的儿子被你们拥立了。你拥立有功又进了一个台阶，成为右大司马、左军师，朱绩是左大司马、右军师。朱绩的官职和他爹朱然当年是一样的，而你的官职和孙权的女婿全琮当年是一样的。你不禁感叹：想不到我一个庶民的儿子也能做到孙权女婿的官职，做到了巅峰官职！陆逊的儿子陆抗，他的职位完全无法和你相比，相差太远了。陆抗能打有什么用，能比得上我这拥立皇帝的功劳吗？六年后，朱绩去世，你成为名副其实的江东第一将领。再过一年，你也去世了。这年你七十多岁，在你的世界里，你成为东吴第一将军，你可以自豪地去见淮泗五勇士了，你可以自信地向你的偶像徐盛介绍你是谁了。

但你不知道的是，孙皓清算所有权臣，当然也包括你们丁家。孙皓找了借口，灭了你们家族，你的儿子被杀了。拥立之功也是有风险的。《士族生存法则》第二十四条："政治投机是双刃剑，能让你一步登天，也会让你全族遭难。"一千七百年后，后人发现了你的墓，在墓里发现的骑兵俑踩着单边的马镫。这对于马镫历史的研究提供了突破性的进展。

丁奉小传

丁奉（？—271年），字承渊，庐江安丰（今河南省固始县）人，三国时期吴国的名将。

年少从军，先后隶属于甘宁、陆逊、潘璋等人，跟随他们四处征伐，屡立战功，最终升任偏将军。

孙亮即位后，丁奉被任命为冠军将军，进封都亭侯。

吴建兴元年（252年），在东兴之战中大破魏军前屯，迁升为灭寇将军，进封都乡侯。

吴五凤二年（255年），迎接魏将文钦来降，在高亭（今属安徽省）大败魏国追兵，斩首数百，因功进爵安丰侯。

吴太平二年（257年），前去为魏国降将诸葛诞解围，力战有功，被拜为左将军。

永安元年（259年），参与诛杀权臣孙綝，升任大将军，加封左右都护。

永安三年（260年），被授予假节，领徐州牧。

永安七年（264年），孙休去世，丁奉与丞相濮阳兴等迎立孙皓，因功升任右大司马、左军师。

建衡三年（271年），丁奉去世。

士仁
刘备的第四个兄弟

谁是刘备第四个兄弟，是赵云吗？不是，是你，士仁，你忘了吗？

你是幽州人，庶民，因为不是士家大族，没有文化，不认识字，未来只能靠勇武出头。

一天，有几十名少年要一起出村，你好奇地打听，得知是隔壁的涿县正在招兵。你觉得机会难得，就跟着一起去了。到了涿县招兵的台前，只见人山人海，台上坐了三个人，有认识的说，这三个人可不得了：一个是涿县的县令叫公孙瓒，一个是当地豪强地头蛇、本县的第一家族刘家族长，叫刘元起，还是皇室宗亲；另外一位是幽冀商会的头子，叫苏双。一个县令，一个豪强家族，一个大商会头子，这三人聚在一起招兵，整个涿县都要抖三抖。你好奇地问，怎么不开始呢？有人说了，正主还没来，原来这三位还不是正主。正说着，远处十几个人骑马而来，为首的二十岁左右，身高一米七五，耳朵大，无须，穿着华丽的衣服，骑着高头大马，身后还跟着两条猎犬，像是刚打猎回来。当地人说了，这位爷叫玄德公子，就喜欢华丽的衣服、高头大马和好狗，还喜欢音乐。正说着，玄德身后的随从们拿起胡人的号角吹了起来，在雄壮的号声中，玄德一抖披风，英姿飒爽，走上台前。玄德并不说话，身后的一个书生说："列位，今日我们涿县招募民兵营，此营的军司马便是这位爷——玄德公子。玄德公子是本县第一家族族长刘元起的侄子，是本县县令公孙瓒的同窗，是大商人苏双的好友，由此三人支持玄德公子创建民兵营，各位还有什么疑虑吗？"你思考了一下，这话有道理，有这三人支持，玄德公子在涿县就能只手遮天。你好奇地问，怎么一直是那个书生在说话，这个玄德公子怎么不讲话呀？当地人说，玄德公子话很少的。你们台下正聊着，只见玄德公子缓缓下台，向你径直走了过来。他一言不发，眼神冷峻，你有点紧张，不知所措。玄德走到你身边，举起手来，把你吓了一跳。他手落下，拍在了你身边一个大高个壮汉的肩上，缓缓地说出了三个字："跟我吗？"大壮汉比玄德高出一头，但被玄德的气势给镇住了。大壮汉怯懦地说："俺只是个屠夫。"玄德平静地说："我十五岁之前是卖草鞋的，我们没有差别。"大壮汉万没想到玄德会这么随和，连忙说，不敢不敢，您是大人物，您看您穿的啥，俺穿的啥，俺咋能跟您比呢？玄德"哗"的一下，把自己的披风扯下，披在了大壮汉的身上："现在你穿的比我好了，我们没有差别。"玄德的举动把所有人看得目瞪口呆。玄德目光扫向众人，缓缓地说："人人平等，我们没有差别，来了就是我的元老、我的兄弟。"

整个会场沸腾了，少年们争着要依附玄德，报名的人成百上

第一部分
士族生存法则

千。你也被感染了，跟着报了名。玄德从众多报名者中挑选了一千人，涿县民兵营就这样成立了。这一千人分为十个屯，每屯一百人，要选十个屯长。玄德大人自己领一个屯，另外九个屯，刘家族长刘元起派来了三个刘家的后生，县令公孙瓒安排了三个心腹，大商人苏双派来了三个侄子。玄德虽然衣着华丽，喜欢犬马音乐，但完全没有架子，与你们同席而坐，在同一个盆里吃饭，从不挑剔。有士兵说："玄德大人，听说您还是大名士卢植的高徒，怎么能和我们一起吃饭呢？"玄德笑着回答："我不爱读书，没学到啥，我们没有差别。"听到这话，你顿时对玄德产生了强烈的亲切感。士兵们生活里缺衣少药，直接向玄德提出，玄德立刻叫人去办。百姓有什么困难，玄德立刻带人处理。他的口碑好极了。

玄德挑选了两名壮汉给自己当保镖，一个是之前获得玄德披风的那位，原本大家都以为玄德把披风给他是意思一下，没想到是真的把披风送给他了，这么华丽的披风就白送了。除了他之外，玄德又挑了一名红脸大汉，对他更大方，直接送了一匹高头大马，是真送。这两名大汉感激涕零，整日站在玄德身后，一站站一天，寸步不离左右，被你们称之为左右护卫。你很羡慕，你没有左右护卫雄壮，只能当一名普通的士兵。民兵营一直在训练，但大家有一个疑惑：我们是为了防御谁呢？玄德解释说是为了防御胡人军团，如匈奴、鲜卑、乌桓。然而，涿县在幽州的腹地，根本没有被胡人进攻过，而且朝廷的正规军正在防御胡人，军队叫作破房军，老大是破房校尉邹靖大人。神奇的是，邹大人竟然派将领来你们这里指导训练，甚至公孙瓒心腹指挥的一个团竟然给配发了与破房军一模一样的武器和铠甲。谁能想到，一个民兵营竟然有一百人拥有了正规军的环首刀和钩镶，还有弓弩，这真的还是民兵营吗？你们都很疑惑，有知情者说，公孙瓒大人曾在战场上救过邹靖大人的命，这下懂了吧？说不定哪天，我们就变成抗击胡人的正规军了。你和大伙一样都很兴奋，期待着那一天的到来，可以和破虏军并肩大战胡人。这个愿望老天爷为你们实现了一半，你们真的获得了和破虏军并肩作战的机会，但打的不是胡人，而是黄巾军。

在你们民兵营成立几年后，黄巾军起义了，破虏校尉邹靖带着正规军去镇压黄巾军，其他的军团都不带，偏偏只带你们这支民兵营。你第一次见到邹靖本人，破虏校尉，这么大的官，你激动得说不出话来。民兵营的其他士兵也像你一样，但玄德看上去并不激动，他很平静，和邹靖像是老朋友一样。邹靖拍着玄德的肩膀说："老弟，你的人没有经验，跟在我后面放放箭，不要瞎往前冲。"玄德点了点头。战役你们打赢了，大胜黄巾军。只是这个过程有点无聊，邹靖带着骑兵队冲锋，这是打胡羌的骑射军团，黄巾军哪里挡得住，被打得大溃败。而你们民兵营，只是在后面一排排地射箭雨，抛物线那种。你们军团距离敌人八丈远，视力不好的，打完了连一个黄巾兵长啥样，都没看清。但就是这种参与程度，邹靖给玄德报的战功，说玄德是主力军，大破敌军，这个战功应该提拔为县尉。原本这件事应该很顺利，玄德不久就能当县尉了。

但西凉那边胡羌叛乱了，朝廷把邹靖调到京城，当北军中候，指挥北军五校，负责对付胡羌。邹靖立刻推荐好友公孙瓒带着军队去打胡羌，这对于公孙瓒是个飞黄腾达的好机会，但却惹恼了中山相张纯。这个姓张的，原本毛遂自荐要去打胡羌，结果因为公孙瓒有后台邹靖推荐，他却没有，竞争不过公孙瓒，朝廷选择了公孙

第一部分
士族生存法则

瓒，没选他，于是就造反了。他勾结胡人，声势浩大，各地的武装力量都在攻击他。玄德也带着你们参与了进攻张纯。原本你们信心满满，认为自己也是打过硬仗了，而且装备精良，结果一战惨败，伤亡过半，玄德本人也据说战死了，九个屯长阵亡了五个。你和剩下的四个屯长以及两三百人死里逃生，逃出了战场，躲了起来。但你们觉得心中有愧。玄德大人平时对你们那么好，你们现在放着他的尸身不管，就自己这样跑了，说不过去。有人建议，等敌人走远了，大家回去找到玄德大人的尸体，带回涿县好好安葬。然而，大部分人不同意，只有你和几十个人同意了，其余的两百人全跑了。你们这几十个人返回战场，找到了玄德的尸体，令你们惊喜的是，玄德没死，他只是受伤了，在装死。你们找到一辆大车，拉着玄德返回了涿县。玄德非常感激你们这几十人，说与你们恩若兄弟，说你们就是我玄德的元老兄弟。

原本一千人的民兵营还剩你们几十人，大家都很沮丧。但恰好此时玄德的上任书到了，就是邹靖之前为他申报的。玄德成为安喜县的县尉，带着你们几十个人上任去了。他以前的黑脸红脸护卫都战死了。玄德要在你们这群元老兄弟当中挑两个新护卫，你觉得自己很可能有机会，但结果他又选了两个高大健壮的，还是没轮到你。这两个大汉，其中有一个激动得泪流满面，说自己叫张飞，还未成年，就加入了民兵营，而且和玄德是老乡，之前属于刘元起外甥当屯长的团，所以一直没有机会和刘玄德同席而坐、同锅而饭，没想到自己能成为左右护卫之一，感觉像做梦一样；另外一位护卫是卖枣子的外地人，很平静，不爱说话。

玄德当了安喜县尉，没多久，州郡得到了诏书，要求裁撤一些

士仁：
刘备的第四个兄弟

因军功任职的官员，并派督邮来办这件事。玄德求见督邮，督邮不见他。玄德暴怒，带着你们几十人把督邮抓了出来，暴打一顿，然后跑了。玄德决定要带你们去京城找邹靖，通过邹靖来获得新的机会，但大部分人不愿意跟玄德走。一来，大家原本是跟着县尉当官差，现在玄德大人逃亡，再跟着他，就成逃犯了。二来，大家都是北方人，故土难离，不愿意去中原的京城。虽然玄德向大家保证，一定会把大家再带回北方的，但是大家还是不信。最后愿意跟玄德走的只有十几个人。其中包含了他的左右护卫、书生简雍，还有你。大商人苏双之前安排了三个侄子当屯长，战死了一个，不愿意走一个，愿意走一个，愿意走的叫苏非。公孙瓒安排了三个心腹屯长，两人阵亡了，另外一人叫关靖，说公孙瓒让他照顾玄德，这是他的任务，所以他必须跟玄德走。刘家安排了三个屯长，两人阵亡，还有一个果断地回涿县了，理都没理玄德。愿意跟随的还有一个叫牵招的少年，还有一些你叫不出名字的人。玄德说，你们就是他的元老兄弟。

你们跟着玄德各种辗转，先去京城找到邹靖，机缘巧合结识曹操，跟着曹操到他家乡招兵，然后返回京城。曹操带着家乡招的兵，当了西园八校尉，而玄德依然没有什么头衔。但曹操很仗义，把玄德推荐给了袁绍。袁绍管卢植叫师叔，和刘备是师兄弟，就安排了玄德跟着大将军府的毌丘毅去丹阳招兵，扩充到了几百人。玄德重新封了屯长，关靖、苏非、简雍、牵招还有你都当上了屯长。屯长管一百个人，之前只有刘家人、公孙瓒心腹，还有大商人苏双的侄子才能当屯长，你终于当上了。你们在下邳平贼，玄德升为下密丞。恰好此时群雄起兵讨董卓，玄德放弃了下密丞，又把兵力扩充到

057

第一部分
士族生存法则

一千人，要去讨董卓，许多人不愿意去。一者，原本玄德的下密丞属于官军，现在讨董属于叛军，一千人跑了一半；再者，玄德之前说会带大家回北方的，现在又要去打洛阳。牵招放弃了玄德，回到了北方。关靖说，公孙瓒来信，唤他回去，便也走了。剩下的人跟着玄德去讨董。玄德说，你们就是我的元老兄弟。

你们与其他诸侯相比，实力太弱小，也没有什么机会打仗。盟军分散后，玄德信守了承诺，带着你们回到北方。玄德当上了高唐县尉，后来又升为高唐县令，但是被贼寇袭击，城池被攻破了，伤亡惨重。

玄德带着你们和一百多人又投奔了公孙瓒。公孙瓒又给玄德的兵力补充到一千人，封玄德为别部司马。因为十年前，公孙瓒让玄德当军司马指挥一千人，现在是别部司马，还是指挥一千人，感觉回到了原点。但唯一不同的是，你已经跟随玄德十年左右了。在高唐之败时，玄德的两个护卫之一，那个卖枣子的也战死了，叫张飞的还活着。玄德要挑一个新护卫。玄德问，十年前左右，我在涿县合徒众的时候，跟随我的人请出列。你走了出来，和你一样的，一共还有八个人。你觉得你的机会到了，然而玄德又从八个人当中选了一个壮汉，比你雄壮。这个人你认识，叫关羽，不是涿县人，是从山西亡命来涿县投奔他的老乡关靖的，之前一直在关靖指挥的那个屯。后来关靖收到公孙瓒的信，返回北方，孤身走了，关羽则留了下来。关羽与你和张飞一样，这十年里侥幸活了下来。这十年里，在战场上也增长了经验，关羽从一名从未摸过刀的普通人，变成了一名合格的勇士，被刘备选为了护卫。刘备当了平原相后，当年涿县民兵营的元老八人，全部被封了官。关羽、张飞为别部司马，各

士仁：
刘备的第四个兄弟

指挥一个营；你被封为军假司马，为玄德直属营的副营长；书生简雍为幕僚，给玄德出谋划策；另外四个人也全部被重用。

公孙瓒军中有两个年轻将领与玄德关系不错，一个叫赵云，一个叫田豫，被借调给了玄德。你原本以为他们会和你一样成为玄德的元老兄弟，但结果并不是。一年后，玄德到了中原徐州，赵云和田豫这两个北方人都没有留下来。赵云因为兄长去世，没去徐州；田豫跟着刘备到了徐州，又返回去了。玄德身边的老兄弟还是那些人，当年的八个人里面阵亡了四个，现在的老兄弟只有关羽、张飞、简雍和你。玄德说，你们四个是他的兄弟，比亲兄弟还要亲，是他的宗室。

你们跟着玄德又辗转了六年。官渡之战时，玄德带你们投靠袁绍，此时赵云又重新加入了你们。赵云与你相比，论资历，比你晚加入有小十年，中途又离开了六七年。在玄德心中，你是他的兄弟，是宗室，赵云不是。

十年后，玄德要入川，要派人留守荆州。大统帅是关羽，因为他是刘备的结拜兄弟，属于宗室。苏非跟随关羽作战。荆州最核心的城市是江陵城，最核心的军事地点是公安。糜芳是玄德的大舅子，叫外戚，外戚当南郡太守，守江陵。而你是玄德的兄弟，也是宗室，被任命为公安督。

又过了十年，刘备开始重用两个派系，一个是吴懿、法正、孟达、黄权、李严为首的东州派，吴懿是国舅爷，法正是护军将军、中央军统帅，黄权是荆州副省长。另外一个重要的派系是荆州派，诸葛亮、庞统、马良、马谡、向朗为首的荆州派。诸葛亮是刘备的大管家署将军幕府事，庞统战死了，马良是高级顾问，马谡是首都

第一部分
士族生存法则

长官——成都令。而你们这些追随玄德的元老集团，除了关张，全部被边缘化了。外戚糜竺、宗室简雍都成了"吉祥物"，外戚糜芳、宗室你虽然手握军队，但毫无政治能量。在这种情况下，关羽还和你们爆发了冲突，这令你们很寒心。现在东州派和荆州派的斗争很激烈，但不管谁赢，元老集团都会被胜利者收拾干净。你预见到未来关羽、张飞、简雍、你、糜竺、糜芳、赵云，你们这些元老要么死，要么被贬官、免官。与其等到那一天，不如换个活法。听说曹操跟孙权对投降者都很优待，虽然没有政治能量，但至少可以高官厚禄，衣食无忧，你决定为自己重新找条路。

身为宗室的你和身为外戚的糜芳投了东吴。你们在东吴生活得很好，糜芳还当了将军，获得了为东吴打仗的资格。而你过着光拿薪水不用干活的日子，也很满足。接下来的两年内，听说法正死了，孟达叛了，刘封被赐死了，你们唏嘘不已。听说张飞遇刺了，你们回忆起曾经的过往，回忆起三十年来的点点滴滴，非常伤感。听说黄忠死了，马超也死了，你们黯然神伤。不到两年，竟然死了这么多人，你的预言逐渐应验。夷陵之战打响了，听说刘备去世了，你真的很难过。回想起三四十年前，第一次见到玄德策马来的那天，你的心里真的很不是滋味。后来诸葛亮北伐，听说赵云被贬官了，不久后也去世了。你思考了很多，赵云是河北人，你也是。赵云不是荆州人，你也不是荆州人。如果没有叛吴，自己会是怎样的命运呢？

你和糜芳安安稳稳地在东吴活到老死，你去世了。你还蛮期待在地府见见玄德的，你想问问他，玄德公在你最难的时候，是谁一次次不离不弃地跟着你到最后，从民兵营的一千人，到你装死时来

士仁：刘备的第四个兄弟

救你的几十人，到怒打督邮后跟你走的十几人，到最后的元老八人、元老四人。一个十年，两个十年，三个十年，艰难困苦，从不言弃，你们曾说好是兄弟，是宗室，为什么最后你只重用东州派和荆州派？我没有文化，只是个平凡人，听不懂什么《士族生存法则》，但我只想问一句：玄德公，你考虑过老兄弟们的感受吗？

士仁 小传

士仁（生卒年不详），字君义，幽州广阳郡（今北京市）人，东汉末年三国时期蜀汉将领。

早年跟随刘备。

建安十六年（211年），关羽主管荆州，士仁守公安。

建安二十四年（219年），关羽北伐襄樊，命士仁与南郡太守糜芳供给军资，二人未完成任务，惧怕关羽治罪。

同年，孙权派吕蒙攻荆州，士仁、糜芳皆投降孙权。

黄忠
当将军还是当老兵

你是黄忠,出身江夏黄氏,虽名为士大夫家族,但其实你这支已经降成寒门了,和黄盖一样,都是迁徙到了南阳的黄子廉这一支。像你们这种寒门,除了文化之外,还必须拥有个人勇武,才有机会出人头地。黄盖家又迁徙到了零陵,但比你幸运的是,他进京给三公当了府官,而你只能在荆州依靠一刀一枪来搏出位。按照正常剧情,你未来撑死是个都尉、校尉,掌管一个营,这就是你命运的天花板了。

但是转折来了,刘表到了荆州。《士族生存法则》第一条:"士族必须和控制自己家乡的军阀合作。"刘表与荆州的蔡、蒯、黄、庞四家族合作,黄家族长黄祖成了江夏太守,统帅江夏水军。你是黄家人中的低级军官,又勇猛异常,因此被升为中郎将。中郎将这个级别可是能指挥一个军五千人的。然而好事并未止步于此,因为黄祖带着江夏水军斩杀了孙坚,立下天大的功劳,黄家在荆州各家族当中能量暴涨，直逼蔡家、蒯家的地位。黄家名士黄承彦成为刘表的连襟，作为黄家猛将的你被派跟随刘表侄子刘磐去长沙入侵东吴。刘磐骁勇，你也勇毅过人。你们攻击东吴，对抗东吴藩属太史慈。太史慈曾经避难幽州，学会了幽州、并州、凉州人擅长的骑射技能。你们与太史慈连年鏖战，江湖传言，在交手的过程中，你学会了太史慈的骑射；更有传言说，你的射术已经超越太史慈，是大汉第一神射手；更离谱的传言说，你原本就是大汉第一神射手，还说你在老家南阳的时候，张济、张绣来打南阳，张济被一箭射死，那一箭就是你射的。刘磐军与太史慈军打了个五五开。此时在荆州，大公子刘琦和小公子刘琮的争位之战也打了个五五开。按主公生存法则，本地力量支持小公子，外来力量支持大公子，主公不要明确谁是接班人，要去制衡，让本地力量和外来力量势均力敌，自己则稳固。荆州人纷纷开始站队，有人支持大公子，有人支持小公子。但在你心中，黄家给了你归属感，因为没有黄家这个背景，就没有你现在的一切。就算你能打，那能打的人多了，为什么在能打的人里面你能出头，因为你姓黄。

208年，黄家族长黄祖阵亡了，这对于黄家犹如晴天霹雳。黄祖死于战场，是外因，内因是士族游戏——黄家势头太盛，为了超越支持小公子的蔡家、蒯家，有了支持大公子的倾向。就在黄家群龙无首之时，在黄家女婿诸葛亮的献策下，大公子刘琦成为江夏太守——黄家统帅。对于你，此时此刻效忠于大公子刘琦，天经地义。你是黄家人，大公子现在是黄家统帅，他又是大公子，自古立长，他才是未来荆州继承者，于公于私，天经地义。然而，刘表突然病亡，蔡家、蒯家立刻扶小公子刘琮上位，刘琮成为荆州之主。大公

第一部分
士族生存法则

子刘琦暴怒，要进攻刘琮，他手下的三叔刘备正屯驻在樊城，可以与江夏水军前后夹击襄阳刘琮。然而接下来一个消息震惊了所有人，蔡家、蒯家带着刘琮投降了曹操。曹操大军南下，已到宛城。原来他们早就有后手，荆州要改姓曹了。荆州各地纷纷改换旗帜，当然，也包括你驻守的长沙郡。曹操给所有投降的官员都升了官，你从中郎将升到了裨将军，裨将军就已经是真正的将军了。此时东吴的程普、周瑜仍是中郎将，刘备的属下张飞也才是中郎将，你的职位已经比他们都要高了。得到好处的荆州官员们都欢欣鼓舞。

然而，大公子在江夏举起了反曹的旗号，誓死不降。襄阳以及南郡的一些官员们支持大公子，要投奔大公子，还有一些惧怕曹操屠城的百姓们也要投奔大公子。就这样，十万之众跟随着大公子的藩属刘备要去投奔大公子。大公子联合黄家军、藩属刘备与东吴形成联盟，在乌林大破曹军。大公子获胜后，开始收复荆州领土。大公子的军队所到之处，之前投降曹操的江南四郡全部归顺。这自然也包括你所在的长沙郡。大公子的藩属刘备表举大公子为荆州牧，大公子终于成为荆州之主。你欣喜不已，因为蔡家和蒯家都跟着曹操跑了，现在开始，黄家将变成荆州的第一家族。

但就在此时，大公子突然莫名死亡，大公子的藩属刘备接替了大公子，成为荆州之主。你一开始很慌张，但转念又一想，不怕，刘备的第一心腹诸葛亮是黄家的女婿，我们黄家怕什么？果然，关羽开始统帅黄家水军，而你作为荆州黄家最猛的武将，自然被刘备重视。不仅如此，你突然发现刘备的过继子刘封很眼熟，仔细一看，这不是长沙刘家的外甥吗？姓寇，有武艺，气力过人，老熟人了。你又无意发现刘备的贴身部曲是魏延，南阳老乡，以前关系都黄忠：
当将军还是当老兵

不错。你心里有底了，过继子也视同长子，主公的长子是你们荆州长沙人，你的故交；主公的第一心腹诸葛亮是你们黄家的女婿；荆州的第一水军是你们黄家军；主公的贴身卫队长是你老乡。你隐隐感觉到你要起飞了。果然，刘备带着刘封、你、魏延去打刘璋。你们三人都是勇猛过人的狠人，一路上冲锋陷阵，大杀四方。打下益州后，你被封为讨虏将军。你都惊了，这可是杂号将军。关羽、张飞也就是个杂号将军。你的级别和他们一样了，而且讨虏将军，这是以前孙权的将军名，这有点不合适吧？

汉中之战爆发了，你一看军队的护军——中央军统帅，居然是黄权，直接开心坏了。黄权祖上也是江夏黄氏的一支。小时候你就听说黄家有两支去了益州，一支是黄家女婿刘焉，另一支就是黄权家。而且这次刘备带的随军军师法正与黄权是盟友，你等于横跨两个派系了——"蝙蝠人"。《士族生存法则》第八条："'蝙蝠人'是无敌的。"果然，战场上法正的反客为主之计产生了作用，令夏侯渊处于劣势。现在需要一员猛将去击败夏侯渊，只要是猛将都能完成这个任务，谁去都一样，差异不大。但一旦完成这个任务，那就是最有价值选手。谁才是能令荆州派和东州派都满意、都不反对的人选呢？只有你，刘封、魏延都不行，他们去了东州派不满意，只有你行。于是你去了，更幸运的是，你的军队不仅击败了夏侯渊，还斩杀了夏侯渊。刘备乐坏了，直接把夏侯渊的征西将军封给你了。你现在是征西将军，什么概念？高于马超的平西将军，高于关羽的荡寇将军，高于张飞的征虏将军，高于赵云的翊军将军。

江湖传言，关羽对此非常愤怒。在关羽看来，黄家军都是他的属下，怎么会突然冒出一个黄家人的官职比他还高，而且还不是统

第一部分
士族生存法则

帅,只是猛将,一个猛将凭什么比他荆州督的级别还要高?而且他管着黄家军,现在怎么管?黄家军私下里会说,就你关羽还管我们,级别都没有我们黄家人高,这怎么办?为了平衡这个问题,刘备称汉中王后,重新排列了四大将军,第一名前将军关羽,第二名左将军马超,第三名右将军张飞,第四名后将军黄忠。虽然重排后,你比关羽低了,但还是在同一个阶上,这依然令关羽不爽:我管着黄家军,黄家人跟我同阶,跟我封一样的将军,而且还不是统帅,只是个猛将。什么猛将,就是个老兵而已。这句老兵,令江湖传言认为你是个老头,其实你还没有关羽的年龄大。但关羽会考虑政治层面,你是荆州人,刘备依靠荆州派打下益州,四大将军里没有荆州人,说不过去。关羽理解到了这一层,也就不再计较了。你只是猛将,不是统帅,也不懂政治,但你确实感受到了身为荆州人、黄家人获得的好处。

但万事都是双刃剑。在219年到221年,不到两年的时间里,蜀汉发生的各种事波诡云谲:东州派的法正死、孟达叛;荆州派里的刘封被处死,你不幸死亡;宗室里面的张飞遇刺;降将里面的马超死亡;荆州派里的马良阵亡;东州派里的黄权投降。整体看一下,荆州派里失去了刘封和士族二号人物马良两位顶级人物;东州派失去法正、孟达、黄权三位核心,五去其三;宗室里关羽、张飞死亡,标志着刘备宗室力量的极大削弱;降将里马超的死亡,标志着可补位的政治力量消失,下一次可补位的降将派出现要等姜维成长起来以后。蜀汉的乱象是表象,内因是政治不平衡导致。

所谓"成也萧何,败也萧何"。你依靠荆州黄家的身份发迹,如果没有这个身份,你只依靠勇武,也许这一辈子就是个指挥一个营的校尉，成为关羽口中的"老兵"。但正是这个身份，令你最后被卷入了蜀汉乱象当中。如果让你重选一次，你可能想当一名能善终的小校尉，当一名老兵，但在乱世之中，一个小校尉、老兵也不一定能在战场上中活下来。索性不选了。作为一个寒门武夫，黄忠这辈子也值了。

黄忠 小传

黄忠（？—220年），字汉升，南阳郡南阳（今河南省南阳市）人，东汉末年三国时期蜀汉的著名将领。

初平三年（192年），被刘表任命为中郎将，随从刘表的侄子刘磐驻军长沙攸县。

建安十三年（208年），刘表病逝，黄忠归长沙太守韩玄统属。

建安十四年（209年），刘备南征长沙四郡，黄忠随韩玄向刘备投降。

建安十六年（211年），随刘备进入益州，参与攻取益州的战役，被任命为讨虏将军。

建安二十四年（219年），在定军山之战中斩杀夏侯渊，升迁为征西将军。

同年，刘备称汉中王，任命黄忠为后将军，赐爵关内侯。

建安二十五年（220年），因病去世。

张裕
蜀汉第一预言家

要是蜀汉有预言家，能提前预言到刘备夷陵会战败就好了。

有，真的有，你，张裕，就是蜀汉第一预言家。

你们都是东汉益州的本土大家族，擅长于预言术。这一代预言家里面最强的是董扶、任安、周舒三个人，合称为"益州三预"。这是你的偶像，你从小就下定决心，一定要成为他们，超越他们。"三预"里面，周舒的儿子周群和你年纪相仿，志向相同。你们俩常常玩预言比赛，从理论知识到身边的小事，预言无数次交锋，旗鼓相当。你们二人成为挚友，约定要通过预言术，让益州躲过所有灾祸，要创建一个美好的益州。

然而，突然有一天，皇亲国戚刘焉带兵进入了益州，说自己是朝廷封的益州牧，对益州各家族打压压榨。你非常不理解，皇亲国戚刘焉为什么要来偏远的益州。周群说，他得到的消息是，这一切都是董扶造成的。董扶是"益州三预"之一，你的偶像，这是他造成的吗？你很疑惑。周群说，董扶预言益州要出天子，他是刘焉的手下，刘焉想当天子，所以来了益州。你无奈地摇头，简直荒唐，还有这种操作，就算益州会出天子，那天子是谁也是天命注定的，不是说你来了益州，这个天子就是你。果然，刘焉折腾了很久，无论是私造天子用的马车，还是派儿子勾结马腾，企图打下长安，自己好称帝，结果都失败了；又天降大火，把他造的天子马车给烧了。刘焉终于意识到，这个益州的天子不是他，他的精神受到了打击，一下子病倒了，死了。

刘焉死了，儿子刘璋接位。这个权力交接的过程，是个千载难逢的好机会。如果能抓住机会，益州人就能赶走外来的压迫者。同时，荆州的刘表也在暗中支持益州人民。就这样，益州人甘宁等人爆发了起义，但万没想到，刘璋启用了一股新势力，叫东州派，压制住了益州人民的起义。东州派是由三辅人和南阳人构成的，他们是李傕、郭汜反攻长安时造成的难民和流民。东州派压制住了本土人，成为益州第一派系。许多本地人为了求发展，向东州派投降。这种本地人令你和周群非常的鄙夷，觉得不齿。

尽管刘璋重用东州派，但又不敢完全信任东州派，因为如果放任东州派变强，他自己可能会沦为傀儡，所以开始逐渐启用益州本地人，想用本地人来制衡东州派，这样自己才能稳固。这对于你们益州本地人来说是个好事。就这样，你和周群出山了，你给刘璋当了从事，周群则被封为师友从事。周群告诉刘璋很多预言。传言说有地方的男人成了女人，周群说，汉哀帝的时候就出现过这种情况，这是预示着要改朝换代了，汉朝要完了。刘璋问你怎么看。你说，庚子年，汉朝就会没了。大家惊呆了，觉得你比周群

第一部分
士族生存法则

强，你能预言到具体哪一年，还有很多人不信，说你是胡诌的。周群力挺你，说你才是益州第一预言家。207年10月，有流星划过荆州，周群预言说刘表即将去世。刘璋问你，怎么看。你说周群说得对。第二年刘表就死了。210年，有彗星出现在"五诸侯"星宿附近。周群预言西部的五个军阀将面临灭顶之灾。此时，张鲁在西部的汉中，韩遂、马超还有宋建在西部的凉州。周群预言，这些人未来都会被曹操消灭。刘璋问，不是五个西部的诸侯吗，还有一个是谁呀？周群看了看刘璋，刘璋恍然大悟，原来最后一个就是自己。这个消息私下里被人传开了，首先陷入惊慌的就是东州派，东州派杀过益州人，现在刘璋在，益州人不敢报仇，那刘璋要是完蛋了，东州派怎么办呀？所以东州派急于希望有新势力能成为新的益州之主，他们效忠新势力，便能保持住现有的身份，让益州人不敢报仇。刘璋也惊慌了，总想着要逆天改命，想做点什么，想依靠外来的力量来破局。这时江湖传言，周瑜要来打益州，把刘璋吓得不轻。你听到这个消息，呵呵一笑，周瑜，又一个冲着天子预言来的人。刘焉想当天子，好歹人家姓刘，你周瑜姓周，也想当天子，你来搞笑的吗？没过多久，周瑜死了。但五诸侯的预言还是令刘璋很恐惧，他认为曹操消灭了张鲁之后，就会来进攻自己。曹操那么强，谁能打得过他呀？这天下只有刘备能和曹操抗衡，所以刘璋打算把刘备变成自己的藩属，让刘备打败汉中的张鲁，守住汉中，以秦岭为屏障来防御曹操。有人说了，万一刘备有反心呢？刘璋认为自己能控制住刘备，之前刘表把刘备当藩属，都控制住了，自己为什么不可以。

就这样，刘备作为宾客入川了，你作为刘璋的从事跟随出席宴会。这是你第一次见到刘备,也是刘备第一次见到你。刘备一见到你,开玩笑说:"你这一把络腮胡子像某个著名的画家一样。以前在我家乡涿县姓毛的人很多,我们县令就说了,我们涿县被姓毛的给包围了。"涿被毛包围了,这话啥意思。你思考了一下,懂了,鸟用嘴巴来捉东西,就是说我的嘴是鸟嘴,被我的大胡子包围了。你立刻反唇相讥,说以前有个人是潞县的县令,后来当了涿县的县令,辞官的时候,别人给他写信,不知道怎么称呼他,要称呼他是潞县令的,那就忽略了他的涿县令的身份,反过来也是一样,干脆叫他潞涿君。这话啥意思呢?刚才刘备不是用涿来代替鸟嘴,代替嘴吗?现在你说潞涿,潞就是露出的意思,嘴露出了,说明胡子少。你是在讥笑刘备胡子少。当时的男人,胡子多表示雄壮,胡子少会被认为不雄壮,会被人笑话。加上刘备生阿斗生得晚,四十六岁才生,那是不是因为胡子少、不雄壮呀?刘备只能用哈哈大笑来掩盖没面子。不过刘备也是,你自己胡子少,还要跑去调侃别人胡子多,这不自找倒霉吗?但是你在意的不是这个点,你思考的是啥呢?俗话说打狗还要看主人,我是主公刘璋的从事,刘备是主公刘璋的藩属,一个藩属当面戏弄主公的从事,这样的藩属未来能忠诚吗?你想到了这些,但你并未告诉刘璋,因为在你看来,刘备如果取代了刘璋,对于益州本地人不一定是坏事。在刘焉时代,本地人被压制;在刘璋时代,本地人被用来制衡东州派。但如果换成刘备为主人,局势会不会能变化呢?你在思考,《士族生存法则》第一条:"士族必须和控制自己家乡的军阀合作。"相反,主公也要和本地的世家大族合作,刘焉、刘璋都不懂这个道理,所以不长久。刘备是见过大世面的经验丰富的老牌政治家,这个道理他应

第一部分
士族生存法则

该懂吧？所以，刘备的出现，令本地人和东州派都认为是个绝好的机会。

在这种情况下，刘备和刘璋关系恶化，益州本地人和东州派纷纷投靠刘备，刘备快速占领了益州。刘备上台后会重用的还是东州派，为什么呢？因为东州派是刘璋手下的高官，高官投了刘备，继续当高官，本地人是低官，低官投了刘备，继续当低官。除此之外，你还发现了一个关键的点，有预言家预言东州派吴懿的妹妹未来能当皇后。之前，刘焉为了迎合预言，让三儿子娶了吴懿的妹妹。现在，刘备为了迎合预言，自己想当皇帝，干脆自己又娶了吴懿的妹妹。东州派成了刘备的老婆，成了刘备的大舅子，那本地人还干得过东州派吗？你本以为刘备不会做这种迎合预言的荒唐之事，而是会根据《士族生存法则》来行事，结果则不然。你私下里说，刘备这么玩，恐怕也坚持不了多久。你和周群依然坚定信念，作为益州本土的第二代预言家，必须努力，一定要让本地人过上不被外来军阀压迫的生活。你和周群都成为刘备的官员，周群被封为儒林校尉，你被封为益州后部司马。

四年后，刘备想和曹操争夺汉中，让周群预言。周群说，能得到汉中的土地，但是得不到汉中的人民，而且如果派出偏师，偏师必定失利。刘备听完后很不开心，想找别人听听观点。周群推荐了你，说你是益州第一预言家。你对刘备说，不可以去争夺汉中，军队必定不利。刘备因为"胡子事件"本来就看你不爽，现在你又被说成是益州第一预言家。益州第一预言家说自己会失利，刘备内心较劲：好，那我就跟你杠到底，我把所有的资源全部砸进去，我就不信，我打不赢。除了荆州的关羽军之外，刘备集合了所有兵力去打汉中。倾巢出动，要求本地所有男子必须参战，女子负责后勤运输，孤注一掷，拼命进攻。结果，果然，第一周群说对了，张飞率领的偏师失败，吴兰、雷铜阵亡；第二周群说对了，曹操已经把汉中的人口迁走了，即便打下汉中，也拿不下汉中的人口。第三你说对了，刘备的主力军倾巢出动的情况下，还是无法突破阳平关，无法击败夏侯渊。打了一年左右，依然打不动，刘备陷入了焦虑。幸好在法正的阳谋下，局势发生了变化，夏侯渊被斩杀，刘备占领了汉中。虽然刘备赢了，但刘备心里明白，这是一次超级赔本的买卖，而且东州派的法正确实立了大功。刘备封法正为尚书令，加护军将军，成为尚书台一把手加中央军统帅。你们本地人更绝望了，别说本地人，荆州派和元老派都被这个官封绝望了，未来一定是东州派把元老派、荆州派、本地人按在地上摩擦的节奏。

就在此时，你作为益州第一预言家，预言了一条爆炸性的信息，你预言刘备得益州九年后会离世。你知道这个消息非同小可，曾经因为周群预言到了刘璋的末日，这才导致刘璋请来刘备，本地人和东州派都对刘备政治投机。那这次的预言，刘备会离世，历史会不会重演，本地人会不会觉得又要换个新主公，自己就能反超东州派了啊？东州派会不会觉得必须依附新主公，一旦让本地人占优势，自己就会被诛杀报仇？现在还又多了荆州派和元老派，局势的变化更加复杂。你只把这个消息告诉了身边亲近的本地人，然而你又被本地人坑了，有人为了自己的利益，偷偷把消息告诉了刘备。刘备极为愤怒，要处置你，诸葛亮去劝，极力夸赞你的才能。刘备说，他的才能再好，像芳香的兰花一样，但他长在了我的门口，堵住了我的路，影响到我了，我也得处理他。就这样，你的罪名是汉

第一部分
士族生存法则

中之战预言不准,处罚的结果是在闹市被斩首。在东州派、荆州派、元老派、本地人这四方势力来看,你被斩首得莫名其妙。一些人开始打探原因,在得知是因为你预言了刘备得益州九年后会离世这件事后,四方势力的心态都发生了变化,你的死成了一个序幕。接下来两年里,东州派法正死、孟达叛,荆州派刘封被刺死、黄忠死,元老派糜芳、士仁叛,张飞遇刺,本地人彭羕被斩首,还有降将马超也死了。两年之内,护军将军死了,副军将军死了,骠骑将军死了,车骑将军死了,前将军死了,后将军死了。刘备这还打啥,主力全部挂了,刘备只能带着替补去打夷陵之战。夷陵战败,223 年,刘备果然死了,距他得益州(214 年)正好九年。你的预言准了,你在地府里等着刘备。但你懒得和刘备计较这些旧事,你最关心的是益州本地人啥时候能崛起,何时能不被外来的军阀压迫,益州本地的预言家能不能带着益州人民过上幸福的生活?

刘备死了,蜀汉进入诸葛亮时代,本土人依然被压制。后来进入阿斗时代,益州第三代预言家谯周带着他的党羽们,逐渐开始获得一些话语权。最后,当邓艾兵临城下的时候,虽然成都兵强马壮,粮草充足,但谯周一党代表着益州本土军民的利益,要求阿斗投降,阿斗还算识相,如果阿斗拒绝,可能会被绑着献城。

益州本地人在经历了刘焉、刘璋、刘备、诸葛亮、阿斗五个时代之后,终于迎来了不被外来军阀压迫的时代。一百四十年后,谯家后人在巴蜀创建了益州本土的政权,史称谯蜀。

张裕 小传

张裕(？—219年)，字南和，是蜀郡人，东汉末三国蜀汉时期益州著名的图谶学家。

年轻时，与阆中的周群齐名，以精通谶纬学和相术著称。

新野人邓芝请张裕看面。张裕对邓芝说："您年过七十后，官至大将军，并能封侯。"

建安十六年(211年)，陪同刘璋到涪城接见刘备。

建安十九年(214年)，刘备成为益州牧，被封为后部司马。

建安二十三年(218年)，预言刘备攻打汉中不利。

预言东汉的灭亡时间，"岁在庚子，天下当易代，刘氏祚尽矣"。

预言刘备的死亡时间，"主公得益州，九年之后，寅卯之间当失之"。

建安二十四年(219年)，被刘备以预言汉中事不准为由将其斩杀。

后，220年，曹丕逼迫汉献帝退位，东汉正式灭亡，这一年是庚子年。223年，刘备占领益州后九年，在白帝城去世。张裕的两个预言都应验了。

张松

一半是小丑，一半是英雄

史书里你是小丑，其实你是本土的英雄，你认可吗？

你是益州大族，刘焉占领了益州。《士族生存法则》第一条："士族必须和控制自己家乡的军阀合作。"你们本地大族纷纷与刘焉合作，但刘焉并不信任你们。《士族生存法则》第十六条："没有主公喜欢被大士族控制。"《士族生存法则》第二十七条："主公为了不成为傀儡，会去玩制衡。"那刘焉用谁来制衡你们呢？恰好此时贾诩乱武，李傕、郭汜、张济祸乱三辅、南阳，导致难民们进入益州。十多万难民被刘焉组成东州兵。从此益州出现了一个新的派系，叫东州派。

在刘焉的支持下，东州派欺压你们本地人，但你们无可奈何。刘璋上位后，更加信任东州派，导致各派失衡。渐渐地，东州派成为益州的过江龙。你们这些益州本土人决定武装反抗，本土人甘宁率先起事，却被大将赵韪击败，甘宁逃亡投奔刘表。刘璋重用赵韪，张松：
一半是小丑，一半是英雄

封他为征东中郎将，但赵韪也是本土人，他也起兵攻击刘璋，益州大族们纷纷支持赵韪。有人说，赵韪和甘宁其实是一个阵营的，他们在做戏，让赵韪获得刘璋的重用。也有人说，赵韪在赶走甘宁后良心发现，意识到作为本土人，不应该给刘璋当走狗。不过这些已经不重要了，眼下本土人已经形成野火燎原之势，要一口气干掉刘璋和东州派。然而，东州派势力太过强大，赵韪兵败身死，本土人遭到疯狂的压制，估计永无出头之日，甚至一些大族投靠了东州派，而你是本土人最后的希望。按照当时的规矩，州府别驾必须是本地顶级家族，所以你成为益州别驾。你虽然没有兵权，比不上东州派，但毕竟也是州府别驾、刘璋的近臣。益州大族们内部商议，决定了以下策略：现在东州派日益强大，此消彼长，本土人的能量逐渐减少。想在本土起事来对抗东州派，难度太大，只有依靠外来军阀。这天下无论哪家军阀都知道与本土人合作，唯独刘璋重用东州派，所以设法让别的军阀来占领益州是唯一的出路。

208年，曹操到了荆州，刘璋派使者去联盟曹操。这是个天大的好消息，在你们益州本地大家族看来，接下来孙权会直接投降，然后曹操大军占领益州，你们本土人就得救了。在益州大家族的运作下，你终于成为派去见曹操的使者，然而事与愿违，曹操赤壁战败了，这在你们的意料之外。

但同时你发现了另外一个潜在的救主，那就是刘备。刘备接替刘琦成为荆州牧，大力重用荆州本地人，这令你很羡慕。你在想，如果刘备占领益州，也会重用你们益州本土人。于是你返回益州，告诉刘璋，别联盟曹操了，应该联盟刘备。刘璋没有理会你，之前联盟曹操，是因为曹操眼看要来了，现在曹操都败了，没必要联

第一部分
士族生存法则

盟。那如何才能引军阀来占领益州呢？这个问题把你愁坏了。然而，事情出现了转机，原本所有人都认为曹操会以襄阳为据点，继续进攻荆州，和孙刘联军死磕到底，夺回荆州。但没有想到曹操放弃了，他转过头来打算图谋张鲁，要找韩遂、马超借道。你突然意识到机会来了，你赶忙对刘璋说，曹操为什么不打荆州啊？因为孙权把荆州数郡借给刘备了，刘备是曹操的老对手，曾三次奇袭许都，曹操都怕刘备，所以不进攻荆州了。现在曹操找马超借道打张鲁，韩遂、马超等人一旦借路给曹操，曹操灭了张鲁，接下来大军直下，我们就完了。天下谁能挡住曹操？刘璋询问你的意见。你说，我们请刘备来当藩属，才能挡住曹操。刘璋不确定刘备是否会图谋自己，你说当然不会，你看刘备给袁绍当藩属打曹操，给刘表当藩属打曹操，现在刘备相当于给孙权当藩属抵抗曹操。刘备三次当藩属，哪一次害过别人，而且当藩属一直对抗曹操，经验丰富。刘璋觉得有道理，决定派你前往。东州派也得派个使者，在你们的运作下派了法正。法正是东州派，但在东州派内部不得势，被你们暗中拉拢。在你和法正的努力下，促成了刘备和刘璋的联盟。刘备顺利入川。在刘璋原本的计划里，刘备到了益州时，曹操已经灭了张鲁，刘备能直接面对曹操。但结果韩遂、马超没有借路，而是反了，曹操打败了他们。曹操本该进攻张鲁了，结果北方出了叛乱，回去平乱去了。所以刘备没有遇到曹操，而张鲁只是自守，不会主动进攻刘备，所以这是刘备袭击刘璋的绝佳时机。你反复催促刘备动手，在这千钧一发的时机，你的家人害怕计划失败遭到东州派的报复，便举报了你。刘璋大怒，将你斩杀。

你问判官那边的事怎么样了？判官告诉你，刘备暴露了，起兵张松：
一半是小丑，一半是英雄

了，然后灭了刘璋。你兴奋不已，你问那刘备是不是重用了我们益州本土人，东州派是不是被赶走了？判官告诉你，并没有，刘备重用了东州派，现在东州派的实权之主正是法正。你大怒，觉得被骗了，但更令你忧愁的是，益州大族何时才能站起来。之后，判官告诉你，曹操占领了汉中，马上就要攻击益州了，还说"蜀中一日数十惊，备虽斩之而不能安也"。你兴奋，益州大族的胜利要到来了，然而曹操却突然撤退了，只是让夏侯渊驻守汉中。接着判官又告诉你，刘备去汉中进攻夏侯渊，益州大族趁机起事，集结了数万兵力，一旦拿下成都，汉中的刘备军也会因为失去补给而战败，益州大族的胜利就要到来了。你正欣喜之时，判官又告诉你，数万义军被东州派李严带着五千东州兵击败了。过了一段时间，判官告诉你，刘备去世了，你说这是好机会。判官说，是，益州南部的本土大族们又起事了，东吴暗中支持他们，声势浩大。这次你期待着，结果判官告诉你，他们被荆州派平定了。你摇了摇头，意识到本地起事无法成功，必须是中原王师到来才有机会。

过了很久，一天判官告诉你，中原王师终于来了，魏国大将邓艾偷渡阴平，但兵力太少。你说不怕兵少，只要中原王师来了，益州大族们自然会相助。判官说，你猜对了，益州本土的守将向邓艾投降，邓艾兵力得到了补充，大破荆州派，一路上得到益州本土大族们各种补给，最终到达了成都。成都的益州大族们欢欣鼓舞，劝阿斗赶快投降，阿斗只得投降。从东州派入川到阿斗投降，益州大族们被压迫了七十年，益州终于回到了益州大族的手中，你的心愿完成了。

第一部分
士族生存法则

张松 小传

张松（？—212年），蜀郡成都（今四川省成都市）人。

建安十三年（208年），为益州牧刘璋别驾从事，被派遣至曹操处而不为其所存录，因而怀怨恨。回蜀后，劝刘璋与刘备联盟；其后，与法正密谋奉刘备为主。

建安十七年（212年），暗助刘备，被其兄张肃告发，刘璋怒而将他斩杀。

马谡
出来混，早晚是要还的

你是马谡，你是190年出生的，比诸葛亮小九岁。你四哥马良，187年出生的，比诸葛亮小六岁，未来你四哥会管诸葛亮叫兄长，而你直接管诸葛亮叫爸爸。但少年时你们并不追随诸葛亮，你们都是荆州襄阳人。《士族生存法则》第三条："如果你的乡党派系得势了，你就去追随。"你们最厉害的老乡叫蔡瑁，身份是镇南将军，幕府的军师，荆州土皇帝刘表是他一手扶植的。有人问：蔡瑁为什么不自己当老大呢？因为按照《三互法》，本州人不能当本州的州牧，所以蔡瑁当不了荆州牧。按照废史立牧的规定，州牧又必须是皇亲国戚或者京城重臣，刘表是皇亲国戚，所以蔡瑁只能扶植刘表。你们马家与蔡瑁是老乡，而且你们兄弟五个在当地非常有才名，尤其是你的四哥马良，乡里谚语说，"马氏五常，白眉最良"。你的哥哥们很有信心，觉得蔡瑁一定会重用他们。然而事与愿违，蔡瑁没有搭理他们。父亲告诉你们说，《士族生存法则》第二十五条：

第一部分
士族生存法则

"你是否被提拔，不是由你的才华决定的，而是由你家族在当地的能量排名决定的。"荆州蔡、蒯、黄、庞、马、向、习，马家第五，可第四家族的庞德公、庞山民、庞统、庞林，人家还没工作呢，咋就轮到你第五家族了？你不服，你说第六家族的向朗为什么能当县令呢？父亲告诉你，《士族生存法则》第十条："士族应该花钱让子弟成为名士的徒弟。"向朗是水镜先生司马徽的高徒，你们是谁的高徒？

少年时的你很郁闷，马家真是个尴尬的存在。第一家族蔡家，荆州中央军统帅；第二家族蒯家，荆州文官之首；第三家族黄家，荆州水军之首；第四家族庞家，荆州名士之首。第五家族马家啥也不是，等着吧，等时局变化。

209年你虚岁二十，弱冠成年，你哥马良二十三，机会来了。赤壁之战，曹操战败后，蔡家、蒯家跟曹操跑了，黄家的黄祖被孙权军杀了。黄承彦没有当官，黄忠只是个武将，黄盖是跟孙家的，黄家也没落了。庞家成为第一家族，庞、马、向、习，马家第二了，而且庞家也出来工作了。当时周瑜占了南郡，《士族生存法则》第一条："士族必须和控制自己家乡的军阀合作。"庞家投资了周瑜，庞统成为周瑜的功曹，仅次于南郡太守周瑜的存在。好机会，你们马家决定跟上，学着庞家一样投靠周瑜，但还没开始，周瑜就死了。孙权把南郡借给了刘备，你们四个家族，转而投刘备麾下。第一家族庞家，庞统成为荆州治中，荆州牧刘备州府里的第二号人物。第三家族向家的向朗，督秭归、夷道、巫山、夷陵四县的军民事，水镜高徒就是不一样。第四家族习家的习祯，刘备特别喜欢。外界甚至评价说习祯"名亚庞统，而在马良之右"。对这个评价，你很不服气。外界凭什么说习祯比我四哥强？父亲告诉你，因为习家和庞家联姻了。你觉得马家太吃亏了，但好在刘备还是遵从论资排辈的规矩。向朗是水镜高徒，没有办法，但刘备至少没有让习家超过你们。刘备把你四哥和你收入麾下，成为州府的从事。你们整天跟在刘备身边，刘备遇到一些问题，会听从你们的建议。你四哥性格沉稳，刘备更容易接纳，而你比较年轻，想法都很有创意。刘备前半辈子伤痕累累，人到中年，更喜欢沉稳的四哥，不太喜欢你。

212 年，你二十三岁，刘备要入川，带走了一半荆州的力量。庞统、你、习祯都跟着入川了，诸葛亮、你四哥、向朗都留守荆州。刘备开启了吞噬益州的进程。《士族生存法则》第五条："士族必须掌握兵权，才有能量。"所以庞统，不愿意只当个随军军师，他开始掌兵权，指挥军队，但在攻城时，被流矢射死了。庞统的死，导致庞家力量下滑，你们马家成了荆州第一家族。

当刘备占领益州后，立刻把你四哥和你调到益州，你被封为绵竹县令，四哥被封为左将军掾，诸葛亮是署左将军府事。在刘备左将军幕府里，一号人物诸葛亮，二号人物就是你四哥了。现在你们马家是荆州本土第一家族，向家唯你们马首是瞻，效忠于你们，把你们马家人视为圣人。

现在有一个微妙的问题，就是诸葛亮和马家之间的关系。如果按家族来算，马家是荆州派本土第一家族，因为诸葛亮并非荆州本土家族，但实权上，庞统活着的时候，诸葛亮是荆州的代言人，是刘备与荆州派之间的纽带。庞统死后，马家面临一个选择，要么替代庞家成为荆州派之主，那诸葛亮只能继续当代言人，和诸葛亮成

第一部分
士族生存法则

对抗状态；要么直接臣服诸葛亮，承认诸葛亮是荆州派之主。思来想去，《士族生存法则》第十五条："对外论派，对内论系。"在荆州派内部，你们可以和诸葛亮不是一个系的，你们是荆州派本土系，诸葛亮是荆州派流寓系，但对外你们都是荆州派。眼下刘备似乎更重用益州的东州派，也就是吴懿、法正、孟达、黄权、李严等人。现在首要的问题，不是谁是荆州派老大的问题，而是荆州派如何与东州派斗争的问题。在这个局势下，你们马家认诸葛亮当老大，组建成团结的荆州派，来对抗东州派。刘备封东州派的法正为蜀郡太守，这令荆州派感到不安。首都是成都，成都属于蜀郡，蜀郡太守是东州派的人，这不等于首都被东州派控制住了吗？一定要分割东州派对首都的控制权，派谁去呢？必须是第一家族马家，但马良属于刘备幕府的官员，动不了，于是重任到了你身上，决定派你出任成都县令。虽然蜀郡太守管着成都县令，但成都县令直接管着成都，县官不如现管，以此分割东州派对首都的控制权。所以你成为首都县令。后来刘备和曹操要争夺汉中地区，诸葛亮坐镇成都负责后勤，诸葛亮以署将军府事的身份镇守成都，而你马谡又是成都县令，荆州派对首都的控制权，更大了。但东州派似乎改变了打法，东州派的黄权成为护军，手握兵权；孟达打下了房陵和上庸，手握地方兵权；法正给刘备当随军军师，打完汉中后，被封为护军将军，手握兵权；李严是犍为太守，在汉中之战时，镇压叛乱，威望升高，手握地方兵权。东州派的策略似乎全部向着兵权去了，所以荆州派必须有所行动。

此时，越嶲郡的南蛮人发动了叛乱，李严率军镇压获胜，被刘备封为辅汉将军，这是个危险的信号。东州派的李严可以通过不断地镇压南部叛乱，以此获得资源和能量。为了解决这个问题，荆州派要把自己人派到越巂去，以此分割李严在南部的能量。派谁去呢？荆州第一家族马家，马良当幕府的官员，动不了，只能又是你马谡。你之前当成都县令是为了控制京城，现在诸葛亮已经足以控制京城了，你正好可以动了，于是把你升为越巂太守，同时让第三家族的向朗去当牂牁太守，都是负责对付南蛮的，去制衡犍为太守李严的能量。你也因此从县令级别升为太守级别。你升官了，但这只是荆州派与东州派斗争的一环。

在这场权力斗争中，东州派的法正死了，孟达叛了，黄权叛了，荆州派这边，你四哥马良阵亡，习祯死了，接着刘备也死了。刘备临死前要托孤，此时蜀汉内部依然强大的是荆州派和东州派，有两股力量，就得有两个托孤大臣。荆州派这边是诸葛亮，东州派是李严。刘备封李严为永安督，统内外军事，并且临死前对诸葛亮嘱咐，说你"言过其实，不可大用"。这个"言过其实"指的是荆州派对你的言论评价，按向朗的说法你是圣人，这个言已经超过了实。"不可大用"呢？封你成都县令，封你越巂太守，荆州派的每一次行动都是在重用你。刘备认为这么做要出问题，但这是你们荆州派内部的事，诸葛亮也就听听而已。

刘备死后，李严去当永安督了。李严离开了南方，你和向朗自然也不用待在南方了。于是你们被调到了诸葛亮身边，你是参军，向朗是丞相府长史。虽然向朗的官职比你高，但是你们毕竟是荆州第一家族，你四哥马良又阵亡了，你现在是家族族长，诸葛亮无比器重你，每天与你讨论计谋，从白天到黑夜地讨论，也许是想通过这种方式能让你快速变强吧。毕竟诸葛亮不是荆州本土人，你现在

第一部分
士族生存法则

是荆州本土人的老大，是荆州本土人心中的灵魂人物。由于李严、你、向朗都离开了南方，蜀汉对南方的控制权减弱，南方发生了叛乱。诸葛亮决定亲自平乱，由于你在南方待了多年，对南方更加了解，所以诸葛亮向你请教关于南方的战略。你的建议是，"攻心为上，攻城为下，心战为上，兵战为下"。在这个指导思想下，诸葛亮平定了南蛮，接下来要北伐了。

北伐军里除了吴懿和赵云，其他全是荆州人，要在荆州人里面挑选街亭督。谁是荆州派的灵魂人物呢？毫无疑问，又是你，你成为街亭督，就像成都县令得是你，越巂太守得是你一样，街亭督还得是你。《士族生存法则》的第七条："士族讲究按家族排位。"但你和诸葛亮都忽略了一个问题，就是你缺乏领兵的实战经验。你是参军，是随军军师，这个职业和荀攸、郭嘉、田丰相同，他们没领过兵，你也没领过兵，让他们突然领兵当都督，他们打不赢，没有经验，你也是，你也打不赢。如果能让你先当一个中等的统帅，去打一些中等难度的仗，练练级，把等级练上去，这样还行。但问题是，现在直接让你面对的是高难度的敌人，曹魏的正规军，这下糟糕了。尤其是负责策应你而屯驻在柳城的高翔，被郭淮击败了，你处于孤军被围的状态。如果高翔不败，张郃根本没有办法围困你。面对这种崩盘式的局面，你想起了关羽走麦城——吕蒙占了江陵，俘虏了关羽军的家眷，关羽军立刻崩溃，完全没有作战能力了，关羽只能逃亡。大家都很惋惜。关羽没有逃出来，你觉得你的情况跟他很像，高翔战败了，你被包围，军队没有水源，已经完全没办法指挥了。你脑海中只有一件事，我要逃出去，我不要成为第二个关羽。如果我阵亡了，荆州派上下就失去了灵魂人物。

你做到了，你逃了出来，然而你却被送进了大牢。你不明白为何会遭此待遇，如果关羽逃回益州，会被送进大牢吗？如果我阵亡了，你们一定会惋惜我没有逃出来，但我逃出来了，你们为什么又把我送进大牢呢？这是为什么呢？你想到一个有趣的事，张郃打败了你，但张郃当年在巴西之战的时候，不也是丢弃大军，自己爬山逃走才活下来的吗？如果曹魏要靠这个罪名把张郃斩杀了，那张郃今天还有机会击败你吗？你思考了很久，你认为要杀你的真正原因一定不是这个。那究竟是谁想杀你呢？难道是诸葛亮吗？难道诸葛亮是怕你未来成为真正的荆州之主吗？你思考了很久，突然你想到了一个名词——东州派。当年和东州派的法正争夺首都控制权的人是你，和东州派的李严在南方争夺能量的还是你，现在你丢弃大军自己逃亡，那你猜以李严为首的东州派会怎么做呢？

出来混，早晚是要还的。你被判处决，向朗被判免官，赵云被判贬官，诸葛亮自降三级，整个荆州派陷入劣势。当诸葛亮含泪下令要斩杀你的时候，你已经死在了狱中。听闻这个消息，荆州派上下都很悲痛，十万人为你痛哭流涕。

然而，三年后，一份荆州派上下所有官员集体签署的弹劾名单，送到了阿斗的面前。接着，李严被流放了。出来混，早晚是要还的。

第一部分
士族生存法则

马谡 小传

马谡（190年—228年），字幼常，襄阳宜城（今湖北省宜城市）人，三国时期蜀汉的官员和将领。

侍中马良的弟弟。兄弟五人都很有才华，被称为"马氏五常"。

最初以荆州从事的身份跟随刘备进入蜀地，先后任绵竹县令、成都县令和越巂太守。

汉章武三年（223年），汉昭烈帝刘备在临终前告诫诸葛亮，马谡不可重用。诸葛亮依然重用马谡，让他担任参军一职。

汉建兴三年（225年），丞相诸葛亮决定率军平叛，向马谡询问。马谡回答："攻心为上，攻城为下，心战为上，兵战为下。"诸葛亮大获全胜。

汉建兴六年（228年），诸葛亮北伐魏国，任命马谡为先锋。然而，马谡在街亭之战中违背诸葛亮的作战指令，导致街亭失守，最终被魏将张郃击败，军队溃散。马谡因此被下狱，并死于狱中，另有一说法是被诸葛亮下令斩首。

孟达
看穿了一切却无路可选

关羽是你坑死的吗？你应该跪在关帝庙前吗？你是反复无常的小人吗？非也，其实你是看穿了一切却无路可选的可怜人，你接受这样的说法吗？

你出身于三辅豪强，《士族生存法则》第十七条："士族应该组队发展。"你们家与同县士族法家成为盟友。你和法家少主法正成为好友。法家是典型的士族，法正的太爷爷是南阳太守，南阳可是天下第一大郡，所以法正的爷爷能成为大名士，所以法正的爸爸能当京官，给三公九卿当小弟。《士族生存法则》第三条："如果你的乡党派系得势了，你就去追随。"所以你的父亲去京城，依靠法家走各种门路，巴结到了十常侍张让手下的监奴，一步步运作，最后当了凉州刺史，你成为凉州刺史的儿子。你父亲最辉煌的时候，集结三万大军，讨伐异族。你们家和法家成为三辅地区强大的家族。

但大汉权力更迭，李傕、郭汜、张济攻入京城，他们无法与士

第一部分
士族生存法则

族合作，导致没饭吃，就纵兵劫掠三辅和南阳，导致三辅、南阳十多万户难民逃往益州。注意是十多万户，不是十多万人，假设一户是三到五人，假设十三万户，这是四十万到六十万人，平均一下约有五十万人。五十万难民逃亡，而你和法正也在这五十万难民之中。原本在三辅，你们有地、有佃户、有私兵，有伐木场、矿场，定期用粮食、木材、铁矿投资地方官，你们就能在三辅呼风唤雨。现在这些没了，没有粮食、木材、铁矿提供给刘焉父子，没有能力投资，怎么发展呢？没法发展，你毫无办法，只能暂停一切计划。

你相依为命的好兄弟法正有办法。法正的爷爷在谶纬学术上很有造诣，而益州本土名士最流行的就是这个谶纬学。依靠这个，法正获得了益州本土名士圈的好感，尤其是益州豪强之首张松家族的好感。后来刘焉死后，刘璋上位，益州豪强们觉得这是推翻外来压迫势力的好机会，便群起反抗，包围成都，企图推翻刘璋。万没想到，刘璋和三辅、南阳的难民一起绝地反杀，成功镇压了益州本土豪强，刘璋坐稳了位置。因为三辅和南阳的难民都是益州的东边来的，所以刘璋把难民军编为东州军，之前要饭的现在成为东州军里的红人。你和法正处境尴尬了，你们也属于东州派，但曾经呼风唤雨的士族现在不被重用，进不了东州派的顶级权力圈。以前家里的佃户，因为救刘彰有功，现在成了东州派里高高在上的人物，对你和法正吆五喝六的。你们暗暗发誓，一定要恢复曾经的荣光，成为东州派里的王者，但能依靠的只有张家。那刘璋和张家关系怎样呢？《士族生存法则》第一条："士族必须和控制自己家乡的军阀合作。"所以，益州第一吏——别驾——还得是益州本土豪强张家的张松。刘璋用东州难民来压制本土豪强，以张松为首的益州本土豪强们想孟达：
看穿了一切却无路可选

推翻外来压迫者，所以，益州本土豪强们打算坑刘璋，暗中支持刘备，目的是让刘备来取代刘璋。刘备和东州难民又没有关系，这样东州难民就失势了，而益州豪强拥立刘备有功，这样就变成了益州豪强压制东州难民，就逆袭了。刘璋原本的计划也是把刘备弄来当藩属，替自己抵挡曹操。他预计张鲁会快速投降曹操，曹操会快速占领汉中。汉中是益州的大门，益州大门被曹操占了，那益州就危险了。全天下最有当藩属经验、最有当藩属抵抗曹操经验的，只有刘备。许多人担心控制不住刘备，但刘璋认为，刘备如果有反心，会被自己和曹操前后夹击，刘备翻不起浪来，所以一拍即合。那派谁去联络呢？法正和你。为什么是你们俩呢？因为在刘璋看来，你们是东州派，他只相信东州派，总不能派东州派的大佬出去吧，得派个文士去。在以张松为首的益州豪强看来，懂谶学的法正是自己人。《士族生存法则》第八条："'蝙蝠人'是无敌的。"蝙蝠告诉猛兽，我有齿，我是兽；蝙蝠告诉鸟类，我会飞，我是鸟。法正说，我是东州人，法正又说，我是懂谶学的名士，和你们益州名士一样。

就这样，法正带着你作为使者出发了。你们见到了刘备。刘备和法正密谋，然后把你留在江陵，接着刘备带着荆州军入川了。结果刘璋猜错了：曹操来晚了，刘备不会腹背受敌了。刘备调转枪口，灭了刘璋。但是益州本土豪强也猜错了，刘备并没有重用本地豪强，压制东州难民。相反，由于在灭刘璋时，东州派的首领吴懿、李严都特别奸猾，弃暗投明，果断投靠刘备。所以，刘备占领益州后，继续拉拢东州派，压制益州本土豪强。这下法正风光了，他原本进不了东州顶级权力圈的，现在王者归来，成为东州派二号人物，仅次于新外戚吴懿。刘备继续重用东州派，一场汉中之战，吴懿守京

第一部分
士族生存法则

城，法正在前线当军师，黄权在前线当护军，李严负责平定后方，而你负责拿下汉中的房陵和荆州的上庸。你们东州派大获全胜。法正成为尚书令加护军将军，而你是东部统帅。

刘备为了制衡，把荆州人刘封派到你身边，刘封是东部一把手，你是二把手。你和刘封的关系比较微妙，刘封是刘备的过继子，被视为长子。长子刘封是荆州人，荆州派拥立刘封；阿斗是妾身甘夫人生的，是个庶子，由嫡夫人东州派吴懿妹妹抚养，东州派拥护阿斗。但问题是，长子不是亲生的，庶子是亲生的，刘备是偏向法理，还是偏向亲情？人们纷纷推测。就在此时，刘备封刘封为副军将军，这是什么意思啊？刘备是正统帅，刘封是副统帅，这和曹操那边很像，曹操是丞相，曹丕是副丞相。这个副军将军一封也增加了刘封的嚣张气焰。刘封和你本来就是不同派系，本就要压制你，现在更甚，还抢走了你的军队。看着盛气凌人的刘封，看着以为自己能继承王位的刘封，你反倒觉得他比较可笑。你心里明白，刘备封这个副军将军，只是为了制衡，为了给荆州派一点甜头。因为东州派已经赢麻了，而且接下来东州派会赢得更麻，因为刘备必定会立亲儿子阿斗当皇太子，刘封赌自己赢，你认为阿斗赢，你和刘封的观点不一样。

但就在此时，关羽派使者来了，要求协助攻打襄樊。你和刘封的观点出奇地一致，不行，因为上庸的本土豪强申家不是省油的灯。他们之前勾结张鲁，又被曹操封官，现在迫于局势投降刘备，虽然送来了人质，但不是每个豪强都把人质当回事。你和刘封都认为，一旦抽出兵力支援关羽，上庸就会出事。而且关羽此时是优势，包围襄樊，压着曹仁打，出兵支援关羽，对于关羽只是锦上添花，孟达：
看穿了一切却无路可选

对于上庸是雪上加霜，所以你们拒绝了关羽。

但万没想到，接着出现了三件事：其一，关羽死了；其二，法正死了；其三，刘备封阿斗当太子。你的第一反应是出事了，跑，赶快跑，你感受到了威胁。在你看来，你和刘封都要遭殃。关羽死了，你们都要负责。尚书令加护军将军的法正死了，平衡就被打破了。阿斗当了太子，东州派太强了。刘备可以削弱东州派，但不能直接断东州派一臂。不对，这不是制衡，这是刘备被蒙蔽了，刘备身边有小人。没了法正，我何以立足？何以立命？没了法正，我还有命吗？跑，必须跑，在跑之前给刘备写封信，不是因为你要叛变，而是因为有人在他身边搬弄是非，小人破坏了平衡，因为小人，刘备的制衡政策即将崩溃。你就是被坑的伍子胥、蒙恬、乐毅，从没有想到你会经历他们的经历，叛逃魏国。

距离你最近的是魏国的南部大统帅夏侯尚，夏侯尚接收了你。你成了他们的向导，带着夏侯尚、徐晃来打上庸。在你看来，搞定上庸轻而易举，因为上庸的本地豪强申家必定会投降。为什么？因为刘备军现在劣势了，整个荆州全丢了，百无一还，那还跟刘备玩个啥，人质我不要了。而刘封呢，阿斗都当太子了，他还坚持个什么劲儿。所以你给刘封写信，告诉他，别幻想了。《士族生存法则》第十八条："士族的斗争，只有斩尽杀绝。"阿斗当了太子了，你刘封活不了。但刘封不信，就像上次不相信副军将军是制衡的手段一样。他继续抵抗，但申家叛了，豪强叛了，刘封无力回天。刘封败了，逃回成都，被刘备抓住，给两条罪名：第一，因为刘封不支援关羽，导致关羽死亡；第二，因为刘封欺负你，导致你叛变。其实大家都明白，这就是两条借口，关羽的死与刘封没有关系，你的叛

093

第一部分
士族生存法则

变也是因为法正死,与刘封也没有关系。刘封必须死的原因很简单,因为阿斗当太子了,刘封是个威胁,就这么简单。但是刘封是荆州派的人,那还得荆州派老大诸葛亮表态。诸葛亮主动表态支持处决刘封。刘封临死之前终于明白了,全世界都在骗他,唯一对他讲真话的是被他视为对立面的你。他后悔了,觉得当初应该听你的,但没有机会了。你成为曹魏的功臣,曹丕把房陵、上庸、西城三郡合并,让你当老大,你混得风生水起。曹魏皇帝曹丕认可你,曹魏南部大统帅夏侯尚认可你,曹魏的尚书令桓阶认可你,你厉害呀。回看蜀汉这边,刘备要死了,最后还要制衡一下,向荆州派诸葛亮、东州派李严两人托孤。李严是中都护,中央军依然在东州派手里,这是个传统。从刘璋时代起,就这样,李严是护军,然后吴懿是护军,黄权是护军,法正是护军将军。现在李严是中都护,这和益州有几十万的东州难民有关。但你猜测东州派还是要吃亏,李严可能搞不过诸葛亮。果然,李严被压制得无法翻身。你很庆幸,如果当时没有投魏,可能会像黄权一样,几年后也会叛逃;也可能像李严一样,被荆州派压制,当然也可能早就随法正而去了。你现在很得意,背后有三座大山撑腰:曹丕、夏侯尚、桓阶。

但你万万没有想到,这三人接连都死了,你在曹魏没靠山了。新皇帝曹睿上台了,南部大统帅换成司马懿了,这怎么办?司马懿是士族,与宗室对抗,而你是宗室夏侯尚生前重用的,这不是士族的眼中钉吗?你要做出选择:要么继续投靠宗室曹真、曹休,但他们不管南部,罩得住你吗?要么转而投靠士族司马懿,那颍川士族集团为什么要接受你?这题太难了,要么干脆向诸葛亮投降得了,那荆州派容得下你吗?但你是不会投李严的,李严自己都劣势了。

孟达：
看穿了一切却无路可选

你就想活个命，怎么那么难呢？留在曹魏死亡概率是百分之九十，士族要崛起，需要吸取南部力量，迫切地想吃掉你。投蜀汉死亡概率也许百分之八十，荆州派没有那么迫切要弄死你。两害相权取其轻，也许投靠诸葛亮，不死的概率多那么一点。诸葛亮似乎也看出了你的意图，给你来了封劝降信，你不敢拒绝，但很纠结。投蜀汉存在一个隐患，你的军队之前曾经杀了诸葛亮的姐夫，也许诸葛亮的姐姐和姐姐的孩子也被杀了，诸葛亮会不会一直憋着报仇呢？但问题是，诸葛亮姐夫当时是曹魏的太守，你是刘备的部下，杀曹操的太守天经地义，你何错之有？但他毕竟是诸葛亮的亲人。你反复纠结，迟迟不动手。

结果诸葛亮急了，把你要归蜀的消息设法告诉了申家。申家立刻当作投名状，报告给了司马懿。司马懿兵贵神速，灭了你。你有点无语，诸葛亮啊，诸葛亮，我都同意投降了，只是有点纠结、拖延，你咋还把我给举报了？现在好了，上庸三郡依然是曹魏的，你啥也没捞到。最大的作用是让士族司马懿实力增强了一些，让申家立了一功。回顾一生，你和法正的目标是啥？你们原本是三辅的世家大族，结果在益州难民圈里混不进巅峰。一番操作，法正带着你王者归来，恢复了在三辅时的地位。但接下来法正死了，而你的目标很简单，就是两个字，活着。可惜你的靠山都比你命短。最后陷入了一个百分之九十死亡还是百分之八十死亡的选择，你选了，但可惜有点拖延，你没了。

你想害死关羽吗？没有。你想害死刘封吗？也没有。你想背叛刘备吗？并不是。你想背叛诸葛亮吗？完全没想。其实你是个聪明人，看懂了许多事，但是无力改变。最后你成为千古罪人，被钉在

第一部分
士族生存法则

了历史的耻辱柱上。每每提到你，后人只会说你是个反复无常的小人，坑死关羽，有你一份，你应该像秦桧跪岳飞一样跪在关帝庙前。

孟达 小传

孟达（？—228年），字子度，扶风郡平陵县（今陕西省咸阳市）人。

其父孟他，因贿赂宦官张让而担任凉州刺史。

建安初，与法正一同入蜀依附刘璋。

建安十六年（211年），与法正一起归降刘备，刘备命孟达驻守江陵；平定蜀地后，任命孟达为宜都太守。

建安二十四年（219年），与刘封平定上庸等地。关羽发动襄樊之战，孟达拒绝出兵帮助关羽。

延康元年（220年），投降曹魏，官至散骑常侍、建武将军，封平阳亭侯，领新城太守。

太和元年（227年），受诸葛亮招诱，欲反曹魏归蜀汉。太和二年（228年）正月，被司马懿军击杀。

蒋琬
庞统和诸葛亮的双料接班人

你和你的表弟都是荆州士族。《士族生存法则》第十条:"士族应该花钱让子弟成为名士的徒弟。"你的表弟(潘濬)家就是这么做的,你的表弟成为大儒宋忠的高徒,并得到了建安七子之一王粲的赞赏。你羡慕不已,但也无可奈何,因为你的家族没有你表弟的家族有钱。你表弟进入了荆州名士圈,整日里与顶级名士们品酒论道。你羡慕不已,但无可奈何。

当时是刘表控制荆州,《士族生存法则》第一条:"士族必须和控制自己家乡的军阀合作。"你和你表弟的家族都投资了刘表,向刘表提供粮草、木材、铁矿、兵员,只是你的家族实力有限,能投资的少。作为回报,刘表封你的表弟为江夏从事,而你则无所事事。你羡慕不已,但无可奈何。

你表弟到了江夏,就杀了贪官县长,全郡震惊,名声大噪。为什么敢这么干呢?《士族生存法则》第十一条:"我是股东我怕谁?"

第一部分
士族生存法则

你弟弟杀县长，从这个维度来看看，是清官杀贪官，换一个维度来看，是支持刘表的家族杀了不支持刘表的家族。这波表忠心的操作，刘表很满意，立刻把你表弟封为县令。你依然什么也不是，你羡慕不已，但无可奈何。

后来刘表死了，你和你的表弟都支持刘琦。刘琦当了荆州牧，还没有来得及封赏股东就死了。刘备接替了刘琦，拥有了刘琦的一切，也包括你们这些股东家族。刘备把你的表弟封为治中，就是副省长。刘备本人是正省长，你表弟是副省长；刘备打算去益州了，把荆州交给关羽和你的表弟。关羽是督荆州，你表弟是典荆州，也就是关羽管荆州的军事，你表弟管荆州的政务。在荆州，你表弟已经快能和关羽平起平坐了。更厉害的是，你表弟竟然还敢不服关羽，甚至敢与关羽对抗。你问你表弟，怎么想的？你表弟说，《士族生存法则》第十一条："我是股东我怕谁？"就算刘备把关羽当弟弟，那又能怎么样？我是股东。你表弟敢怼关羽，而你依然什么也不是。想想小时候一起长大，一起念书，老师还夸你，怎么之后的差距就越来越大了呢？你羡慕不已，但无可奈何。

恰好此时刘备在益州急需人才，希望荆州各家族推荐人才。你表弟推荐了你和你的另外一位小表弟（刘敏）。你和你的小表弟以前都没有工作，没有经验。跟着刘备打益州，你们又是文人，没有什么立功的机会，只能是浑浑噩噩混混日子。刘备占领了益州后，竟然封你当县长，你的小表弟也被封为武官。你有点懵：我们什么也没干，怎么就被分为县长了？你稀里糊涂就上任了。不过当地的酒还是不错的，小县城里也没事干，你本就嗜酒如命，每天都喝，喝着喝着，你喝明白了。《士族生存法则》第十二条："士族投资

蒋琬：
庞统和诸葛亮的双料接班人

主公，主公赢了，士族是有分红的。"在刘备的心中，你压根不属于自己的家族，你属于你的表弟，你们打包是一个整体，现在分红了，你表弟已经没法再封了，再封就压制关羽了，就逆天了，所以你被封为县长。你想想也不错，你羡慕了表弟那么多年，自己凄凄惨惨的，现在好了，自己啥也不用干，依靠表弟就能当官，这对你来说是件好事。你知道从出生那天起，家族能量对比上，你就永远无法超越表弟，你这辈子也就只能指望从你表弟这里蹭些好处了。无论你如何努力，也难以有所作为。这小县城里你也不可能有任何显著的政绩，想出头是不可能的，还折腾什么呀，这酒不香吗？

突然有一天，十几名官差闯入你的县衙，把宿醉的你抓走。你吓得酒醒了一半：我犯什么事儿了？官差把你抓进马车，日夜兼程，送到刘备、诸葛亮面前。你都傻了：我干了啥事儿能惊动他们俩？刘备大怒，指责你不处理政务，只知道喝酒，要杀了你。你感到震惊：我那小县城里也没多少政务，对吧？就算我不处理政务，也不至于要杀我。诸葛亮则劝刘备，说你并非百里之才，县令不适合你，你是有大才的。诸葛亮评价过两个人非"百里之才"，你是一个，上一个是庞统。难道在诸葛亮心目中，你和凤雏庞统能够相提并论？

诸葛亮这么说，你心里说：过誉了，我心里清楚自己的能力，县令的工作我都做不明白，还大才呢！你转念又一想，这是诸葛亮在救你，才故意这么说的。果然刘备听了诸葛亮的话，没有杀你，你吓得一身冷汗，腿都软了。事后你才明白：襄樊之战关羽阵亡，陆逊堵住了荆州去益州的路，你表弟带着荆州所有官员投降了孙权，所以刘备才会要杀你。不光是你，你的武将"小表弟"也被

第一部分
士族生存法则

惩罚了。你小表弟不理解，问为什么会这样。你说，《士族生存法则》第十三条："家族是个整体，分红都有份，问责也都有份。"我们没有被杀，已经多亏了诸葛亮。你的"小表弟"问诸葛亮为什么要救你们，你说，《士族生存法则》第十四条："士族派系首领必须罩着本派系所有人。"诸葛亮是荆州派代言人，我们都是荆州派，诸葛亮自然要救我们。当然，刘备当着诸葛亮的面要杀你，也是在变相地质问诸葛亮，荆州派的人投降了，这事你们荆州派得给个交代。小表弟说了，刘备平时和诸葛亮关系挺好的，怎么会让诸葛亮给交代？你说，法正、孟达这样的东州派盯着，荆州派犯下这么大的错，主公不问责说得过去吗？东州派会咬住这件事不放，荆州派会有很多人被免官。汉中之战，东州派的法正立了大功，而襄樊之战，荆州派的官员叛变了，换你是刘备，你要怎么平衡两派系的关系？刘备之前封东州派的法正为尚书令，加护军将军。护军将军是中将军一把手，尚书令是尚书台一把手。这两个官封得太狠了，封得荆州派都有些郁闷了。当然你的表弟（潘濬）已经叛吴了，你也没什么机会了，继续喝你的酒吧，梦里啥都有。

不过，你似乎想到了什么。一天夜晚，你悄悄地去拜见诸葛亮，去了就磕头，先感谢诸葛亮的救命之恩。诸葛亮说，他也算半个荆州人，都是乡党，应该的。你对诸葛亮说，我能解你的忧愁。诸葛亮一笑，说：你了解我的忧愁吗？你对诸葛亮，如此这般，这般如此，耳语了一番。接下来你成为尚书台的一名尚书郎，你的顶头上司就是尚书令法正。从这一天起，你成为诸葛亮的眼睛，你把法正的一举一动都暗中汇报给诸葛亮。过了一段时间，法正死了。阿斗登基后，诸葛亮开府，你立刻被诸葛亮封为丞相府的东曹掾，诸葛

蒋琬：
庞统和诸葛亮的双料接班人

亮还举荐你为茂才。

有个人叫廖立，被称为荆楚奇才，仅次于庞统。他和你一样，都是荆州人，他也和你一样，都爱喝酒。喝酒的时候，他就发表了自己对刘备为什么会夷陵战败的看法，也发表了自己对诸葛亮府官的一些看法。喝完酒后，你立刻暗中汇报给诸葛亮，揭发了这个廖立。诸葛亮把廖立流放，罪名是诋毁先帝。在诸葛亮第一次北伐的时候，留下长史张裔在后方，你以丞相府参军的身份辅助张裔。张裔其实是东州派。历史很相似，上一次你盯着东州派的法正，这一次你盯着东州派的张裔，时刻暗中汇报。也很巧，上次你盯着法正，没多久，法正就死了。这次你盯着张裔，没多久，张裔也死了。张裔死后，你取代了张裔，成为留营长史，负责后勤。诸葛亮在前方打仗，你在后方供应粮草，一下子你变成了重要人物。每次都是你暗中向诸葛亮汇报，但诸葛亮那边的情况，你也很想知道，于是，你联盟了一个叫费祎的人。他是丞相府的司马，你们互通情报。诸葛亮的荆州派里最得势的是南郡系的杨仪和南阳系的魏延（魏延不是士族，但他加入荆州士族阵营后，成了荆州派南阳系的代表人物）。你和费祎都属于"非南系"。

在一般人看来，如果诸葛亮去世了，那接班人不是南郡系，就是南阳系。结果诸葛亮真的去世了，南郡系和南阳系发生了争斗。费祎拥有和你一样的技能，揭发举报，他套了魏延的话，转脸就去举报给了杨仪，导致两个派系的争斗演化为火拼。最后，魏延被杨仪给杀了。后来费祎又耍了个心机，他和杨仪聊天，然后揭发举报杨仪。证据确凿，你们又干掉了杨仪。《士族生存法则》第十五条："对外论派，对内论系。"外人看来，魏延、杨仪、你、费祎都是荆

第一部分
士族生存法则

州派，亲如一家。但在荆州派内部的斗争里，不同的系就是敌人。南郡系和南阳系都完蛋了，你成为荆州派的老大。诸葛亮去世后，大家有的悲伤有的恐惧，只有你没有哭。你当上荆州派老大了，哭啥？当然，那也不会笑，毕竟去世的是万众仰望的诸葛亮。你当了尚书令、都护、益州刺史。尚书令加都护，这是东州派的法正；益州刺史，这是荆州派的诸葛亮。你现在等于当了东州派之主加荆州派之主的官职。后来，你又当了大将军、录尚书事。大将军这个位置原本是留给关羽的，录尚书事是诸葛亮的，关羽是刘备军中第一武将，诸葛亮是刘备军中第一文官，你等于是当了刘备军中第一武将和第一文官的位置。回想当年你表弟当荆州副省长的时候，你什么也不是，你无可奈何；但再看看今天，回忆起当年在小县城里当县令，你过着醉生梦死的日子的时候，哪里能想到会有今天。

再进一步，你开了府，又升了大司马。开府，这是诸葛亮的；大司马，这曾经是刘备的。不能再升了，再升就得当汉中王了，这就有点过分了。但你心里明白，这些都是满足一下自己的虚荣心而已。你很了解自己，论喝酒你还行，论盯人举报你也可以，但论怎么令蜀汉富强，怎么北伐成功，你完全不行。而且在政治上，你明显干不过费祎。《士族生存法则》第八条："'蝙蝠人'是无敌的。"蝙蝠对猛兽说，我属于猛兽；对鸟类说，我属于鸟类。费祎就是这样。他对荆州派说，他是荆州派；他对东州派说，刘璋的母亲就是我们费家人，我们费家一直是暗中支持东州派的，所以费祎的威望很高，东州派和荆州派都很亲近他。

在蜀汉的大臣们看来，你只是个傀儡，实权者是人家费祎。你想想也是，费祎的母亲是刘焉的老婆、刘璋的亲妈，你家是啥背

蒋琬：
庞统和诸葛亮的双料接班人

景？你家投资刘表，你连个官都当不上。你家投资刘备，你还是连个官都当不上。要不是依靠你表弟，刘备、诸葛亮都不知道世界上还有你这个人。你在这种基础下混到了今天的位置，也该知足了。或者说你的崛起，本身就是个意外，再干下去，说不定哪天就"被自然死亡"了。你决定还是见好就收。于是你提出一个打造舰队、水战进攻的计划，这个计划无论是经验还是成本，都很扯。群臣反对，你借故生气，然后"病退"，让费祎接单。你又过了几年富贵日子便去世了，还获得了一个谥号，叫"恭。"

你虽然去世了，但你的口碑不错。你掌权的时候有些人投你所好，也搞举报这一套，被你义正词严地怼了回去。你心里说，小样，这都是我玩剩下来的，还给我搞这一套。还有人说你没有能力，比不上诸葛亮，你大大方方地承认，我就是比不上诸葛亮。这再次优化了你的人设。

你临死前回看你的一生，分为四个阶段：第一阶段，《士族生存法则》第十二条："士族投资主公，主公赢了，士族是有分红的。"你成为你表弟的附属品，因为要分红给他，所以附带分红给了你，你才当上县令，开启了你的职业生涯。第二阶段，《士族生存法则》第六条："要成为士族派系老大的亲近之人。"诸葛亮是荆州派的代言人，他救了你的命，这恰好成为你和他之间的纽带。你趁势成为他的亲近之人，这才是你觉醒的开始。第三阶段，《士族生存法则》第十五条："对外论派，对内论系。"在诸葛亮接班的问题上，你和费祎快刀斩乱麻，击垮了南郡系和南阳系，登上了人生巅峰。第四阶段，《士族生存法则》第八条："'蝙蝠人'是无敌的。"你知道干不过费祎，主动让位。

第一部分
士族生存法则

蒋琬 小传

蒋琬（？—246年），字公琰，零陵湘乡（今湖南省娄底市）人，三国时期蜀汉的重要大臣。

初，以州书佐随刘备入蜀，后担任广都长。刘备以为蒋琬不勤政事，怒欲处置，因诸葛亮劝解得免。

建安二十四年（219年），刘备进位汉中王，调蒋琬入中央任尚书郎。

建兴元年（223年），后主刘禅即位，丞相诸葛亮开府治事，辟蒋琬为东曹掾，又举他为茂才；后迁为丞相参军。

建兴五年（227年），诸葛亮转驻汉中，准备北伐曹魏，蒋琬与长史张裔留统丞相府一切事务。

建兴八年（230年），接替张裔担任丞相长史，加抚军将军。

建兴十二年（234年），诸葛亮病逝后，蒋琬被任命为尚书令；不久，加行都护、假节，领益州刺史。

建兴十三年（235年），再升为大将军，录尚书事，封安阳亭侯。

延熙元年（238年），刘禅命蒋琬开府治事。延熙二年（239年），加为大司马。

延熙元年—六年（238年—243年），率军屯驻汉中，魏军不敢来犯。

延熙七年（244年），因病请求将益州刺史之职让与费祎。

延熙九年（246年），蒋琬病逝，获赐谥号为"恭"。

魏延
因为我不是士族

赵云不是刘备的保镖，你才是刘备的保镖，是这样吧？

那一年，刘备是刘表的藩属，驻守在南阳的新野，兵和粮草都十分匮乏。诸葛亮向刘备献计，让刘备把附近的荒地给流民种。你就是南阳人，家族因为战乱失去了土地，成了流民。听到这个消息，你们全族都去给刘备种地，然后刘备从各家里面挑男丁来当兵，选中了你。这种兵可不是一般的兵，这种兵叫部曲，也就是刘备的私兵，也就是保镖营的一员。

你成为刘备保镖营中的一员，跟随着刘备南下，在长坂坡遭遇了虎豹骑。你们保镖营负责保护家眷团，结果保护失利，导致刘备的两个女儿被抓，徐庶的母亲被抓，甘夫人和阿斗也处于危险之中。幸好赵云赶到，保护着甘夫人，保护着阿斗，才让他们幸免于难。刘备也因此封赵云为"牙门将军"，这是刘备为赵云创设的官职，你非常羡慕。接着你跟随刘备参加了赤壁之战，在华容道，跟随刘

第一部分
士族生存法则

备追击曹操,又跟随刘备南下,收取荆南四郡。在这些经历中,刘备保镖营的首领一个个阵亡,现在你成了保镖营的首领,你带着保镖营的一千人跟随着刘备入川,负责保护刘备的安全。你数战有功,被刘备升为"牙门将军"。这可是赵云保护阿斗有功,刘备为赵云原创的官职,你受宠若惊,自己怎么能和赵云将军相比呢?赵云将军已经出道二十三年了,而你出道十年不到。刘备占领了益州后,封关羽为荆州督,一个州的最高军事长官。你太羡慕了,自己什么时候才能晋升为督。

五年后,你继续带着保镖营保护刘备,参与了汉中之战。刘备拿下了汉中,要挑选一名大将镇守汉中,所有人都认为是张飞,但刘备竟然选择了你。汉中太守、汉中督、镇远将军,你简直不敢相信自己的耳朵,你已经是杂号将军了吗?你只干了十几年,就从一个小兵变成杂号将军了。张飞相当于宗室,做了二十多年才成为杂号将军。汉中督守汉中,关羽是荆州督守荆州,你也和关羽一样,是坐镇一方的大统帅了,也能指挥三到五万军队了吗?你还是汉中太守,一个郡的太守,你也能管着一个郡的十几万百姓了吗?你和你的保镖兄弟们都是这样猜测的。然而到了汉中,你们才发现汉中的百姓早就被曹操迁走了,压根儿没有什么人,你这个汉中太守根本不用管什么百姓。至于军队,荆州督关羽指挥三到五万人,而你这个汉中督只指挥一个军五千人。你的兄弟们大失所望,但你的心态很好,觉得很正常。你说你就没有指挥大军团的经验,你本来就只管一千人,突然让你管三到五万人,你管得了吗?现在让你管五千人,这已经是很大的挑战了。以前你管一千人,靠肉嗓子喊,大家跟我冲,就可以了。现在管五千人,分为前、后、左、右、中五个营，需要靠擂鼓、旗子、金锣来指挥，你都不会用，你要学习学习这些东西。渐渐你发现这个地方确实不需要这么多人，秦岭屏障易守难攻，有五千人足以守住路口，敌人十万大军都攻不过来。而且驻扎的军队越多，吃喝拉撒成本开销越大，搞得人太多，完全是烧钱。

两年后，刘备称帝，升你为镇北将军。这可是重号将军，你出道才十几年，还不到二十年，就成重号将军了。魏国的张辽出道了三十年才是重号将军；再看赵云，他还是个杂号将军——翊军将军。此时关羽、黄忠已经死了，在刘备势力内部比你高的只有三公将军两个人——马超和张飞。你突然有一种飞入云端的感觉，但你指挥的军队没有变，还是五千人。你手下的兄弟们纷纷抱怨，但你告诉大家，你看看张飞，他相当于宗室，是刘备的兄弟，又是刘备的亲家，才直属两个军一万人，我管一个军不是很合理吗？如果你们觉得我吃亏了，那你们再看看赵云，手下们觉得有道理。接下来夷陵之战爆发了，你负责镇守汉中。从你跟随刘备开始，刘备本人参与的所有战役你都参与了，你负责保护刘备的安全。唯独这一次，令你真切地感觉到，你再也不是个保镖了，你是镇守一方的地方督，尽管你仍然指挥五千人。

夷陵之战后，刘备死了，阿斗继位，你被封为都亭侯。而你才从军十几年，不到二十年你就已经是亭侯了，也就是说你的儿子，你的孙子，你的子子孙孙，未来都是亭侯，都可以吃一个亭的税收。封侯是武将奋斗一生的终极目标，而你从军十几年就已经做到了，张飞都用了二十多年。你在汉中又镇守了五年，你已经在汉中待了九年了，九年的经验你已经可以熟练指挥一支五千人的军队

第一部分
士族生存法则

了。你渴望升级，去指挥两个军一万人。这九年的经验，让你对汉中了如指掌，对陇西和关中做了大量的调查工作，在你看来，整个蜀汉没有人比你更了解西部的局势。你认为诸葛亮接下来北伐，必定会重用你，一方面给你万人指挥，另一方面根据你九年的积累，让你来策划整个西部作战的方案。

果然，诸葛亮一到汉中，开始准备，就封你为丞相府司马、凉州刺史，这摆明了要重用你。你向诸葛亮提出了子午谷奇谋，奇袭长安，这一计划可是凝聚了你在汉中九年的经验。然而诸葛亮说太冒险了，一句话就否决了，而要执行街亭计划。你心中愤怒：我奇袭长安冒险，你一口气要吃下天水、南安、安定三个郡就不冒险吗？诸葛亮懂军事吗？他除了打过德阳，打过南蛮人，他还打过谁？竟然否决我的奇谋！他了解汉中吗？我了解呀，我在汉中待了九年。你愤愤不平，但手下的兄弟们提醒你别气馁，丞相否定了你的奇谋，不代表不会重用你，你在汉中积累了九年，他不重用你，重用谁？既然制订了街亭计划，那就有个街亭督，肯定是你，到时候你肯定指挥的不止两个军一万人，说不定四个军两万人，六个军三万人都有可能。然而现实再一次事与愿违，诸葛亮选择了毫无统兵经验的随军谋士马谡。听到这个消息，你简直不敢相信自己的耳朵：为什么呀？手下人告诉你，诸葛亮、马谡都是荆州派，荆州四大家族庞马向习，庞家没了，现在轮到马家了。《士族生存法则》第七条："士族讲究按家族排位。"你一句也听不懂，你是流民出身，没有文化，根本不知道他们说的是啥。在你看来，打仗不是应该讲究勇猛、军事思想和作战经验吗？士族排名跟这些有什么关系呀？你怎么都想不通，街亭督这么重要的位置，怎么会选择一个毫无统兵经验的随军谋士。但你并没有完全放弃,心想:"不用我的计谋,我认了,不选我当街亭督,我也认了,但我现在要求独立领兵一万,这个可以吧?"结果诸葛亮又没有同意。你退而求其次,那我给马谡当副手,总可以吧?诸葛亮又拒绝了,用了王平。你说我在汉中待了九年,诸葛亮说,王平在汉中待了半辈子,他就是汉中人,而且他不是汉人,是賨人、板楯蛮,最擅长山地作战,你比他更懂山地战吗?你无话可说,你想说我比他资格老,也许我能震慑住马谡,但还是放弃了。最终街亭败了。你认为诸葛亮会吸取教训,于是再次提出要当主将,依然没有被同意。你再次提出要领兵一万人,分兵进攻,还是没有被同意。同年,诸葛亮第二次北伐又失败了。这年,诸葛亮第三次北伐,诸葛亮用阳谋攻取武都、阴平。你再次请缨,然而诸葛亮选择了陈式,没有用你。陈式也是刘备时代的大将,早就是统领万民的指挥官,第三次北伐胜利拿下了武都、阴平。你很服气,也很羡慕,你也想像陈式一样,立下这样的功劳。

一年后,魏国反击,你和吴懿深入敌区,打了敌人一个措手不及,大败敌将郭淮、费曜,立了大功。这是你人生中第一次立下如此大的功劳。诸葛亮升你为前军师、征西大将军、假节、南郑侯。你兴奋得要飞起来,前军师,仅次于中军师刘琰的存在,刘琰可是车骑将军。南郑侯,这是个县侯,已经是侯的最高级别了,再往上就是王了。关羽、赵云一辈子只是个亭侯,他们的子孙只能吃一个街区的税收,而我的子孙能吃一个县的税收。第四次北伐,你和高翔、吴班大破司马懿,斩甲首三千。你名声大噪,在外人口中,你已经是北伐军的二号人物,仅次于诸葛亮的存在。但是第四次北伐还是失败了,因为粮草运输问题。其实前三次北伐也存在这个问题。

第一部分
士族生存法则

秦岭运粮极为困难，魏国和蜀国谁先发起进攻，谁就要去秦岭运粮，谁就吃亏，谁就先输了一半。诸葛亮为了解决这个问题，发明了木牛流马，但收效甚微。诸葛亮又改变思路，放弃了运粮，改为战区屯田。

蜀汉整整准备了三年，但万没想到。第五次北伐刚开始，诸葛亮就去世了，而杨仪、费祎、姜维都要求撤退。你反对，怎么能撤退呢？我们整合整个蜀汉的国力，准备了三年，就是要靠战区屯田计划吞并陇右，怎么能因为丞相一个人的去世就放弃整个计划？我可以暂代统帅继续作战。但长史杨仪执意要求撤退，杨仪是长史，是真正的二把手。你虽然在名气上被认为是二把手，但诸葛亮把实权给了杨仪。在你看来，杨仪是一个不懂军事的人，而且是个小人，你一直无法理解诸葛亮怎么那么重用杨仪这种人。当然你的手下告诉过你原因，只是你听不懂。他们说，《士族生存法则》第七条："士族讲究按家族排位。"荆州派的核心是襄阳人，庞家没了该马家，马家没了该向家，向家不行用习家，后面就是杨家，怎么也轮不到你一个南阳人魏延，而且你不是士族。你想不明白，我不是士族，就不能当统帅了吗？我不是襄阳人，就不能当统帅了吗？天下间怎么会有这么不讲理的事！你要求当代理统帅继续北伐。但杨仪等人说，你没有当大统帅的经验，说你只指挥过五千人，怎么指挥得了十万大军。你质问杨仪，难道你有指挥十万大军的经验吗？杨仪说，我有，虽然我没有指挥十万大军作战的经验，但是我有指挥十万大军行军生活吃喝拉撒的经验，你有吗？你说，那我们现在是要去打仗。杨仪说，是，我没有打仗的经验，所以我不打了，我要带十万大军回去，我没有大统帅打仗的经验，你也没有，所以你也当不了大统帅，你也得回去。杨仪说完，开始指挥军队后撤。

你非常愤怒，要阻止这一切。在你看来，三年屯田的准备不能浪费，在你看来，这次放弃就再也没有占据屯田的机会了。你知道蒋琬、费祎这些人内心是不愿意北伐的，他们总是提出要回去发展经济，增强国力。你率领军队跑到杨仪的前面，要毁掉栈道，摧毁杨仪回去的路，而杨仪却指责你，以北伐军二号人物的身份给你定罪，说你是反贼。你愤怒地带着军队挡住杨仪军，杨仪派王平来与你对峙，王平大骂你是反贼。你的士兵们慌了，有些人误以为你真是反贼，开始倒戈，有些人怕跟着你被扣上反贼的帽子，开始逃跑。你看见军队崩散，赶忙逃走。你边逃边想：丞相一世英明，怎么会重用杨仪这种小人呢？你百思不解，就在此时，背后一支军队追杀而来，这是杨仪派来的马岱军。马岱军斩杀了你，杨仪还不解恨，又诛灭了你的三族。你好不甘心。

在你看来，你是有机会逐渐成长为大统帅的，但现实是你止步于统帅五千人，再也没有获得升级的机会。在你看来，你是能接替诸葛亮成为大统帅的，但许多人嘲笑你是部曲出身，没有文化，不是士族，还异想天开、做白日梦。你在想凭什么，那些地主老爷们生来不愁吃穿，生来就能读书学文化，而你生来只能种地，没有机会学文化。那些地主老爷们，被老乡名士吹捧就能出名，就能当官。你只能去战场上一刀一枪地拼杀，还得是上天的宠儿，才能在战场上活下来，才能升为将军，才有资格和这些成为高级文官的地主老爷们坐在一起喝茶。即便如此，在他们眼里，你也只是个没有文化、不高雅的武夫，只会拼杀。即便你这么努力，连获得指挥万人的机会都没有，不光是你，赵云、陈到一样没有。而不懂打仗的杨仪，

第一部分
士族生存法则

只是因为他是襄阳的士族,他就可以当北伐军的二号人物。凭什么?这是谁定的规则?你一万个不服。

魏延 小传

魏延(?—234年),字文长,义阳(今河南省南阳市)人,三国时期蜀汉的名将。

建安十六年(211年),率部曲随刘备入蜀,屡立战功,升任牙门将军。

建安二十四年(219年),刘备于沔阳自称汉中王,提拔魏延为汉中都督、汉中太守、镇远将军,满军皆惊。

章武元年(221年),刘备称帝,进封魏延镇北将军。

建兴元年(223年),刘备去世,刘禅登基,魏延被封为都亭侯。

建兴五年(227年),诸葛亮进驻汉中,升魏延为丞相司马、凉州刺史。

建兴六年(228年),诸葛亮兵出祁山,不采用魏延的子午谷奇谋,任用马谡做先锋,马谡兵败街亭。

建兴八年(230年),魏延大破曹魏费瞱和郭淮,被提拔为前军师、征西大将军,授予假节,进封为南郑侯。

建兴九年(231年),魏延再次击败魏军,获得甲首三千级。

建兴十二年(234年),诸葛亮去世后,魏延不愿受长史杨仪约束,在退军途中烧绝栈道反攻杨仪,最终被杀并灭族。

廖化
因为我是士族

你是荆州南郡的士族，关羽控制了你的家乡。《士族生存法则》第一条："士族必须和控制自己家乡的军阀合作。"所以你们家投资关羽，为关羽提供粮草、木材、铁矿、兵员，作为回报，关羽会封你们家族的人当"吏"。你成为家族代表去当吏，因为擅长文史，已成为关羽的"主簿"——高级文职佐官，一时间风光无限。

后来吕蒙白衣渡江，关羽被斩，你带着关羽军的一万精锐，打算逃往益州，但万没有想到，荆州与益州的连接处——秭归，被陆逊占了，你和一万关羽精锐成为陆逊的俘虏。由于陆逊切断了联通益州的道路，荆州所有官员全部被抓，要么死，要么降。你和潘濬、郝普、糜芳、士仁一样，都投降了东吴，成为孙权的臣子。孙权麾下最强大的两个派系是江东派和淮泗派。你的手下劝你投靠这两个派系中的一个，你苦笑摇头。手下们是庶民，又哪懂士族的事。《士族生存法则》第二条："非我乡党，其心必异。"你既不是江东人，

第一部分
士族生存法则

又不是淮泗人,他们怎么会收你?就像潘濬和郝普,看似被孙权封了高官,但其实只是"吉祥物",在孙权势力中有实权的只有江东派和淮泗派。你拒绝了手下的提议后,手下问你接下来何去何从,你想了想,《士族生存法则》第三条:"如果你的乡党派系得势了,你就去追随。"那你的乡党现在得势吗?当然得势,你的乡党是荆州派南郡系的,马良、马谡、向朗、杨仪、冯习、高翔、辅匡、向宠,荆州派代言人诸葛亮最亲近的就是南郡系,他自己也算半个南郡系。局势很明显了,你在东吴没有前途,必须回到蜀汉,但何时回去呢?这是个问题。《士族生存法则》第四条:"士族失去家乡,如同失去一臂。"所以,荆州派一定会要求刘备夺回荆州。你等待时机,刘备发兵打荆州之时,就是你返回之日。等了一段时间,刘备没有发兵,你只好继续给孙权当官。

第二年,刘备称帝了,还没有发兵,你继续给孙权当官。第三年七月,刘备终于发兵了,你知道机会来了,于是你诈死,然后带着老母亲千里迢迢奔向秭归——那个荆州与益州的交界处,那个曾经无数荆州人想突破的地方。上一次你失败了,这一次你成功了。你在秭归遇到了刘备军,刘备见到你大喜,整个南郡系见到你都大喜,因为你,南郡系成为忠义的代表。此时此刻,刘备军中最得势的就是南郡人,南郡人马良带着沙摩柯的一万雄兵,南郡人冯习是刘备的大督,南郡人辅匡是别部督。你现在成了忠义楷模,刘备为了表示诚意,先封你为宜都郡太守,意思是打下荆州的宜都,你就是太守。这虽然是个遥领的官,但你已经是太守级别了,就是市长级别的,但你知道这些都是虚的。《士族生存法则》第五条:"士族必须掌兵权,才有能量。"于是你要求也当别部督,率领军队。你现在是忠义楷模，刘备自然同意。从此你开启了领兵生涯，你也正式从文职变成了领兵将领。夷陵之战，战败了，刘备死了，阿斗继位，大封群臣。你是忠义楷模，自己可以提要求，你该当什么官呢？《士族生存法则》第六条："要成为士族派系老大的亲近之人。"所以你果断要求成为诸葛亮丞相府的参军，最终如愿以偿。你的计划很顺利，但你忽略了一个问题。《士族生存法则》第七条："士族讲究按家族排位。"荆州派四大家族庞、马、向、习，庞家没人了，轮到马家了。诸葛亮对马谡像对儿子一样好，向朗吹嘘马谡是圣人。马谡就是参军，你也是参军，你这参军跟人家的参军比就不叫参军了，所以你希望诸葛亮能赏识你的计划彻底失败。《士族生存法则》第五条："士族必须掌兵权，才有能量"。所以马谡当了街亭督，诸葛亮在培养马谡当大都督。如果街亭之战赢了，马谡的政治能量将一跃而起，仅次于诸葛亮，但他失败了。不过你顿悟了，你的魅力不足以当圣人，不足以接近老大来发展，这条路不适合你，你应该稳扎稳打走领兵的道路，于是，你去当了广武都督、阴平太守，从此你坚定了道路，一直领兵。

诸葛亮死后，荆州派第一系南郡系与第二系南阳系，为争夺荆州派老大的位置发生了火并。最后的结果是，已经成为南阳系老大的魏延死了，南郡系老大杨仪死了。上台的是蒋琬，他既不是南阳系，也不是南郡系，他开始打压曾经的第一系和第二系。你后怕不已，幸亏当时选择了当领兵将领，如果还在丞相府，你说不定会跟着杨仪一起倒霉，或者现在被蒋琬压制。四年后，蒋琬当了大司马，权势更盛。这年雍州刺史郭淮派广魏太守、南安太守来进攻你，打算左右夹击你。你抓住机会击败了他们俩，还弄死了广魏太守。这

第一部分
士族生存法则

仗打得很漂亮，但你没有得到任何封赏。你不禁感慨，在刘备时代，你是忠义楷模，不需要战功，你就能得到官职。诸葛亮时代，你属于第一系，想当丞相府参军，就当参军，想去当地方督，就当地方督。到了蒋琬时代，你打了这么漂亮的仗，立了这么大的功劳，毫无动静，蒋琬就像不知道一样，但你没有任何办法，只能等待时局变化。蒋琬之后，费祎上位，这是个狠角色。《士族生存法则》第八条："'蝙蝠人'是无敌的。"费祎就是"蝙蝠人"，既是鸟又是兽，身份非常特殊。费祎是荆州派，费家同时又出过刘璋的亲妈，又属于东州派。

所以，费祎有机会一统江湖，成为蜀汉政治能量最强大的人，他是具备挟阿斗以令蜀汉的能量的，那阿斗能让他达到这个能量吗？肯定不行。所以阿斗立刻扶持了降将派的姜维、王平、马岱等人，用姜维来制衡费祎。《士族生存法则》第九条："去投靠皇权支持的派系。"你想到，你也算降将派，你也是"蝙蝠人"，投降过东吴，于是，你改换门庭，从荆州派跳到了降将派，给姜维当小弟。姜维果然重用你，你很激动，接下来立功的机会要到了。但是很不巧，你遇到了邓艾，你被打败了。败了没事，只要阿斗重用降将派，你就有机会。但阿斗重用降将派来制衡费祎，那费祎能干吗？当然不干，这矛盾就出来了，然后费祎就被刺杀了。没了费祎，荆州派看诸葛瞻了，诸葛瞻太年轻，斗不过姜维，荆州派的能量下滑，你们降将派的机会来了。你奋斗了几年，终于被升为右车骑将军、假节，遥领并州刺史、中乡侯，这是你官职的巅峰。虽然只是右车骑将军，但那也是当年张飞的官职，升到了这个位置，你已经心满意足了。

但此时新的问题出现了，荆州派开始崛起，诸葛瞻开始统领朝政，他要制约姜维，未来降将派的日子怕不好过。但你不怕，你是"蝙蝠人"，面对姜维，你可以说自己是降将派，面对诸葛瞻，你就是荆州派。你打算去走走关系，去拜见一下诸葛瞻，但自己一个人去有点冒失，所以你打算拉着老乡宗预一起去。结果宗预怼你说咱们都七十岁了，都快死的人了，还折腾什么，要拜见诸葛瞻这样的晚辈不丢人吗？你不嫌丢人，我还嫌丢人呢。你想了想，也是，算了，不折腾了，我就好好当我的降将派。而降将派的姜维为了争夺政治能量，要求再次北伐。此时蜀汉的老百姓怨声载道，已经不愿意支持姜维北伐了。你劝告姜维收敛点，否则会自食恶果。结果，姜维不听，再次北伐，却再次被邓艾打败，最终彻底失势。荆州派要把姜维弄回来，剥夺他的兵权。姜维怕回来会被谋害，不敢回来，带着军队去屯田，虽然名义上是屯田，实际上是政治避难。你是降将派，只得跟着姜维一起去。后来你们获悉了消息，诸葛瞻阵亡了，蜀汉灭亡了，你跟着姜维一起投降了魏将钟会。姜维发现钟会心存私心，又开启了他的风骚操作。他打算协助钟会在益州独立，然后再借机取而代之，拥立刘禅复位。你已经不想跟着姜维瞎折腾了，你离开他，回到了阿斗身边。果然，司马家早就提防着钟会，将他铲除了，姜维也一起丧生。你与老乡宗预一起跟着阿斗前往洛阳，在路途中病逝。

你临死前回看你的一生，在人生的岔路口，你有三件事都做了正确的选择。第一件事，《士族生存法则》第三条："如果你的乡党派系得势了，你就去追随。"你在东吴没有前途，你的老乡们在蜀汉表现卓越，因此你决定回到蜀汉。第二件事，《士族生存法则》第五条："士族必须掌兵权，才有能量。"你之所以最后能做到右车骑将

第一部分
士族生存法则

军的高度,就是因为你选择了领兵,放弃了在丞相府当参军。第三件事,《士族生存法则》第八条:"'蝙蝠人'是无敌的。"你仗着自己当过降将,成功地加入了姜维的降将派,最终获得了更好的发展。

江湖上关于你的传闻很多,有人说你曾当过黄巾军,有人说你曾给关羽牵过马,你都呵呵一笑。黄巾军怎么能有资格达到右车骑将军的高度呢?你心里明镜似的,你能做到这个高度,是因为你是士族。

廖化 小传

廖化(?—264年),本名淳,字元俭,荆州南郡襄阳(今湖北省襄阳市)人,三国时期蜀汉的重要将领。

世代为沔南的豪门士族,初,任前将军关羽的主簿。

建安二十四年(219年)冬,关羽兵败遇害,廖化归入孙吴。随之诈死,趁机带着母亲奔赴蜀汉。

章武二年(222年)春,刘备东征孙吴,在秭归与廖化相遇,任命廖化为宜都郡太守。

章武三年(223年),刘备病逝,刘禅即位,廖化升任丞相参军,后来又为广武都督、阴平郡太守。

延熙元年—景耀五年(238年—262年),追随诸葛亮、姜维,多次参加北伐行动。

景耀二年(259年),升任右车骑将军,授予节符,兼领并州刺史,封爵中乡侯。

景耀六年(263年),收到后主刘禅投降的敕令,与姜维向钟会投降。

景元五年(264年),与宗预一起向内迁移前往洛阳,在中途病逝。

黄权
蜀汉结局最好的将领

你是蜀汉结局最好的将领，但是百分之九十九的人都搞错了。大家都赞誉你是蜀汉出色的将领，却又说不清楚出色在哪里。

你们家是荆州大族，荆州可以视作总部，你们这一脉搬家到的益州，可以说是分部。《士族生存法则》第二条："非我乡党，其心必异。"你们来益州是来跟益州人抢资源的，所以益州本地人敌视你们，外地人不好混。

但万万没想到，时来运转，益州新来了一位州牧，叫刘焉，成了益州新的土皇帝。而此人的母亲，正是你们荆州总部家族的。大汉流行外戚专权，也就是主公的母亲家、老婆家的男性专权。刘焉的母亲家族在益州本来就没几个人，正愁缺男性，现在突然出现一堆同族亲戚，这就是外戚。《士族生存法则》第三条："如果你的乡党派系得势了，你就去追随。"何况是同族呢？就这样，你们家立刻追随刘焉母亲家。你们家原本是被益州本地人欺负的外地人，现

第一部分
士族生存法则

在摇身一变,成为益州土皇帝的外戚,这下腰杆子硬了,开始给子弟们布局了。你作为家族晚辈,被家族安排在巴西郡当吏。刘焉为坐稳益州,疯狂打压益州本地豪强,杀州中豪强王咸、李权等十余人,以立威刑。这下好了,你们家作为刘焉的外戚,也成为益州本地人的眼中钉了。刘焉势力如果一直强大,你们家的日子就好过,一旦劣势,《士族生存法则》第十八条:"士族的斗争,只有斩尽杀绝。"结果怕什么来什么,刘焉死了,刘璋接班。益州人趁这个机会包围成都,要彻底干掉外来压迫者。你们家吓得瑟瑟发抖,覆灭就在眼前。

但危急关头,上天眷顾,几十万三辅和南阳的难民为了自保,帮助刘璋,绝地反杀,打崩了益州本地豪强。刘璋依靠难民坐稳益州,这几十万难民,全是益州之外东边来的,被称为东州派。东州兵不能让东州人管理,万一出事咋办?刘璋得有自己人,那么哪些人是自己人呢?首先,跟着刘焉入川的吴懿家,吴懿的妹妹是刘焉的儿媳妇、刘璋的嫂子,预言中大富大贵、皇后命的女人,她堂哥吴懿是命中注定的国舅爷,这必须是自己人。第二,就得是你们家了——刘璋祖母家,也就是刘璋需要依靠嫂子外戚家和祖母外戚家。《士族生存法则》第六条:"要成为士族派系老大的亲近之人。"所以家族要在晚辈中选出人才,去成为刘璋的近臣。你在巴郡当吏干得不错,是家族晚辈中的杰出者,便派你去当刘璋的主簿。官不大,但能和刘璋亲近。

荆州的刘表一直暗中对付刘焉势力,先是揭发刘焉想当皇帝,在刘璋接班时,又暗中挑唆支持益州本地人造反,然后又派大将荆州南阳人李严驻守在边界,来对付刘璋。刘表死了,曹操来了,荆州南阳人李严不愿意投降曹操，逃到了益州。刘璋大喜，重用李严，让他当首都市长。为什么？很简单，李严是荆州人，对于益州人来说，他也是外地人，不是一个派系的；其次，李严是荆州南阳人，东州难民的构成就是三辅人与南阳人，让他管理南阳难民最合适；第三，李严原本是对付刘璋势力的，他几斤几两，有没有本事，刘璋势力最清楚，这对手有两下子，有实战经验，现在叛过来如虎添翼。《士族生存法则》第十七条："士族应该组队发展。"刘璋的嫂子外戚、祖母外戚、敌将和难民，这些被刘璋重用的外地人组成了一个新派系，可以称之为刘璋的心腹派，也是广义上的东州派。吴懿和你虽然不是东州人，但你们指挥着东州难民，所以也是广义上的东州派。

刘璋依靠东州派压制益州本地人，本地人决定反抗，他们打算招来刘备代替刘璋。《士族生存法则》第一条："士族必须和控制自己家乡的军阀合作。"如果刘备占领益州，必须和当地势力合作，要么是外地来的难民派系，要么是益州本地人派系。而本地豪强认为，刘备与难民没有交情，而他们益州本地人拥立刘备有功，在刘备那里就会得势，就能反过来压制难民，这是本地人的阴谋。结果巧了，刘璋也有个计划，要招刘备来作为藩属对抗曹操。他认为，汉中的张鲁会快速投靠曹操，曹操会快速占领汉中，要挡住曹操，必须找个藩属，找谁呢？陶谦曾用刘备当藩属抵抗曹操，袁绍曾用刘备当藩属偷袭曹操首都，刘表曾用刘备当藩属偷袭曹操首都，孙权正在用刘备当藩属来抵挡曹操。为了这个计划，孙权把南郡都给刘备了。刘备是专业抵挡曹操的藩属，那必须找刘备。你是刘璋的近臣，你表示反对，认为这是引狼入室。刘璋没有想过会是引狼入

第一部分
士族生存法则

室吗？想过，但刘璋认为不会。一者，刘备之前当藩属的时候没坑过主人，没有污点；二者，刘备前面有曹操，他要敢反叛，曹操会从背后打他，他叛不了。再者，这么多主公都成功驾驭了刘备，都没翻车，我刘璋为什么不行？这些是刘璋的底牌想法，他是不会告诉你的。在你看来，刘璋是傻，但刘璋看来，你掌握的信息太少，没必要跟你解释那么多。最后的结果是，刘璋派难民法正、孟达去见刘备，而你又跑过来反对。刘璋对你的忠诚表示赞赏，把你封到外地当县令了。

刘璋原本的计划没有问题，但出现了变数。谁是变数呢？韩遂、马超等人。曹操找他们借路要去汉中。如果韩遂、马超借了，那就和刘璋计划的一模一样。结果韩遂、马超怕了，直接反了，刘璋输了，输在不理解边疆诸侯的思维逻辑上。曹操没来，刘备反了，取代了刘璋的地位。你看到刘璋投降了，那也只能跟着投降了。作为降将，刘备立刻封你为偏将军。这是为啥呢？因为在刘璋与刘备的对抗中，你派系的队友们很给力。李严被刘璋封为护军，指挥难民军，结果李严带着难民军投降了刘备，吴懿也率众投降刘备。有人问，为何他们如此缺乏忠诚呢？《士族生存法则》第零条："士族只有一个目标，成为当地第一家族。"谁当老板不重要，我们派系在当地能得势最重要。如果他们忠诚，跟刘备死磕，最后的结果是益州本地人拥立刘备有功，而广义的东州派反对刘备，刘备上台后，则会依靠本地人压制东州派。这正符合张松为首的益州本地人的设想，但恰恰是因为李严、吴懿率先投降刘备，难民们成为刘备打击刘璋的重要力量和大功臣。其他难民也不跟刘备死磕了，纷纷投降，一下子难民成为刘备的核心力量。刘备疯狂重用广义的东州

黄权：
蜀汉结局最好的将领

派，娶了吴懿的妹妹，任命吴懿当难民军的总指挥和护军，担任镇守首都的将军。难民系法正当治理首都的太守，让李严守卫边疆犍为，对付南方的异族。你虽然担任了偏将军，但没有实际工作内容，不像吴懿、法正、李严他们有活干。

恰好这个时候，曹操来攻击张鲁，张鲁从汉中退到巴中。你立刻要求出兵，要带着难民去联盟张鲁，图谋汉中。《士族生存法则》第五条："士族必须掌兵权，才有能量。"你要求掌兵，刘备同意了，让你当难民军总指挥，你成为护军，带兵去联盟张鲁。为什么你的方案那么容易被通过？为什么你能轻易成为难民军总指挥？因为不光东州派支持你，荆州派也对你友善。荆州派老大诸葛亮的岳父是你的同族，荆州总部的，换言之，是你们家族的女婿。荆州派第一名将黄忠也是你的同族，相对于东州派其他人，你是最有可能被荆州派拉拢的，属于可拉拢力量。你出兵了，但张鲁退回了汉中，投降了曹操，接着刘备势力击败了窦人，斩杀夏侯渊，占领汉中，这算是你的"本谋"。这种说法，东州派的法正和荆州派的黄忠能接受吗？能接受。因为宏观上，反客为主的计谋，是法正出的，说灭夏侯渊，荆州派贡献大，那法正是不同意的，但说是你的本谋，他愿意，因为你是他的队友；微观上，斩杀夏侯渊是荆州派黄忠军干的，说灭夏侯渊，东州派贡献最大，那荆州派的黄忠也是不愿意的，但说是你的本谋，黄忠愿意，因为你是他的同族。《士族生存法则》第八条："'蝙蝠人'是无敌的。"刘备当了汉中王，兼任益州牧。《士族生存法则》第十二条："士族投资主公，主公赢了，士族是有分红的。"刘备封你为州府顶级大吏——治中。按道理，顶级大吏别驾和治中只能选益州本地人，但你也算新益州人，因为你们

第一部分
士族生存法则

家搬到益州也好几代了，虽然在内心归属上你是广义的东州派，但在户籍制度上你就是益州人。你回到成都当顶级大吏，难民军的指挥权转到了法正身上，他被刘备封为护军将军，同时是尚书台一把手——尚书令。李严在汉中之战时，后方叛乱，他平乱有功，封辅汉将军，继续镇守边疆。孟达打下了房陵、上庸，开疆拓土有功。吴、法、孟、黄、李，东州五虎。《士族生存法则》第二十一条："原配大士族股东不允许其他妖艳士族股东崛起。"荆州派是支持刘备崛起的原配股东，而现在刘备那么宠你们，这必然导致荆州派的不满。

当然对于刘备来说，他正需要两个派系形成制衡。但接着，荆州丢了。《士族生存法则》第四条："士族失去家乡，如同失去一臂。"荆州派实力大减。现在东州派占优，你们东州派达到了权力的巅峰。这种巅峰是一种失衡，失衡后会有三种可能：一、你们彻底压制荆州派，成为第一大派系，"挟刘备以令巴蜀"；二、荆州派疯狂补充能量，回归到能和你们平分秋色的状态；三、你们派系被削弱，跌落到与荆州派一样的高度，形成平衡。结果，你们没成为权臣，刘备没有成为傀儡，荆州派没有快速补充能量，而是你们东州派力量开始削弱。先是法正死了，导致孟达怕了、跑了，东州派变弱了，但还是比荆州派强，那就得为荆州派补充能量才能平衡。怎么补充呢？打回荆州，让荆州派重新夺回属于他们的土地，结果失败了。这一仗，荆州人损失惨重，损失了荆州派二号人物马良，还损失了大督冯习、别督傅肜等人，这全是荆州人。按这个节奏，荆州人回血不成，要掉血了。要想平衡，东州派还得掉血，会轮到谁呢？吴懿、李严，还是你呢？

黄权：
蜀汉结局最好的将领

此时你统兵在江北，防御曹魏，后路被吴军切断，你选择投降曹魏。或许这对于蜀汉也不是坏事，至少平衡嘛。当然，如果你们回到蜀汉，为了平衡东州派还得被削弱，该谁倒霉呢？会是吴懿、李严，还是你？所以你的投降，大部分人都得感谢你，你一投降，力量平衡了，吴懿、李严安全了，荆州派也不会被东州派压制了，刘备也不怕因为不平衡成为傀儡了。曹丕收获了三百多蜀汉官员也很开心，封官、赏赐，还得送老婆，让你们安心在这里。因为你们的家眷都在蜀汉当人质，这一投降，可能嫡夫人和嫡子就没了，曹丕给你们找新的，帮助你们生嫡子。不光给妻，万一妻生不出来孩子呢，还给妾，一定得让你们这群人生出嫡子，就不心疼蜀汉的人质儿子了。你的嫡子黄崇在蜀汉做人质，有人说刘备杀了他，你判断不会的，你的投魏令这么多人开心，谁还会想杀你的儿子呢？再者，于禁因为没有水军，投降了，曹操没杀他儿子；你因为没有后路投降了，刘备能杀你儿子吗？为了让曹丕放心，你接受了曹丕的计划，娶了新的嫡夫人，生了新嫡子黄邕。

你是蜀汉里面投降曹魏级别最高的人物，所以你成为曹魏的宣传榜样。虽然是个吉祥物，没有实权，但必须重封给人看，于是给你封到了镇南将军加县侯，真正将军级别，这是乐进、于禁、徐晃一辈子也没有达到的高度。三百多人里面，封了四十二个列侯，封了一百多个人当将军、郎将。搞笑的是，后来让你遥领益州牧，蜀汉整个地盘只有一个益州，诸葛亮是益州牧，现在曹魏给你封个益州牧。蜀汉的朋友们看看，心动不？快来投降。到了曹睿时代，直接给你封为车骑将军——三公将军级别，而且开府、仪同三司。虽然还是吉祥物，但这个待遇规格是真高。

第一部分
士族生存法则

看了看蜀汉的老兄弟们，刘备去世了，托孤给诸葛亮、李严。几十万难民，荆州派指挥不了，所以难民军的总指挥又变成了李严，封李严为中都护，真是有趣。刘璋时代的难民护军就是李严，然后经历吴懿、你、法正转了一圈，又回到李严手里。也是，除了你们，还有谁能指挥难民军团呢？后来李严被诸葛亮弹劾，荆州派彻底碾压了东州派。荆州派成为权臣，皇帝没了实权。人生真有趣。当年东州派巅峰的时候，差点碾压荆州派，成为权臣。结果这一幕没有出现，现在荆州派碾压了东州派，成为权臣，还是失衡了。也许失衡是必然的，即使刘备时没有发生，阿斗时也会发生。你在想，如果你没有叛魏，也许刘备托孤会是给诸葛亮和你，诸葛亮能和你握手言和吗？估计不能。《士族生存法则》第二十九条："士族强大到巅峰后，必定会成为权臣。"派系行为是派系集体研究后，做出的对本派系最有利的选择，与派系老大的个人意志、品德无关，也不是派系老大的个人意志和品德能左右的。只有压制东州派，荆州派的利益才能最大化，这也不代表诸葛亮的个人意志。于是，荆州派干掉东州派，成为权臣，利益最大化。所以你在想，如果那样的话，被弹劾流放的就是你了。一种命运是在曹魏当个三公将军、开府仪同三司的吉祥物，一种命运是在蜀汉被流放。你觉得，你比李严幸运。

黄权 小传

黄权（？—240年），字公衡，巴西郡阆中县（今四川省阆中市）人，三国时期蜀汉和曹魏的重要将领。

年轻时，被刘璋召为主簿。

建安十六年（211年），劝谏刘璋不要迎接刘备。

建安十九年（214年），刘璋投降后，黄权向刘备归顺，被封为偏将军。

建安二十年（215年），为护军，出谋划策帮助刘备占领汉中。

建安二十四年（219年），刘备称汉中王，任命黄权为治中从事。

章武元年（221年），劝阻刘备不要讨伐孙权，未被采纳，被任为镇北将军，督领江北军队防御魏国出兵。

章武二年（222年），刘备大败。黄权返蜀道路被吴军阻断，率领部下投降魏国。

降魏后，黄权一路加官晋爵，景初三年（239年），升为车骑将军，开府仪同三司。开府之名始于黄权。

正始元年（240年），黄权去世，谥号"景"。其子黄邕袭封爵位。其留在蜀国的儿子黄崇，在抵挡魏国伐蜀时战死疆场。

申耽

反复投降，魏蜀之间的"墙头草"

曹操封你当乡侯，五子良将也为此流泪。刘备封你当乡侯加重号将军，关马张黄看了会沉默。

你是汉中人，你和你的弟弟都在当地威望极高，几千户人家唯你马首是瞻，你们兄弟能轻易指挥数万百姓，已经是当地的实际控制者。《士族生存法则》第一条："士族必须和控制自己家乡的军阀合作。"汉中的军阀是谁？张鲁。所以你们与他交往。就在你们准备投靠张鲁的时候，张鲁已经向曹操投降了，于是你们就派遣使者去见曹操。曹操立刻封你为将军，实际职务是本地郡的都尉，地位仅次于太守。曹操把你们家在地图上从益州划分到了荆州，看似简单的一划，这意义完全不一样。因为曹操迁移了汉中的人口。汉中是益州的大门，必然成为刘备争夺的目标。

你们现在归属于荆州了，需要参与荆州的军事事务。你们的存在对于保卫襄阳、樊城或者进攻关羽的江陵都有一定的作用。所以

申耽：
反复投降，魏蜀之间的"墙头草"

曹操再次拉拢你，封你为当地太守。这个其实就是个名头，因为你早已掌握了太守的实际权力，所以这不重要。关键在于曹操封你为员乡侯。乡侯的重要性何在？当时，即使是夏侯惇也仅被封为乡侯，与你同等；五子良将无一人得此殊荣。曹操这是在赤裸裸地拉拢你。可是出事了，汉中被刘备军攻陷，刘备军要一统汉中全境，命令孟达进攻房陵，房陵太守蒯祺死了。紧接着，孟达竟引兵来进攻你的地盘。你会为曹操而战吗？会去与刘备军决一死战吗？当然不会。《士族生存法则》第一条："士族必须和控制自己家乡的军阀合作。"谁来我的家乡，我就跟谁合作，你立刻献城，投降了孟达。

刘备为了拉拢你，封你为征北将军。这是一项重要的职务，重号将军，此时关羽才是荡寇将军，仅为杂号将军而已，并且曹操给你封的乡侯，原封不动，你仍是乡侯，刘备允许你享有一个乡的食邑。此时，关羽、张飞、马超、黄忠都还没有资格享受一个乡的食邑。曹操给你封的太守也不变，你仍是本地的太守，但实际上这里的最高指挥官是刘备的继子刘封，其次是孟达，你位居第三位。尽管你是三把手，但在这里，除了刘封、孟达带来的几千士兵外，全郡上下都听从你的指挥。换言之，你要是真的性格鲁莽，可以做到一夜之间直接除掉刘封和孟达，然后再向曹操投降，这是可行的。刘封是刘备的继子，被视为长子，阿斗是姜室甘夫人所生，是庶子，继承人有可能是刘封。你要是把刘备长子给消灭了，曹操可能会以极高的荣誉封赏你，甚至可能是三公九卿之一的高位。刘封显然也意识到了这一点，所以很不安。他知道他并没有真正坐稳这里，对你不够信任，唯一能信任的理由就是你把老婆孩子以及宗族都送到了成都，作为人质交给刘备。这对于刘封来说是一场赌博。有人

第一部分
士族生存法则

在乎家族人的性命，有人不在乎。你会是哪种人呢？也许在刘封看来，你属于后者，因此刘封时刻警惕你，一刻也不敢放松。

就在此时，关羽发动了襄樊之战，压制着樊城和襄阳。关羽派使者前来，要求刘封和孟达出兵去协助进攻。刘封时刻担心你会反叛，他本来就觉得自己手里的兵力不足以制服你，现在关羽还要借兵，这能给吗？而且关羽现在是优势，紧紧压制着襄樊，刘封手中的兵若投入战场，也就是锦上添花，可有可无。然而，这点兵力对于刘封那是救命稻草，他要连这点兵力都没有，他就更没安全感了。因此刘封、孟达二人果断拒绝，坚决不出兵。但一段时间后，你们突然收到一个惊人的消息，孙权占领了荆州，杀了关羽，这简直不可思议，孙权是怎么做到的？原来吴军封锁了秭归和临沮，并且阻断了所有消息传递，使你们对外界一无所知。最后，关羽向你们逃来，在临沮被抓获并杀掉了。

这下问题复杂了，为什么不救关羽？在这个问题上，刘封、孟达和你似乎都有责任，而且外界容易混淆关羽派使者求援的真实情况。关羽借兵，那是在关羽压制襄樊、最风光的时候。但如果有人颠倒黑白，说成是关羽派使者来是末路之时，那这个罪过就大了。你能感觉到孟达开始害怕，刘封还很自信，毕竟他是刘备封的副军将军，几乎等于副主公的地位，未来的继承人，他有恃无恐。而你原本是曹家的官员，投降了刘备，身为降将，这太容易被人告发了。如果被人说成刘封同意借兵，但孟达和你不同意，怎么办？而且谁都知道你是这里的地头蛇，一呼万应，是真正能量最大的人。到底是谁不愿意救关羽，那不就是你吗？而你的老婆、孩子和族人还在刘备那里当人质。幸运的是刘备还是明事理的，并没有把责任申耽：
反复投降，魏蜀之间的"墙头草"

归咎于你。但此时孟达的靠山法正去世，这引发了孟达的恐慌，他率兵直接投降魏国。接着孟达当了带路党，带着曹魏的南部大统帅夏侯尚和大将徐晃杀过来了。《士族生存法则》第一条："士族必须和控制自己家乡的军阀合作。"现在曹军到了我家，我应该投降合作吗？不行，我老婆、孩子还有族人的命不要了吗？不行，而且说不定能守住城呢。刘封可是刘备的继承人，刘备肯定不能不管他的，而且刘封是荆州长沙人，是荆州派支持的储君，无论是刘备还是荆州派，都会源源不断地派人来救刘封。但是援军迟迟未到，孟达多次写信劝降刘封，跟刘封说，别傻了，你被抛弃了，刘备是想让阿斗上位，你活不了的。幸好刘封没投降，但援军也一直没来，眼看守不住了。刘封实在扛不住，选择逃跑，逃到成都去，你却无法效仿。你只有在当地才是豪强，才有价值。你离开当地，去了成都，你将失去所有地位，如果那时蜀地的官员就未救关羽的事追究责任，你还有命吗？跑是不能跑的，你只能待在这。这里眼看守不住了，一旦城破，刘封跑了，你就成为曹魏的阶下囚了，可能连累全族都活不了了，如何抉择？是保护在成都的妻儿和族人，还是保护城中的你、兄弟以及全城人的性命？必须二选一。如果城里的我们死了，那成都的人质们也没有价值了，不会有好结果。如果我们现在投魏，驱逐刘封，献出城池，或许能立功赎罪，也许还能继续被重用。只要我们被重用，那人质对于刘备来说就是筹码，他不会轻易动这些筹码。在这种对比下，你选择了投降曹魏。

你一投魏，刘封匆忙逃跑。好了，尘埃落定了，孟达说对了，刘封回到成都后，被以不救关羽的罪名给斩了。曹魏封孟达为这里新的统治者，你们家族在关键时刻弃暗投明，算是立功赎罪，没有

第一部分
士族生存法则

被灭族。但曹丕认为，你不是自愿归附，是局势所迫，所以要给你们一个教训，但又要借助你们在当地的能量，不能太过分。所以最终的决定是把你迁到南阳去养老，剥夺你的爵位，让你弟弟接替你成为乡侯，协助孟达守卫这里。八年后，诸葛亮策反孟达叛乱，孟达犹豫，诸葛亮就暗中把孟达要造反的消息透露给了你弟弟。他立即向上告发孟达，然后司马懿灭了孟达。司马懿召你弟弟前往京城当官。授予他楼船将军的称号。你弟弟没有多加考虑便前往京城。结果是个鸿门宴，司马懿把你弟弟逮捕，并押往洛阳。关于你弟弟在洛阳的最终命运，众说纷纭，有说他被斩首，有说他被移入大牢，还有说他被软禁养老。你问管家，那抓人总得有罪名吧，司马懿安了什么罪名？管家说你弟弟的手下当人证，他们拿出一些印章，声称你弟弟私自刻印章，用假印章在当地发号施令。你觉得很好笑，你们兄弟二人从来没有野心，也没有想吞并谁或称王称霸，甚至动刀动枪都不想。你们是谁来了跟谁合作，对谁都是笑脸相迎。你弟弟弄个假印章的目的何在？是冒充州牧，还是自封为王？

算了，都过去了，你关心的是你成都的老婆孩子族人怎么样。你弟弟在家乡当太守的时候，他们是安全的。现在你弟弟是死是活都不知道，成都的人质会怎么样呢？你一直派人潜入成都去打探，但始终没有任何音讯，直到你去世还是没有消息。

申耽 小传

申耽（生卒年不详），字义举，三国时期汉末三国时期的人物。

原本是西平、上庸间的豪强大户，与弟弟申仪一起聚众自守。

先与张鲁联系，后派遣使者拜谒曹操，被赐予将军称号，封员乡侯领上庸都尉。

建安二十四年（219年），投降刘备，被任命为征北将军，领上庸太守，仍保留员乡侯封号。

黄初二年（221年），叛投曹魏，被任命为怀集将军，迁居于南阳郡。

庞林
我的哥哥是庞统

哥哥是高手，弟弟不是；哥哥去世了，弟弟怀念哥哥；弟弟与家人们的亲情令人动容。弟弟叛蜀投魏，与在魏国的老婆孩子、堂哥堂嫂、堂侄相聚了，一家人其乐融融。有的人觉得这没意思，但是我说个细节你就觉得意思了。他的堂嫂是诸葛亮的亲姐姐，他的堂侄是诸葛亮的亲外甥，诸葛亮是堂侄的二舅，有意思了吗？这个弟弟就是你。

你出生在荆州的世家大族，《士族生存法则》第十七条："士族应该组队发展。"因此，荆州的蔡、蒯、黄、庞形成了联盟，支持刘表。刘表有个好友是徐州士族诸葛家的诸葛玄，刘表邀请他来担任豫章太守，结果被豫章百姓消灭了。好友留下自己家族的四个小孩给刘表照顾，分别是诸葛亮、诸葛亮的弟弟、诸葛亮的两个姐姐（诸葛亮的大哥诸葛瑾在跟随诸葛玄来荆州途中与家人走散）。在刘表的提议下，荆州士族联盟四家族与诸葛家的小孩们联姻，蒯家娶

庞林：
我的哥哥是庞统

了诸葛大姐，黄家收了诸葛亮当女婿，诸葛亮的老婆本就是蔡家的外甥女，而你们家的堂哥娶了诸葛二姐。通过这一番操作，诸葛家和蔡、蒯、黄、庞四家全是亲戚了。

你经常能在家看见诸葛亮，因为他常来拜访你们家家主——你的堂叔（庞德公），而且态度恭敬，每次都是独拜床下。所以你和你的亲哥哥（庞统）总能看见诸葛亮，你亲哥和诸葛亮关系不错。你堂叔还有个好友叫司马徽，颍川人。你堂叔给三人分别起了外号：司马徽叫水镜，诸葛亮叫伏龙（卧龙），你亲哥叫凤雏。然后堂叔让水镜告诉刘表在南阳的藩属刘备说，伏龙和凤雏是顶级的人才，因此伏龙就加入了刘备，但你亲哥没有加入刘备。许多人不明白，你亲哥说，《士族生存法则》第一条："士族必须和控制自己家乡的军阀合作。"刘备人在南阳郡，我们在南郡，他又没占领我的家乡，我的家族为什么跟他合作呢？诸葛亮在南阳郡，刘备也在南阳郡，他们合作才合情合理。

赤壁之战后，曹操败了，带着蔡家、蒯家逃往北方。豫州颍川人司马徽、徐庶、石广元，豫州汝南人孟公威，冀州人崔周平全部投靠了曹操。他们全是诸葛亮的好友，结果却都投奔了曹操。因为诸葛亮是徐州人，徐州归曹操的藩属臧霸管理，臧霸压制士族，徐州士族难以出头。周瑜攻下南郡，你们家族是南郡人，便立即与周瑜合作，周瑜封你亲哥为功曹。后来周瑜去世，孙权把南郡借给刘备，刘备隶属于刘琦，刘琦成为荆州牧，控制了你的家乡，你们家族就与刘琦合作。后来刘备取代了刘琦，控制了你的家乡，你们家族又转而与刘备合作。

如今，荆州的士族格局发生了变化，蔡家、蒯家已逃亡，黄家

135

第一部分
士族生存法则

的黄祖去世，黄射不见踪影。《士族生存法则》第十七条："士族应该组队发展。"荆州的士族必须重新组合，现在的组合是黄、庞、马、向、习，那谁当老大呢？黄家黄承彦，这所有人都没有意见。但问题是，黄承彦年纪大了，得他儿子来，但他没有儿子，只有个女婿诸葛亮，女婿等同于半个儿子，因此诸葛亮代表黄家，成为荆州士族之首。然而这能行吗？诸葛亮代表黄家，既不是荆州人，也不姓黄，荆州其他家族能服气吗？许多人认为，黄祖去世，黄射失踪，黄承彦年迈，黄家已不足以服众，因此应由庞家，你亲哥来担任。然而，问题在于刘备对你亲哥没有好感，但诸葛亮已经追随刘备好几年了，有优势。所以最后的结果是，刘备把诸葛亮和你亲哥都封为军师中郎将。在实权上，你亲哥是荆州治中，是州府的顶级大吏，这明显是荆州第一家族的待遇。那诸葛亮的地位比你亲哥低还是高呢？刘备给诸葛亮原创一个身份，叫署左将军府事，是幕府的官，这正是刘备的高明之处，把诸葛亮和你亲哥不放在一个体系里，一个是州府，一个是幕府，让他们难以直接比较。再次，刘备赋予的原创官职，其高低最终解释权归刘备所有。

刘备要谋取益州，你亲哥有发言权，因为之前周瑜当南郡太守的时候，已在研究如何谋取益州。而你哥作为周瑜的功曹，与其一同研究过，之前的文档都在。于是，你哥向刘备讲述了该如何行动，刘备觉得有道理，便让你哥负责这个项目。刘备带着你哥还有大量的荆州人前往益州，留下诸葛亮负责荆南三郡的税收和后勤工作。《士族生存法则》第五条："士族必须掌兵权，才有能量。"你哥向刘备要兵权，刘备给了，掌管军队，攻城略地，风光无限。一旦拿下益州，你哥作为攻取益州项目的项目总监，功劳最大，又是荆州

庞林：
我的哥哥是庞统

士族之首。《士族生存法则》第十二条："士族投资主公，主公赢了，士族是有分红的。"到时候封官的时候，刘备理应封你哥丞相，你哥就能出将入相。《士族生存法则》第零条："士族的终极目标只有一个，成为当地第一家族。"一旦刘备去世，阿斗上位，你哥将率领荆州派成为权臣。

然而，这一切都成了泡影，你哥在率军攻城时中箭身亡。许多人认为，刘备会用诸葛亮来代替你哥，把你哥的兵权给诸葛亮，然而并没有。一者，可能刘备觉得诸葛亮从来没有统过兵，唯一一次参战是跟着张飞入川，三路并进，诸葛亮去德阳；二者，刘备也不希望有统兵的士族存在。新问题出现了，谁是荆州派的老大呢？一部分人认为是诸葛亮，他毕竟代表黄家。有人说了，黄忠也能代表黄家，但黄忠和黄承彦只是同族，血脉没有那么亲密。再者，黄忠是猛将，不适合成为派系领袖。还有一部分认为该是你，因你哥哥去世，理所应当该是你接替你哥哥，但你没有你哥哥那么强的能力，也遭到了许多人的反对。荆州本土许多人把支持顺延到马家，推举马良、马谡为领袖，把他们推成圣人。刘备认为这种说法过于夸张，马谡达不到圣人，言过其实。但刘备还是顺应民意，把马良带在身边，有提拔马良之心。

汉中之战开始了，诸葛亮像萧何、荀彧一样坐镇后方，刘备带着荆州派的黄忠，最终赢得了汉中之战。接着襄樊之战，关羽战死，荆州失守。刘备开始安抚荆州士族，封你为荆州治中，继承当年你哥的州府身份。虽然荆州失守，这只是个遥领的官，但重要的是，刘备认可了你是荆州士族第一人的身份，因此诸葛亮还不算是荆州派之主。同时，刘备打算重用马良，封马良为侍中——刘备的

第一部分
士族生存法则

高级顾问。为了帮荆州派打回荆州，刘备发动了夷陵之战，命诸葛亮坐镇后方，让你作为荆州治中随镇北将军黄权出战，并让马良去招募武林郡一带的蛮兵，指挥一万兵。这点很重要，《士族生存法则》第五条："士族必须掌兵权，才有能量。"东吴的陆逊也是从招募一万山越精锐起家的，这是马良腾飞的转折点。

然而这仗败了，马良战死，黄权带着你投降了魏国。至此，高级顾问马良战死，猛将黄忠之前也战死，作为荆州第一人的你也投降魏国了，现在诸葛亮成了荆州派之首。有人建议应该选马良的弟弟马谡，马谡表示，他把诸葛亮当父亲。问题解决了，诸葛亮是荆州派的领袖，他儿子是马谡。诸葛亮大力提拔和培养马谡，荆州派的其他人也继续把马谡视为圣人。这就是后来街亭之战中诸葛亮为什么把兵权给马谡。《士族生存法则》第五条："士族必须掌兵权，才有能量。"马谡作为那个时候荆州本土最有资格的人，必须赋予他能量。现在回到夷陵之战，刘备托孤时依然不把兵权给诸葛亮，而是交给李严，封李严为中督护。刘备需要制衡，他不希望看见哪一派系把阿斗变成傀儡。

当然，这些都与你无关了。你此时身在魏国，见到了你妻子的习家人。庞、马、向、习四家，你和习家联姻。赤壁之战时期，你们失散了，你妻子在魏国独立抚养你们的孩子十几年。你们一家三口重聚，喜极而泣。同时你也见到了堂哥（庞山民），他在魏国做吏部郎，还有你堂嫂，即诸葛亮的二姐，以及你堂侄（庞涣）——诸葛亮的外甥，未来的牂牁太守。你们六个与诸葛亮沾亲带故的亲戚，在魏国相聚一堂。

听说诸葛亮在蜀汉开府了，而且开府规模特别大，类似于曹操

庞林：
我的哥哥是庞统

当年的幕府。你在想，如果你亲哥没有被射死，此时的丞相、益州牧、司隶校尉、开府北伐军总指挥是不是就是你亲哥？那你会是什么身份呢？许多人说你平庸没有能力，但人的能力是需要培养的。马谡是怎么被培养的？先当首都县令，然后当边疆太守，再给诸葛亮当谋士，一步步培养。而你，因为哥哥去世得早，没有获得这种机会。如果你亲哥不死，马谡的这些机会都会是你的。听说诸葛亮北伐，马谡当街亭督，你非常羡慕。同样是荆州士族，同样是家里的弟弟，你们家比马家排名还靠前，为什么他拥有的机会，你拥有不了？只是因为你哥哥阵亡得早。好在曹魏对你还不错，让你做到了冀州巨鹿郡太守。后来你听说费祎遇刺身亡，蜀汉再也没有开府的大臣了。

你在想，也许阿斗没有大家想的那么软弱，如果自己的哥哥没死，真当了丞相，自己真接替了哥哥的位置，成为开府的丞相，说不定今天被刺的就是你了。

庞林 小传

庞林（生卒年不详），庞统弟弟，出生于荆州襄阳（今湖北省襄阳市）。

起初，在蜀汉担任官员。

221年，刘备东征，任命庞林为荆州治中从事，兼任黄权的参军。

222年，刘备败退，庞林随黄权投降魏国，被封为列侯，官至钜鹿太守。

庞涣
我的舅舅是诸葛亮

我的二舅叫诸葛亮,曾是天才少年,他小时候成绩全族第一,到了年少时依旧是全郡第一。就在所有人觉得二舅会一路光明,甚至"辟公府"时,竟然出了意外。

有一天,二舅的叔叔(诸葛玄)带二舅姐弟几人离开了徐州琅琊郡,前往荆州投奔好友刘表。刘表任命二舅的叔叔当太守,但后来二舅的叔叔阵亡了,二舅成了流民。那一年,二舅只有十几岁,花样年华突然变成流民了,无法承受这样的打击,终日躺在床上。他不知道从哪找了一本《二桃杀三士》,疯狂地看了一年,第二年扔掉了《二桃杀三士》,从床上爬了下来,待在天井里望天,他的样子像一只大号的青蛙。

当流民的第三年,二舅不再看天了,而是关注家里来的一位会墨家机关术的人。那人干了三天的活走了。二舅对我娘说,他看会了。二舅就这样,第一次出了院门,他坐着自制的四轮车,非常稳。

庞涣：
我的舅舅是诸葛亮

二舅开始在南阳给人制作四轮车，他的速度惊人，十天能做两个。转眼几年过去了，有一天二舅照常坐着四轮车来到南阳，卫兵队长告诉二舅，以后不用来了，南阳已经失守。二舅问，为什么？卫兵队长说南阳归曹操了，二舅没有琢磨南阳为什么归曹操，他转而开始在襄阳的各个村子里利用墨家机关术制作器械。

有一天，二舅在路上遇到了让他叔叔来当太守的刘表。刘表对二舅说，他将为二舅家提供支持，并很快定下了我娘和我姨二人的婚约。然而，不知道什么原因，二舅的"举孝廉"怎么都办不下来。他很失望，失望了怎么办？接受事实吗？不，二舅没有。他坐着四轮车去了新野，想去刘备那里看看。看完后他觉得刘备很好，他自己感觉也好，为什么呢？二舅认为刘备公平。

二舅在新野生活不久后，他的积蓄几乎用尽。在这种情况下，二舅是不是应该回乡里了？不，他并没有如此，而是决定再挣扎一下。他打听到他的好友徐庶在刘备那里当谋士后，经徐庶介绍以隐士身份加入了刘备军，没想到竟然混得风生水起。这与他的墨家机关术手艺密不可分。二舅迷上墨家机关术以后，一直在钻研。他的手艺越来越好，以至于整个荆州，甚至整个大汉都没有人能与他比肩。二舅不爱交际，只爱墨家机关术。住进刘备军营后，闲不住的他，不知道从哪找到了机关术工具，在那个军队条件还很艰苦的年代，给士兵默默做了许多诸葛连弩，哪个士兵不喜欢这样的谋士呢？二舅的地位逐渐提升，一度让他的好友徐庶震惊。一天，徐庶来到军营，看见一个老头和二舅正在一起泡茶。徐庶只看了一眼，就吓得说不出话来，因为那个老头竟是他只见过几次的一位州牧——刘表，此刻正在为二舅沏茶。大家都问二舅刘表怎么样？二

第一部分
士族生存法则

舅说，州牧泡的茶很好。转眼到了二舅两个姐姐出嫁的年纪，二舅心里很不舍。二舅有自己的表达，大姨和我母亲结婚的陪嫁，每一把诸葛连弩、每一盏孔明灯、每一辆四轮车、每一张八卦图，都是二舅一个人完成的。你能想象在一千八百年前，流民的女孩子结婚时能拥有这样一套墨家机关术发明是多么梦幻的事情吗？二舅家虽穷，但姐姐出嫁有这样一把诸葛连弩，婆家也会高看一眼，也许会更好地对待自己的姐姐。二舅的墨家机关术到了登峰造极的地步，做完后，他还会刻上铭文，"鲁班造""墨家造""刘晔造""马钧造"等。只要他能想到的，他都能给你刻上。没错，二舅总是有办法。

二舅在二十多岁的时候迎来了说媒的高峰期，但他跟我说，他一直觉得他这辈子只能照顾好自己，照顾不了别人了，所以从来没有动过这方面的心思。我的二舅说谎了，据我了解，二舅是动过心思的。很久很久以前，二舅和隔壁村的一个戴着斗笠面纱、会机关术的女人变得非常熟络，之后他们的关系由熟络变成了热络。那时候，女人常去二舅家串门，二舅也经常去她家，即使她舅舅蔡瑁在的时候，他也经常去找她。她的父亲黄承彦很喜欢二舅。再后来，女人成了二舅家的正式一员，出席家族的一切红白喜事。女人对二舅体贴入微，把乱糟糟的茅庐收拾得井井有条。二舅做完机关术回来，总能吃上一碗热饭。女人从来不摘掉面纱，二舅的姐姐们从一开始全力支持，变成了集体反对。人们都怀疑这个女人的脸有问题，后来发现这个女人头发黄、皮肤黑，村中的小孩开始喊这个女人丑女。但是二舅很喜欢这个女人，并娶了她。二舅的这段感情我理解不了，为什么要娶个丑女，大姨记不清了，二舅自己也不愿意讲，所以究竟为什么，谁也说不清。人都说爱情说不清道不明，才叫爱情，二舅和这个女人既不是见色起意，也不是贪图家势，应该叫作爱情吧。自从娶这个女人过后，二舅的世界里再也没有其他爱情了，他的人生重归了平淡。

转眼十年过去了，二舅的人生平淡如水，乏善可陈，没打过什么仗，一直在后方为刘备提供兵马钱粮，后勤型谋臣的人生就是这样普通，普通到不快进一万倍都没法看。二舅过继了大舅家的乔乔，有了孩子，二舅干活的劲头比任何时候都大，他拼命地努力工作，大部分时间把乔乔放在妻子那里，很少陪伴他。乔乔小时候就被人在背后议论，说才能不如恪恪。在战争年代，绝大多数后勤谋臣都只是一粒沙。

随着时代向前，随着刘备驾崩，我二舅这粒沙突然变得值钱起来了。眼见掌兵权的好时候到了，想为自己派系挣点能量的二舅开始拼命北伐。二舅带着乔乔去北伐，可惜乔乔阵亡了。到了第四次北伐，二舅的身体变得很差。中国人老说，生老病死，生死之间，何苦还要隔个老病呢？其实这可不是上天不仁，而是怜悯，不然我们每个人都在七八十岁却还康健力壮之年去世，对这世界该有多么的留恋呀。那不是更加痛苦吗？从这个意义上来讲，老病是生死之间必要的演习。想北伐的二舅总有办法，他从三年前开始就准备屯田，放弃秦岭运粮的思路，要在战区屯田。有人一边上班，一边看娃，我二舅一边打仗，一边屯田。屯田屯得差不多了以后，二舅也不做木牛流马了。老实说，二舅到了要与司马懿决战的时候了，二舅最放心不下的是阿斗。二舅和阿斗聊天时的走位配合，默契到让我震惊。阿斗胖，每走十几步要停下来喘，要休息十秒，二舅的四轮车慢，每走十几步就会落后阿斗三步，赶上这三步正好需要十

第一部分
士族生存法则

秒。这么君臣配合的走位我上一次见到还是在曹操和曹洪身上，曹洪喜欢给曹操送战马，二舅喜欢给阿斗送《出师表》，再配上郭攸之、费祎、董允看着阿斗，都安排妥当了。

二舅毕竟没有时间陪亲儿子瞻瞻读太多书，他从小对瞻瞻就没有什么教育可言，但今天的瞻瞻却成为蜀汉最有学问的孩子。瞻瞻的教育让我明白了一个道理：让小孩将来超越自己的方法，就是默默地去努力。父母是小孩最好的榜样，小孩是小，不是瞎。

二舅绝不仅仅是个发明家，他还是个修理匠，能修理蜀汉的一切官员，赵云、马谡、向朗、来敏、李严、廖立、彭羕，二舅都能修理。二舅不能修理的只有三个人：吴太后、阿斗、国舅吴懿。二舅为什么不能修理这三个人呢？因为二舅只是丞相，等以后二舅要是封王了，也就能修理了。二舅常常在打仗回来的路上就被手下拦住进行秘密举报。有一次手下举报说廖立需要修理，二舅刚修理完廖立，又被另外一个手下叫到边上，接到秘密举报，说"长史无德"，需要修理。二舅想了半天，留营长史蒋琬有德啊，原来是忘了身边的长史杨仪，他没德。算了，不修理了，二舅喜欢杨仪。

阿斗有懒病，总有办法的二舅就给阿斗写信，教育他。有人说蜀汉的军刀不好用，二舅自己设计好了，让浦元打造三千把。有一句台词说得很好："他这种奇才只不过是生不逢时，他应该名扬天下才对，不应该弄得这么落魄。"二舅五次北伐，他的一生太遗憾了，真的太遗憾了。我问二舅，有没有觉得人生有遗憾，他的答案是，从来没有。二舅的好心态，让二舅成为蜀汉第二个快乐的人。第一快乐的人是阿斗，那位乐不思蜀的先生。所以你看这个世界上第一快乐的人是不需要对别人负责的，第二快乐的人就是从不回头庞涣：
我的舅舅是诸葛亮

看的人。

　　遗憾谁没有呢？可人往往都是在快死的时候，才发现人生最大的遗憾，就是一直在遗憾过去的遗憾。遗憾在电影里是主角崛起的前戏，在生活里却是让人沉沦的毒药。我在曹魏当官，在晋国当牂牁太守，也曾有幸认识过几位人中龙凤。反倒是二舅的故事里，让我看见了这个民族的人身上所有的平凡、美好和强悍。都说人生最重要的不是胡一把好牌，而是打好一把烂牌。二舅这把烂牌打得真好。他在挣扎与困顿中表现出来的庄敬和自强，令我心生敬畏。我士族出身，到了魏国，又身处一个充满机遇的晋朝，我理应度过一个比二舅更为饱满的人生。

庞涣 小传

庞涣（生卒年不详），字世文，荆州襄阳（今湖北省襄阳市）人，西晋时期的官员。

庞山民的儿子，庞德公的孙子，诸葛亮的外甥。诸葛亮曾给他写过《诫外甥书》。

西晋太康年间，出任牂牁太守。

II

第 二 部 分

客观评价

张角

三国到底讲了什么？

如果没有张角，会有黄巾起义吗？如果没有董卓，会有群雄割据吗？如果官渡之战，袁绍赢了，能否一统天下？如果赤壁之战，曹操赢了，他能否一统天下？如果襄樊之战、夷陵之战，蜀汉都赢了，刘备能否一统天下？如果诸葛亮一直不死，能否一统天下？

有的人会说，历史没有"如果"，就不回答了，但我能回答，这类问题，再来一百个，我都能回答。因为历史的走向并非由某个人决定的，而是某种规则决定的。比如黄巾起义，这是有没有张角的问题吗？这是士族兼并土地过度、流民过多导致，没有张角，也会有李角、王角。还有人说张角不算农民，所以这不是农民起义，而是标准的流民起义，是失去土地的农民起义。有人说了，不对，张角一死，黄巾军起义就开始削弱了。如果按你说的是流民造反，张角不是决定因素，那流民问题朝廷是怎么解决的呢？解决流民起义的根本在于让流民有饭吃，有饭吃了，起义就不会发生。188年，

第二部分
客观评价

刘焉提出废史立牧，各州有了州牧，州牧把流民变成生产力，问题就解决了。有饭吃，谁还造反呀？

那州牧为什么要这么干呢？一个州牧拥有大汉十三分之一的地盘，他本能地想壮大自己的力量，这就会逐渐产生割据局面，这和后世的节度使很像。作为州牧，那就是这个州的土皇帝啊，所以群雄割据跟有没有董卓没有关系，只是董卓杀了汉少帝，正版天子不在了，州牧可以名正言顺地不听号令了。董卓的行为是加速了这件事的进程。

我们再梳理一遍，由于士族兼并土地严重，导致流民变多，流民没有饭吃，造反了。州牧出现，把流民变成自己的能量，拥兵自重，形成割据。这十三个州除去京城司州，还剩十二个。这十二个州牧怎么群雄逐鹿呢？由于秦岭和长江的分割，分为北方区和南方区，竞逐到最后，只剩下北方区一位王者，南方区两位王者。因为秦岭和长江阻隔，谁也打不动谁，就转化成了经济对抗。由于北方的经济基础好，最后北方胜利，消灭了南方，但胜利者是谁呢？并非北方这个王者，而是王者背后的士族股东。

有人会问，为什么是他们？开场提到了，士族兼并土地严重，这是起因。士族拥有大量的土地、钱、私兵、家族官员，受"三互法"的影响，他们无法成为州牧，但可以成为州牧的股东。所以各个州最终都是在为士族股东打工。以颍川士族荀彧家为首的豫州士族是曹操的股东，曹操担心最后会为荀家打工，于是反杀；然而，士族司马家接班，几代以后，曹家依然在为士族打工，士族创建了士族王朝晋朝。所以这就像是个剧本，谁来参与都是这个走向。比如说，如果袁绍家族历史上没出现，那弘农杨氏就上位。杨家就是士大夫联盟的老大,未来杨修就是"北境之王";比如孙家历史上没出现,那刘繇就一统江东,或者刘表攻下江东,有一个成为南国之主,然后还是进入南北经济竞赛,比到最后,北方赢了,杨家把南国灭了,一统天下。但是杨家也在为股东打工,股东是谁呢?也许是荀彧家,也许是沮授家,也许是崔琰家。士族王朝还是会建立。士族形成门阀,平民彻底失去上升阶梯,造成新的矛盾,出现新的内乱,这就是个剧本杀。无论哪个玩家来玩,都是这个方向,顶多是时间不同。你们这一组,二十年玩完了,他们那一组玩了两百年,只是时间差异,结果不会变。有人说了,那不对,曹操赤壁战败了,是意外。但再来一次,濡须之战的结局依然如此。第二次濡须之战,第三次濡须之战,第四次濡须之战,你北方来多少次都没有用,除非你经济能远超对手。

还有人说,那刘备呢,你怎么没提到刘备的蜀汉呀?古往今来南北对抗,蜀政权都是个额外势力,不影响大局,一般都是北灭南,顺带灭蜀。所以历史上,即便没有刘备,对历史的走向没有任何影响。

有人说了,那如果刘备夷陵胜利,一口气灭了东吴呢?那刘备就成为南方之主了呀,和北方开始长期的经济竞赛,剧本一样。

还有的人说,那诸葛亮如果不死,能灭魏吗?从国力上来说,不可能。蜀汉一个矿,曹魏九个矿,对峙个几十年,蜀汉越来越弱,对方越来越强。主要是南方的世家大族,对于攻打中原兴趣不大,华夏的帝都一直在北方。南方的世家大族没有攻入北方帝都的这个习惯和需求。

最后总结一下,三国到底讲了什么。东汉依靠大族起家,大族

第二部分
客观评价

获得权力，开始兼并土地，培养族人当文官，垄断文化，世代当文官，成为士族。士族兼并土地猖獗，达到了与皇权争利的程度。再发展下去，将会成为士族王朝，皇权依靠宦官来打压士族，士族组队外戚来反击。因为士族兼并土地猖獗，造成了流民反抗。为了稳固局面，州牧产生。士族转而投资州牧，州牧互相吞并，形成了南北对抗的局面，进入经济竞赛。最后北方因为基础好，战胜了南方。士族开始上位，创建士族王朝。所有的帝王将相都只是这个剧本里的演员而已，随你怎么演，无论你多努力，剧本的走向不会变化。

张角 小传

张角（？—184年），冀州巨鹿（今河北省平乡县西南）人，东汉末年太平道首领、黄巾起义领导人，自号大贤良师、天公将军。

最初，以传授弟子法术和咒语，创立了太平道。

后来，通过符水治疗病人，在青、徐、幽、冀等八州发展了数十万信徒。

中平元年（184年），发动黄巾起义，自称天公将军，其弟张宝称地公将军、张梁称人公将军。

不久，被北中郎将卢植打败，退守广宗（今河北省威县东），并于同年秋冬间身亡。

董卓

董卓到底是被谁杀死的？

如何客观评价董卓？先看统兵、经济、制衡三个维度。

先看经济维度。董卓曾经废除五铢钱，发行小钱。这一政策导致了通货膨胀，实质上掠夺了百姓的财产。后来，刘备的直百钱、孙权的大泉货币系列都与这一举措类似，说明他们或多或少借鉴了董卓的做法。

再看统兵维度。董卓当州从事的时候，与胡羌贼寇作战，《吴书》记载："使领兵骑讨捕，大破之，斩获千计。"董卓当军司马的时候，从中郎将张奂征并州有功，共击汉阳叛羌，破之，拜郎中。《英雄记》记载曰："卓数讨羌、胡，前后百余战，当破虏将军时，与边章、韩遂交战。董卓与右扶风、鲍鸿等并兵俱攻，大破之，斩首数千级。"董卓在官军劣势时，又假装捕鱼来迷惑敌人，全身而退。董卓当前将军时，讨伐反贼马腾、韩遂，董卓与左将军皇甫嵩击破之。董卓是官军，马腾是反贼。这和我们常规认知不一样，我

第二部分
客观评价

们受演义影响，认为马腾是好人，应该是官军，董卓是坏人，应该是反贼。其实恰恰相反，比较颠覆。

以上是董卓的统兵战绩，在个人勇武上，董卓膂力过人，双带两鞬，左右驰射，是骑射的天花板，这个也比较颠覆。许多人认为董卓就是个大胖子，除了残暴，什么都不行。事实上，在个人勇武上，他是骑射天花板，在统兵能力上，他在当时属于顶流梯队的。不光如此，他玩政治也很厉害。首先，他曾是士大夫派系老大袁隗的府官。袁隗是袁绍的四叔，袁家的上一代掌门人。袁隗与皇后外戚大将军何进是盟友，共录尚书事，支持大皇子史侯刘辩。董卓原本属于这个派系的，他们敌对的派系是董太后。董太后的侄子骠骑将军董重以及宦官支持小皇子董侯刘协。也就是说，士大夫和皇后外戚联合对抗宦官太后集团。在这个斗争中，士大夫与皇后外戚胜利，大皇子史侯刘辩当了皇帝。董卓因为姓董，冒充董太后的族人，摇身一变成为太后外戚的延续，灭了何家和士大夫袁家，袁绍、袁术被迫逃亡。董卓转而支持小皇子董侯刘协当皇帝。逃走的士大夫们组成了反董联盟，继续和董卓斗争。所以反董联盟是何进、袁隗集团的延续，是支持汉少帝刘辩的。董卓是董太后宦官集团的延续，是支持汉献帝刘协的。

这里有个颠覆的点，虽然很多人认为汉献帝厌恶董卓，但很可能不是这样。汉献帝是奶奶董太后养大的，亲近的是表叔骠骑将军董重，扶他当皇帝的是董卓，他最爱的女人是董贵人，信任的岳父是董承。董承是董卓女婿牛辅的小弟，也说自己是董太后的族人。《卓别传》记载，因为董卓的父亲董君雅曾是颍川官员，所以董卓三兄弟，分别字"伯颖""仲颖"和"叔颖"，董卓的字就是"仲颖"，董卓：
董卓到底是被谁杀死的？

和"颍川"的"颍"，同音不同字。董君雅和颍川士族有交情，所以董卓后来能成为袁隗的府官。

最后看制衡维度。有人说那董卓制衡应该玩得厉害吧？还真不是。董卓遇到的问题，跟孙策一样。董卓带着凉州人控制了京城，京城士族大多是士大夫联盟的人，不支持董卓。孙策也一样，他带着淮泗人控制江东，因为之前陆家一半族人因孙策而死，所以江东士族不支持孙策。士族不支持，但军队要吃饭呀，怎么办呢？劫掠士族。这种劫掠行为导致矛盾更加激化。那日子还要过，接下来怎么处理呢？董卓选择怀柔，孙策选择压制。这里又颠覆了，我们印象里孙策是好人，董卓是恶魔。其实历史上二人都是先当恶魔，先劫掠。劫掠完了过后，孙策继续当恶魔，董卓为了长久统治，摇身一变，开始各种拉拢士大夫，但他拉拢的人恰恰都是袁绍的人。比如董卓亲信的何颙、伍琼，这是袁绍奔走之友组织的人。比如董卓封的张邈，这也是奔走之友的人。比如董卓封的韩馥，这是袁家的故吏门生。比如董卓重用的王允，袁家救过王允的命。宏观上，这是董卓为了生存，极力拉拢士大夫势力。士大夫势力表面上支持董卓，其实暗中支持袁绍，坑死了董卓。董卓的制衡，最终以自己死亡告终。

孙策和董卓都是边疆主公，不被士大夫接受，遇到一样的问题。孙策选择打压，结果被刺杀。董卓选择拉拢，也是被刺杀，但董卓很努力。努力表现在哪儿呢？董卓把手下的将领官职压得很低，统帅只是中郎将，将领只是校尉，但封敌对方将领时很大方，一抬手封袁术一个后将军。什么概念？这是重号将军，高于杂号将军，高于偏将军、裨将军，高于中郎将，比董卓手下的五大统帅高了三

第二部分
客观评价

阶。这也是个颠覆。大家都以为董卓当太师了,手下的统帅都是大将军是吧?那是李傕思维,不是董卓思维。李傕霸占京城后怎么封官的?李傕为大将军、张济为骠骑将军、郭汜为车骑将军、樊稠为右将军,每个都比后将军袁术要高,这就是李傕思维。李傕没饭吃怎么办?直接劫掠三辅、劫掠南阳,造成十几万户百姓逃亡去益州,随心所欲胡来。

总结一下,董卓的父亲在颍川当官,所以董卓有机会当袁隗的府官加入士大夫阵营。董卓因为姓董,又冒充董太后的亲戚为董家报仇,灭了何家。他的军队缺军粮,先劫掠,为了坐稳京城,又开始拉拢士大夫,最后被士大夫刺杀而死。

董卓 小传

董卓(?—192年),仲颖,陇西郡临洮县(今甘肃省岷县)人,东汉末年的军阀和权臣。

年轻时,曾多次与羌人作战并屡建战功。

汉桓帝末年,被征召为羽林郎。

延熹九年(166年),在张奂部下担任军司马,讨伐汉阳羌人,因战功被拜为郎中,历任广武县令、蜀郡北部都尉、西域戊己校尉等职。

中平六年(189年),受大将军何进和司隶校尉袁绍的密召,率军进京诛杀宦官,随后废除少帝刘辩,立汉献帝刘协。

初平元年(190年),关东各州推举袁绍为盟主,讨伐董卓。董卓被迫迁都长安。

初平三年(192年),司徒王允设反间计,挑拨吕布杀死董卓。董卓全族被诛灭。

丁原
寒门进不了高端局

如何客观评价丁原。

先说个颠覆性的评价，丁原是猛将，有勇武、善骑射。哪些人擅长骑射呢？幽州的公孙瓒、韩当，避难幽州的太史慈，凉州的董卓、庞德，并州的吕布。中原只有安徽亳州的曹仁、曹彰、文鸯，江南没有。注意到没有？会骑射的通常是武力高的。因此吕布杀丁原，很可能是通过偷袭，如果真是战场交战，丁原并不逊色。相反，丁原并非文官，他"裁知书，少有吏用"，不是很有文化。

了解了这一点后，我们再来看他的统兵、经济、制衡三个维度。

先看统兵维度。188年，并州刺史张懿在抵御胡人时被杀，丁原继任为并州刺史。丁原的作战风格是身先士卒，总是冲在最前面。这样看起来丁原似乎是个武夫，谈不上统兵能力，但这也和丁原的出身有关。他不是士族出身，而是寒门，想要出人头地，只有靠身先士卒，靠着这种精神当上县令。寒门指的是以前辉煌过但现在衰

第二部分
客观评价

落的世家大族，而一些世家大族还会因念及寒门祖上的恩德而提拔寒门子弟。比如邓艾，就是这样被提拔起来的，丁原也是靠这个，当上县令，一步步做到刺史。

再看制衡维度。有人说了，丁原是猛将大老粗，还懂制衡吗？还真别说，丁原还真有些制衡手段。丁原当并州刺史后，皇后、士大夫阵营和太后、宦官阵营都拉拢丁原，但他两边都不得罪。他手下有两个从事，一个张辽，一个张扬。他把张辽派去协助皇后、士大夫阵营，也就是大将军何进；他派张扬去协助太后、宦官阵营，也就是武太监蹇硕。两边都不得罪，坐观局势。结果，蹇硕被何进灭了。丁原就果断投靠何进。皇后、士大夫阵营立刻重用丁原，把丁原和董卓放在同等重要的位置上，同时用丁原来制衡董卓。丁原被封为执金吾，奉命带领军队逼近皇城，本希望在高层政治大展拳脚，但没想到，却被自己提拔的主簿吕布给杀了。由于董卓要背叛皇后、士大夫阵营，要背叛袁家，所以自然要解决这个被派来制衡他的丁原。估计是吕布偷袭，丁原大意，没有闪避。

最后看经济维度，这方面没法评价。丁元188年当上并州刺史，189年就被吕布杀了。

总结一下丁原，由于出身寒门，所以能起步。因为有勇武骑射、身先士卒，所以能升官。因为意外事件，原并州刺史被杀，他得到个机会。因为耍滑头两边下注，所以投机成功被何进集团重用，用来制衡董卓，最终被董卓杀掉，结束了他的生涯。其实，丁原和邓艾很像，都是寒门出身，都曾被重用，都以为自己进入了高端局了，结果却都失败了。其实内因还是出身太低，成长速度慢，高层经验不足，一进入就被淘汰了。

所以历史告诉我们，政治经验不足的时候，进入高端局不是什么好事。

丁原 小传

丁原（生卒年不详），字建阳，东汉末年军阀。

为人粗略，有武勇，善骑射，初为南县吏。

中平五年（188年），出任并州刺史、骑都尉，任命吕布为主簿，张辽为从事，张杨为武猛从事。

中平六年（189年），受大将军何进征召，带兵进入洛阳，授武猛都尉，谋划诛杀十常侍。事情败露后，何进为宦官所杀。少帝刘辩登基后，任命丁原担任执金吾。

董卓率兵进京后，收买丁原部将吕布，将其杀害，兼并其部众。

公孙瓒
文武双全害死人

公孙瓒为啥输？文武双全害死人。

有人说了，公孙瓒的"武"还可以，这"文"从何说起呢？公孙瓒是刘宽的徒弟，刘宽是皇亲国戚担任宗正，相当于皇亲国戚里的大长老，最后位列三公当太尉。刘宽研究《欧阳尚书》《京氏易》，擅长观星、占卜、算术、历象，被称为"通儒"。公孙瓒就是这位通儒皇室大长老的徒弟。公孙瓒又是大儒卢植的徒弟，也就是经学大师马融的徒孙、太尉陈球的徒孙。这身份名士圈里是否得到认可？我们今天一说"文"，感觉是语文考了多少分，古代的"文"是圈子啊，名士圈认同，你这个"文"才有价值啊，不认可你，你不算这个圈子的，你语文考满分都没用。就像祢衡，进不了这个圈子。

再看公孙瓒的武。他擅长骑射，箭无虚发，近距离用双头矛，带几十个人击败了几百人的胡羌。他骑白马，身份是辽东属国长史，所以胡人都怕这个白马长史，见到白马长史，就赶快逃命。就

公孙瓒：
文武双全害死人

像《火影忍者》里面的四代一样，看见金色闪光可以立刻放弃任务，不算违规。公孙瓒就是白色闪光。公孙瓒一想，既然你们都害怕骑白马的我，那我就用"影分身"之术。他召集来一群善于骑射的人，也骑白马，也穿上长史的衣服。这可把胡人吓坏了，怎么东边冒出来白马长史，西边也冒出来白马长史，遍地都是白马长史？平时看见一个就够恐怖了，这冒出一群，这怎么打？这就是白马义从的来源，最早就是个影分身，后来公孙瓒干脆给整成了三千人的军队，三千个公孙瓒。量产型白马长史，把胡人吓得不敢露头，躲在家里整阿Q精神，把公孙瓒的名字写在箭靶上，在家练射箭，射中了大喊万岁。

公孙瓒的文和武够不够强？说是文武双全不为过吧？但他死就死在这个问题上。为什么呢？因为家族太强大了，公孙瓒的家族，家世两千石，什么意思？就是世世代代都出两千石级别的官员，也就是太守级别、市长级别。那时候没有废史立牧，省长不长设，所以太守、市长就已经是地方大员了。公孙瓒家族世世代代都出两千石，就这么强。公孙瓒唯一的劣势是他是庶出，但家族并没有把他当庶子培养，而是让他跟刘宽学习，跟卢植学习，让他娶前太守的女儿，让他给现太守当小弟。有人说了，这庶子的待遇太好了吧？也许嫡子待遇更好，也许嫡子娶的是现任太守的女儿，是给三公当小弟，这都有可能。

有人会说，家族强又文武双全，这些不都是优势吗？为什么说死在这个问题上呢？公孙瓒的人生本该像祖祖辈辈一样，随随便便当个太守。结果在188年，刘焉提出废史立牧，每个州要常设州牧，也就是省长。只有皇亲国戚和京城重臣才可以当州牧。这公孙瓒一

第二部分
客观评价

条也不占,既不是皇亲国戚,也不是京城重臣,减两分。还有根据"三互法",本地州刺史、太守不能是本地人,幽州刺史不能是幽州人,公孙瓒就是幽州人,这样当幽州刺史不合法,又减一分。三分没了,换成一般人,早就放弃了,找个别的地方当太守,不当省长了,当市长。但是我是公孙瓒,我文武双全,我能就这么放弃吗?我必须是幽州老大,朝廷给派来的幽州牧皇亲国戚刘虞,他是最有才干的皇亲国戚,曾担任皇亲国戚的大长老,以前治理过幽州,能压住胡人,这州牧能力毋庸置疑,谁看到都得服吧?唯独公孙瓒不服,为什么?刘虞是皇亲国戚,我师傅刘宽也是。刘虞当过皇亲国戚的大长老,我师傅刘宽也当过。我师傅还是通儒呢,你是吗?你能压住胡人,我是白色闪光,胡人看到我就跑,我不比你差。按理说,公孙瓒应该是刘虞的属下。严格地说,公孙瓒不是主公,刘虞才是主公,他顶多是二把手。及时雨刘虞是大当家,玉麒麟公孙瓒只是二当家,智多星关靖是第三把交椅,入云龙鲜于辅是第四把交椅,然后是大刀公孙越、豹子头严纲、霹雳火田楷、双鞭单经、小李广公孙范、小旋风邹丹、扑天雕公孙续,然后才能排到第十二位的平原国相刘备。我们看电视剧,总感觉公孙瓒是老大,刘备是老二。事实上,公孙瓒不是老大,刘备也不是老二,刘备差不多是第十二,刚才提的那几员虎将,严纲、田楷、单经,是什么身份?公孙瓒任命他们三人担任冀州刺史、青州刺史、兖州刺史。公孙瓒自己当不了幽州牧,却给三个小弟封三个刺史,这是几个意思?这样一来,幽州牧刘虞也比他身份低了,他内心认为自己应该是刘虞的老大,结果矛盾愈演愈烈。最后,刘虞和公孙瓒打了起来。公孙瓒杀了刘虞,这就麻烦了。入云龙鲜于辅要为刘虞报仇,联合袁绍和

公孙瓒：

文武双全害死人

胡人一起灭了公孙瓒。

公孙瓒是不是死在文武双全上？他但凡师门弱一点，但凡不是"白色闪光"，也都不会死。那么我们站在入云龙鲜于辅的角度看看发生了什么。幽州有两家豪强，一家姓公孙，一家姓鲜于，都想当幽州第一豪强，但按照废史立牧和"三互法"，这两家谁都不能当幽州牧。幽州牧刘虞来了，《士族生存法则》第一条："士族必须和控制自己家乡的军阀合作。"那就合作，鲜于辅就老老实实地跟刘虞合作。但公孙家可不干，公孙瓒文武双全，要压刘虞一头，最后把刘虞给杀了。这下鲜于家抓到机会了，你公孙家杀了州牧，你就是反贼。于是鲜于家联合袁绍、联合胡人灭掉公孙家。灭掉以后，鲜于家是不是自己当刺史或州牧了呢？没有，鲜于家当个代理太守。他们推荐了一个叫阎柔的当兵马统帅，因为阎柔和胡人关系好，所以选他。阎柔其实充当了刘虞的角色，控制胡人。鲜于家自己相当于公孙瓒，但鲜于家安分守己，只当个太守，稳不稳？顺带一提，田豫给鲜于家当长史，后来曹操来了，田豫建议投降曹操，阎柔和鲜于家就都投降了曹操。曹操封阎柔为乌桓校尉，掌兵权，控制胡人，把阎柔当儿子一样对待，曹丕也把阎柔当兄弟。曹操封鲜于家为幽州六郡督，这其实就是刺史了。但因为"三互法"和废史立牧的规定，不能封刺史，只能封个六郡督，各种上书排名的时候，鲜于家的地位都能和夏侯惇一样高。这就是曹操手段高明的地方：阎柔在我心中是我儿子，和曹丕一样；鲜于家在我心里是我兄弟，跟夏侯惇一样。阎家、鲜于家带着田豫、牵招，把幽州控制得安安稳稳的。

这就是江湖，不是打打杀杀，而是人情世故。如果鲜于家和公

第二部分
客观评价

孙瓒一样，自封三个刺史，也会出事。如果鲜于家不推举阎柔，那阎柔带着胡人再来攻打鲜于家，也会出事。如果田豫觉得自己牛，不给鲜于家当小弟，也会出事。如果曹操不把人家当儿子当兄弟，也会出事。看见没有？但凡有一个像公孙瓒一样文武双全，觉得自己能制霸幽州，都会出事。阎柔、鲜于家、田豫、牵招这群老狐狸，一个比一个狡猾，达成了巧妙的平衡，没有出事。这群人论文武全才，没有一个比得上公孙瓒，但他们都比公孙瓒活得久，活得稳。所以说文武双全害死人。如果不逼迫自己变强，一定不会成功；但如果认为成功，只需要在意变强这一件事，认为变强就等于成功，那也注定无法成功。

再客观评价一下公孙瓒，通过统兵、经济、制衡三个维度。

先看统兵维度。一、公孙瓒当辽东属国长史时代，带着十几个骑兵大战数百鲜卑骑兵，杀伤几十人，因功被封为涿县县令，涿县正是刘备的家乡，刘备因此可以在家乡（合徒众）招兵买马。二、破虏校尉邹靖被胡人围困，公孙瓒回去搬救兵，救了邹校尉，大破胡人，所以后来邹校尉带着刘备去打黄巾军，为刘备申报了战功，刘备当上了安喜县尉。三、邹靖因功升为北军中候，统帅北军五校。此时，西凉的边章、韩遂作乱，邹靖为公孙瓒走后门，向朝廷推荐公孙瓒去平乱。这样公孙瓒有战功，能升官，引发了幽州豪强张举、张纯的不满。他们也想去平乱，但公孙瓒有后台，竞争不过，于是怒而造反，自称天子，勾结乌桓。公孙瓒平叛成功，升为降虏校尉、中郎将，封都亭侯。刘备也参与了平乱，险些战死，靠装死躲过一劫。四、公孙瓒率领步骑两万人大破三十万青州黄巾军，斩杀三万，又斩杀数万，俘虏七万。此时，刘备是高唐县令，高唐城被贼兵攻破，

公孙瓒：
文武双全害死人

恰好公孙瓒打黄巾到了青州，刘备果断投奔公孙瓒。五、公孙瓒命令单经、刘备与陶谦配合，三路围攻袁绍和曹操，没有攻下。六、界桥之战，公孙瓒的白马义从被袁绍的将领麴义击败。七、巨马水之战，公孙瓒大破袁绍军，斩杀七八千人，公孙瓒胜。八、龙凑之战，公孙瓒追击袁绍，被击败，公孙瓒败。至此，公孙瓒与袁绍陷入僵局，势均力敌，谁也打不动谁。在我们的认知当中，界桥之战后公孙瓒就废了，被袁绍吊打。其实不然，而是双方战成平局，谁也吃不掉谁。其中公孙瓒在巨马水之战，斩敌七八千，算是一场胜仗。有人说，不对呀，麴义不是可以吊打公孙瓒吗？有麴义在，怎么还会有战平？麴义一口气灭了公孙瓒啊。这里有个误区，界桥之战严格地说是公孙瓒被麴义给阴了。麴义久在凉州，晓习羌斗，知道弩兵在近距离能克杀白马义从这种游牧骑兵。不光他知道，公孙瓒也知道，这就好比石头、剪刀、布，剪刀克布，近距离，白马义从就是步，弩兵就是剪刀。但公孙瓒没有想到袁绍手里有剪刀，而且是"兵皆骁锐"的剪刀，关键麴义还把剪刀藏在盾牌下面，公孙瓒觉得自己的白马义从是无敌的，闭着眼碾压，结果走到跟前，盾牌下面的弩兵杀了出来，吃了大亏。所以公孙瓒被阴了之后，知道麴义有精锐弩兵，就不发动骑兵冲锋的近战了，所以双方才打得有来有回，谁也干不掉谁，陷入僵局。并不是公孙瓒害怕麴义，干不过麴义，不是那么回事。第九仗，鲍丘之战，公孙瓒杀了幽州牧刘虞。刘虞部下鲜于辅联合袁绍军，联合乌桓军，一共十万大军来攻打公孙瓒，这就是鲍丘之战。公孙瓒惨败，被斩首两万，然后躺平，然后灭亡。

再看经济维度。幽州是宽政，官府劝导百姓种田，与外族贸易，

第二部分
客观评价

开采盐铁矿，经济获得了发展。百万青州、徐州人流亡到幽州安居乐业。有人说了，公孙瓒可以呀，这经济玩得厉害。非也，这些经济举措不是公孙瓒干的，而是幽州牧刘虞。我们认为公孙瓒在幽州是一把手最高统治者，事实上不是，刘虞才是老大。刘虞是皇亲国戚大长老，而且被封为大司马上公，比三公还高，比大将军还高，而且人家是第一任上公大司马。大司马之前属于三公，后来改名叫太尉。董卓又重新立大司马，定为上公，比太尉高。孙策心心念念想当的就是大司马。刘虞是第一任大司马，或者说是为了刘虞才设计的上公级别的大司马。刘虞平定了张纯作乱，稳定了和北方游牧民族的关系，开启贸易，并大力发展经济，是三国最睿智的皇亲国戚，没有之一。那公孙瓒干了什么呢？刘虞在搞经济，公孙瓒在纵兵劫掠；刘虞在稳定胡人贸易，公孙瓒天天喊着要打胡人；胡人派使者与刘虞联系，公孙瓒派人暗中杀胡人的使者。

后世很多人不理解公孙瓒的行为，认为公孙瓒纯属胡来，是个暴君。其实这要看站在谁的角度，站在公孙瓒的角度，他认为他是正义的。公孙瓒和孔融、陶谦是盟友，打的是袁绍、曹操。好，公孙瓒是幽州的将军，谁封的，董卓、汉献帝封的。孔融是青州的北海相，谁封的？董卓、汉献帝封的。陶谦的徐州刺史、安东将军，谁封的？李傕、汉献帝封的。换言之，公孙瓒、孔融、陶谦的官都是朝廷封的。那袁绍和曹操呢？袁绍是冀州牧，谁封的？袁绍自己封的。曹操的兖州牧谁封的？袁绍封的，都不是朝廷封的。相反，朝廷派来的兖州牧金尚要上任，曹操不给，还打人家。士大夫联盟袁绍、曹操的官都是自封的，军阀联盟公孙瓒、孔融、陶谦的官都是朝廷封的，站在公孙瓒的角度，谁是官，谁是贼？我们打你们有

公孙瓒：
文武双全害死人

问题吗？好，那刘虞的幽州牧谁封的？汉灵帝封的。幽州牧大司马，谁封的？董卓、汉献帝封的，那你刘虞是朝廷封的官，你是不是应该和我公孙瓒一起去打反贼袁绍，但是你刘虞竟然勾结袁绍，袁绍还要立你刘虞当皇帝，你要造反吗？有人说了，刘虞拒绝了袁绍。这里要说一下别人拥立你当皇帝，你是要拒绝两次的，第三次才能同意，这是规矩。连曹丕称帝都要作秀，拒绝两次，所以刘虞拒绝袁绍一两次不代表什么，而且刘虞并没有和袁绍翻脸。因为袁绍是天下士大夫之首，刘虞作为皇亲国戚大长老，怎么能和天下士大夫之首翻脸呢？所以刘虞很难做。

这就是第三个维度的制衡。刘虞左手是冀州袁绍，右手是幽州公孙瓒。在袁绍看来，你刘虞是我要立的皇帝，你应该联合我一起灭掉公孙瓒。在公孙瓒看来，你刘虞是朝廷封的上公，你应该跟我一起灭掉袁绍。此时公孙瓒和袁绍又经历了巨马水之战、龙凑之战，打了个五五开，谁也干不掉谁。胜败的关键就是刘虞了，刘虞支持谁，谁就赢。那刘虞在干吗呢？刚才说了发展经济，搞边境贸易。发展经济，怎么发展，是直接指挥普通百姓吗？当然不是，是联盟幽州各家族，给他们政策，让他们发展。这举动在公孙瓒看来是刘虞拉拢地方豪强，要做大做强，此消彼长。在幽州，刘虞每强一点，公孙瓒就弱一点。再看搞边疆贸易，你在勾结胡人，这还得了，胡汉不两立，我们的任务就是打胡人，保护汉人。胡人是我的敌人，你联盟我的敌人，想干吗？在刘虞看来，我做的每一步都是为了幽州百姓发展经济，稳定胡汉关系。但在公孙瓒的视角，你做的每一步，都是在要我的命。如果公孙瓒像鲜于家一样，安心给刘虞当部属，老大说干吗就干吗，我不是主公，也就没这么多事儿。

第二部分
客观评价

但问题是，在公孙瓒看来，我和刘虞平起平坐，或者还想压刘虞一头，我才是幽州老大，幽州是我的。而刘虞现在的做法，就是在要逐步压缩公孙瓒的空间。局势很明朗了，不是你死，就是我亡。这种想法其实也没错，刘虞死后，以鲜于家为首的幽州豪强要为刘虞报仇，联盟的就是乌桓人。这不正是由于发展经济、边境贸易产生的效果吗？如果刘虞没死，真的给袁绍当皇帝了，刘虞一句话，幽州的豪强、乌桓人和袁绍军一起灭掉公孙瓒也是分分钟的事儿。刘虞死了，他本人到底怎么想的，我们不得而知。但站在袁绍的视角，他拉拢刘虞太高明了，这是一招阳谋。这招一出，公孙瓒就陷入了劣势，怎么玩都吃亏，不杀刘虞吃亏，杀刘虞也吃亏。也许刘虞是一直在玩制衡，平衡着袁绍和公孙瓒，但刘虞玩崩了，最后愤怒地去进攻公孙瓒，结果被公孙瓒杀了，袁绍成为最大的赢家。那么袁绍怎么对待幽州豪强以及乌桓人呢？袁绍沿用了刘虞的做法，让幽州豪强发展经济和乌桓人友好贸易，所以后来乌桓人是帮助袁绍家作战的。

总之，怎么评价公孙瓒呢？打仗没问题，但政治这一块太难了，怎么做都不对。或许公孙瓒应该放弃政治这个维度，直接老老实实给刘虞当部属，未来做个幽州六郡督、度辽将军、护乌桓校尉；然后儿子公孙续以后为朝廷去平定公孙康、公孙渊，封个县侯，世代吃食邑也蛮好的。

公孙瓒：
文武双全害死人

公孙瓒 小传

公孙瓒（？—199年），字伯圭，东汉末年的武将和军阀，汉末群雄之一。

他出身贵族，但因母亲地位卑贱，只担任了郡中小吏。因相貌俊、机智善辩，得到了涿郡太守的赏识，将女儿嫁给他。与刘备等一起师事涿郡人卢植，又曾拜于刘宽门下做门生。

举孝廉，任辽东属国长史，带数十名骑兵大战数百名鲜卑骑兵，杀伤数十人，升迁为涿县县令。

中平五年（188年），因讨张纯、降乌桓，公孙瓒升迁降虏校尉、中郎将，封都亭侯。

初平二年（191年），大败黄巾军，威名大震，被拜为奋武将军，封蓟侯。

初平四年（193年），击杀刘虞，被升为前将军，封易侯，假节督幽、并、青、冀四州。

初平二年—建安四年（191年—199年），与袁绍多次相争，初期占据优势，龙凑之战后锐气顿减，最终被袁绍击败。公孙瓒被困高楼，引火自焚。

陶谦

和贼寇为伍的野蛮人军团老大

如何客观评价陶谦？一个和贼寇为伍的野蛮人军团老大。先从统兵、经济、制衡三个维度来看。

统兵维度。一、陶谦任扬武都尉，跟随皇甫嵩打过胡羌。二、陶谦当参军，跟随司空张温打胡羌。三、陶谦任徐州刺史，联盟贼寇臧霸大破青徐黄巾。四、联盟自称天子的贼寇阙宣进攻曹操的兖州，占领兖州泰山郡的部分地盘，并进攻兖州任城郡。五、陶谦灭掉了自称天子的贼寇阙宣。六、联盟公孙瓒，与公孙瓒封的兖州刺史单经、平原相刘备，三路联军，联合进攻曹操、袁绍。这和大家记忆中那个文弱的好老头，是不是感觉不太一样。陶谦能打，因为他是丹阳兵的老大。丹阳兵大多是山越野蛮人，属于异族兵，特别能打。那丹阳兵为什么要听陶谦的调遣呢？因为丹阳有个首领叫甘公，他曾在交州当过太守，这是废史立牧之前的太守，太守两千石，属于顶级地方官员。甘公是谁呢？正是陶谦的岳父。有这样的

陶谦：
和贼寇为伍的野蛮人军团老大

岳父，陶谦的人生开挂了，当诸生、在州郡当官、举茂才、拜尚书郎、当两处县令、当幽州刺史（这是废史立牧之前的刺史）。也许在这个时候，陶谦就已经认识了公孙瓒和刘备。除此之外，这个丹阳岳父对于陶谦还有什么帮助呢？朝廷跟西凉作战，常常要去三处招兵，一并州，二幽州，三就是丹阳。后来也一样，曹操、刘备、孙坚起家都靠丹阳兵，所以朝廷将领来丹阳招兵打西凉，那得跟人家丹阳的首领甘公聊聊。甘公把兵给你，作为女婿的陶谦随军，你得给都尉吧。所以陶谦能跟着皇甫嵩去打胡羌，又能跟着司空张温去打胡羌。

但问题是，陶谦看不上张温。张温位列三公，陶谦敢顶撞三公，在百官宴会上当众羞辱张温。说起来也巧，张温是曹操爷爷提拔的，是蔡邕的姑父，曹操和蔡邕是发小。他们是一个圈子的，所以陶谦早就得罪袁曹集团了，或者说陶谦一直是士大夫联盟的敌人。袁绍搞士大夫联盟，反董卓，陶谦不参加。后来陶谦自己搞了个联盟，要拥护朱儁当老大，朱儁没理他。士大夫搞事，士大夫联盟反董卓，我不加入，我自己搞一个。你们袁绍、曹操、刘表形成士大夫联盟，我也不加入。我加入你们的敌人联盟，加入公孙瓒、袁术、孔融的军阀集团，我和你们对着干。当年我敢怼张温，今天我就敢反对你们袁曹，这是陶谦对士大夫的态度。那徐州士族能跟他好好玩吗？当然不能，他招募张昭，张昭不干，陶谦直接把张昭关监狱里，哪个主公能干出这事，你以后还招不招士族了？像东海王氏的王朗，直接忽悠陶谦，利用陶谦跑到扬州会稽郡当太守去了。陶谦只能重用什么人呢？他自己带来的丹阳人，比如说丹阳人笮融。陶谦让他负责三郡的运输，他卷包跑路了，导致徐州军被曹军打得大

第二部分
客观评价

败。看见没有？只有魔法能打败魔法，只有丹阳人的手法能坑到丹阳人。士族不跟他玩，丹阳老乡能坑他，剩下的只有选择贼寇当盟友了。有人说，陶谦不怕，你不跟我玩拉倒，我有丹阳兵，还有贼寇当盟友，我怕谁。请问丹阳兵要不要吃饭，粮食哪里来，盔甲哪里来，战马哪里来，钱哪里来？

所以陶谦不得不重用两个人：一糜竺、二陈登。这就要进入第二个维度——经济。

陶谦聘任糜竺当别驾，成为州府一号人物。按道理，糜竺没资格当别驾，别驾得是士族，家族世代出文官的这种，像琅琊王氏这种。琅琊王氏的王祥后来就是徐州别驾。糜竺家族没有文官背景，属于纯商人，名士圈不认的档次，丹阳山大王陶谦任命他当别驾，因为糜竺有钱，丹阳野蛮人兵团需要吃饭。不过，糜家也不情愿，觉得只是个冤大头，纯给钱的。他们认为，如要给袁绍当别驾，家族未来可能混进士族，家族能从土大款变成名士家族。但给一个山大王当别驾，有什么前途，啥时候是一站呀？等他把我吃穷了，那我还有利用价值吗？类似的情况还有陈登。陶谦任命陈登担任典农校尉，让徐州陈家给他种地。陈登的地种得真不错，大丰收，但和糜竺一样，觉得这不是长久之计，不知道何时是个头。

这就要来研究陶谦的制衡维度了。陶谦有两只手，左手丹阳兵，右手商人糜家和地主陈家。恰好陶谦有两个儿子，按传统的剧情，应该是丹阳兵派系曹豹、许耽支持一个儿子，糜家、陈家支持另一个儿子，也许历史就是这样，只是没有记载。然而，特殊剧情发生了。陶谦收了个藩属，叫刘备，是公孙瓒的师弟。公孙瓒是军阀联盟的，是陶谦的盟友。这样看，刘备也是军阀联盟的人，但是

陶谦：
和贼寇为伍的野蛮人军团老大

刘备还有另外一个特殊的身份：刘备的老师是卢植，卢植的老师是太尉陈球。而陈球正是陈登爷爷辈的陈家族长，陈登的爸爸是陈球的侄子。通俗点说，刘备的师祖是陈登的族长祖父。换言之，二人算作同门。除此之外，刘备还有个特殊身份，卢植不仅是陈球的徒弟，卢植还是马融的徒弟。袁绍的四叔是马融的女婿，所以刘备和袁绍也是同师门。就好比说，在相声门，刘备和陈登算师兄弟。在评书门，刘备和袁绍也是师兄弟。刘备的出现，是改变局面的救命稻草，接下来分几步走。第一步，陶谦病危去世。第二步，别驾糜竺宣布陶谦临死前说，只有藩属刘备能镇住徐州。第三步，糜家和陈家都支持刘备当徐州之主。第四步，刘备成为徐州之主，陶谦的两个儿子未获得任何官职。第五步，陈登给袁绍写信，表示徐州各家族支持刘备当徐州之主，袁绍表示认同。徐州的旗帜变了，从军阀联盟的地盘，变成士大夫联盟的地盘，和袁绍和曹操是盟友了。糜家和陈家也算是士大夫联盟的人了，不再是为毫无前途的山大王卖命了。然而，在所有人都皆大欢喜的时候，大家忽略了一伙人，就是曹豹、许耽为首的丹阳派。怎么玩的，你们换旗子了，陶谦的两个儿子连一官半职都没当上，我们丹阳兵群龙无首、不被重视了？你们等着，别让我们抓住机会。机会果然来了。刘备去抵抗袁术，丹阳兵直接反叛，跟张飞作战，还主动跑去勾搭吕布，结果张飞守不住，弃城逃跑，吕布偷家成功，刘备军失去了徐州的掌控权。

总结陶谦，作为丹阳首领的女婿，连三公都敢怼，连士大夫联盟都敢反对。三路围攻打袁绍、曹操，和贼寇阙宣联合进攻曹操的兖州，占领兖州部分地盘，曹操来反击他，他杀掉了曹操的父亲。

第二部分
客观评价

这一段史料争议很大，有史料说是误会，也有史料说就是陶谦杀的。我认同就是陶谦杀的，就这样的野蛮山大王，控制着徐州，消耗了徐州的第一富豪糜家和第一地主陈家。陶谦这种山大王模式，得不到士族的支持。在这款士族支持军阀争夺天下的游戏里，陶谦必定会是失败者，毫无悬念。（陶谦托孤部分参考了方诗铭先生的观点。方先生师从陈寅恪先生，是上海社科院历史研究所所长。）

陶谦 小传

陶谦（132年—194年），字恭祖，丹阳人，东汉末年著名的大臣和汉末群雄之一。

早年以诸生的身份在州郡任职，被举为茂才，历任舒、卢二县令，幽州刺史，议郎等职务。

中平二年（185年），随左车骑将军皇甫嵩对抗北宫伯玉，任扬武都尉；随张温征讨胡羌，任参军。

中平五年（188年），任徐州刺史，击破黄巾军，并推行屯田制，恢复生产。

初平四年（193年），遣使进京朝贡，获拜安东将军、徐州牧、溧阳侯。

同年，曹操起兵讨伐陶谦，陶谦向田楷、刘备求救。

兴平元年（194年），曹操再度南攻徐州。陶谦连败。陶谦病逝，别驾糜竺按照陶谦的遗命，迎接刘备领徐州。

吕布
吕布的困境

如何客观评价吕布？

吕布文武双全，这是"布粉"的观点，理由是吕布当过主簿。吕布、司马朗、司马懿、杨修、陈琳、陈寿都当过主簿。这是不是说明，吕布的文化水平和他们一样呢？其实还有一个更好的证据。《英雄记》记载说，袁绍派人去暗杀吕布，吕布找了个替身，在里面玩"鼓筝"，玩音乐。这说明啥？说明吕布平时有玩音乐的习惯，那么吕布不仅是武力的天花板，还具备杨修、陈寿水平的文化程度，并且爱好音乐。这何止文武双全，就是文武乐三全，完美了。这样一看，董卓的婢女想嫁给吕布，是不是非常合理，这么理解对吗？那肯定不对呀。世家大族垄断了文化，勇武过人的几乎没有士族子弟。吕布虽是个人勇武的天花板，但大概率不会是士族。虽然被封为主簿，但并不能与士族主簿们的文化水平相提并论。

第二个观点，吕布的武力不配跟关羽相提并论，这是"布黑"

第二部分
客观评价

的观点。理由是关张之勇万人敌，勇冠三军。关羽能在万军当中刺颜良，是无敌的存在。而吕布只是单挑刺伤过郭汜，还没有刺死，所以不配跟关羽相提并论。其实，吕布是《三国志》和《裴注》里面个人勇武笔墨最多的人，"骁勇""骁武""拳捷""臂力过人""便弓马"，有武、有猛、有敏捷，有力量、有弓马。整个汉末三国里找不出第二个记载维度如此之多的人，认为不配跟关羽相提并论是不合理的。那你怎么证明吕布比关羽强呢？关羽和吕布就不能一样强吗？非得是一个给另一个做衬托吗？我以前说过"吕关之勇"，还有人说这是我编的。这是前梁第三代君主张茂说的，原话是"曜，可方吕布、关羽"，把一个人比喻成吕布和关羽。张茂是二百七十七年生的，他生的时候东吴还没有灭亡，说明三国时期之后，在一些人心中认为吕布和关羽的勇是一个档次的。我个人认为，以现有史料来看，吕布、关羽、张飞、马超、文鸯的骑战水平是一个档次的，注意是骑战，不包括步战和船战。

第三个观点，吕布和董卓的婢女是爱情。这是"布粉"的观点。众所周知，貂蝉是假的。吕布和董卓的一个婢女私通，"布粉"坚持认为，这俩是真爱，但问题是吕布是有嫡夫人的，姓严。嫡夫人是为了联姻需要。曹操、刘备、孙权，谁不是这样？吕布和婢女才是真爱。然而《英雄记》记载，吕布背着妻子爱手下将领们的妻妾，不知道婢女做何感想。乱世之中，真爱记载较少，也就荀粲、夏侯尚等几个，其他的真没有。

第四个观点，吕布有勇无谋，是一个没文化的大老粗，这是"布黑"的观点。我特别喜欢《火凤燎原》里的一句话，即《士气论》曰："敌将常胜者，贬其有勇无谋。"荀攸和郭嘉确实说过吕布有勇无谋,但前面一句话是:"功之不拔,连战,士卒疲,太祖欲还。"曹操攻不下吕布,士卒疲惫,要退兵了,荀攸和郭嘉说,吕布有勇无谋,不要怕,继续进攻,别撤。这么说的目的是啥?士气论,为了士气,敌将常胜贬其有勇无谋。而且吕布能用替身躲过袁绍的暗杀,《火凤燎原》里面吕布有10个替身,智力过人,也许创意来源就是这里。

第五个观点,吕布是"灭霸",灭了一个爸,叫丁原;又灭了一个爸叫董卓。其实历史上丁原和吕布并不是义父子,董卓和吕布确实是"誓为父子",所以那是我义父,得加钱。

第六个观点,吕布是三国里最反复无常的小人,汉末三国的边疆主公都很反复无常,比如董卓、韩遂、马腾、马超、张绣、吕布、刘备、孙策、孙权都一样,在反复无常上都差不多,谁也别笑谁。韩遂和马腾先叛了大汉,然后投降董卓,然后又投降李傕,然后又背叛李傕,然后又投降李傕,然后又投靠曹操,又叛。马腾跟韩遂两个人也是,今天好了,明天打了。庞德每天早上起来得问马腾两个问题,一,今天我们是汉军还是叛军?二、今天我们跟韩遂是敌人还是盟友?马超也是,认韩遂当爹,又被离间,投张鲁,又叛变张鲁投刘备,可折腾了。张绣也是,一会投刘表,一会叛了刘表投曹操,一会又反叛曹操投刘表,一会又叛了刘表投曹操,能有个准吗?当时的边疆人就这样,吕布不是个个例。包括贾诩,一会跟李傕了,一会叛李傕跟段煨,一会叛段煨跟张绣,一会又不管张绣的死活,暗中投曹丕了。比较有趣的是,大家说贾诩的行为叫聪明,吕布的行为叫小人,内因都一样,是边疆人反复无常的特点,这是当时的风气。边疆人觉得中原士族看不起他们,就反复无常。

第二部分
客观评价

中原士族说边疆人反复无常,所以看不起他们。鸡生蛋,蛋生鸡,不知道源头怎么算。所以吕布投靠刘备的时候,说了一句话,说我们都是边疆人。这句话直接击中刘备,感同身受,我们都是被中原士族鄙视的,边疆人应该帮边疆人。估计后来刘备收马超,也有这种感情在里面。

总结一下,吕布属于反复无常的边疆人,杀的丁原不是义父,私通的婢女不是真爱,有勇无谋是曹军的士气宣传。吕布是汉末三国里主簿武力天花板、地表最强主簿。

我们从统兵、经济、制衡三个维度来看。

先看统兵维度。一、吕布冲击张燕的黑山军,大胜。二、濮阳之战,吕布用骑兵大破曹操的青州兵,导致曹操掉落马下烧伤左手。三、还是濮阳之战,吕布以掎角之势包围曹操,幸好典韦带敢死队杀了出去,不然曹操就没命了。四、吕布被袁术用二十万斛粮食收买,奉命奇袭刘备的下邳,拿下下邳。五、吕布大破袁术七军,虎步江淮。六、吕布两次打刘备,第一次,刘备偷偷招兵一万,吕布怒了,打崩刘备;第二次,刘备抢了吕布买的马,吕布又怒了,派高顺、张辽打崩刘备,顺带打崩了来救刘备的夏侯惇。吕布还有两场个人秀,一场是单挑郭汜,这个是三国里唯一的一次约定式单挑。还有一个秀就是著名的辕门射戟。这个其实是真的,吕布玩了个花活。三国里射箭玩花活的有董卓、吕布、刘宠、太史慈四大花活射手。

再看经济维度。吕布一直打仗,没时间搞经济。但有个小细节就是灾荒年,吕布也禁止酿酒,和曹操、刘备一样。将领侯成偷偷酿酒,引得吕布大怒。

再看制衡维度。吕布靠兖州世家大族起家，然后带着兖州人去徐州。他遇到了所有主公都要处理的问题，外地人和本地人的问题。曹操早期处理得不好，引发兖州大崩溃；孙策处理得不好，被本地人暗杀了；刘备在徐州时代没有处理好，被丹阳人坑了；吕布碰到了每一个主公都遇到的问题，但他也处理不好，被本地人坑死了。曹操、刘备失败后还能翻盘，而吕布、孙策等人就没那么幸运，这就是区别。不过吕布没像曹操一样，屠城十几次，也没像孙策一样劫掠杀戮士族。

站在兖州人、徐州人的角度，吕布不算坏人；站在并州人的角度，吕布杀掉董卓，带着并州人逆袭反压凉州人，是并州人心目中的英雄。最后长安城破那一刻，吕布想带着王允一起逃走，也算是人性的光芒。凉州人最厌恶吕布，因为他坑胡轸，导致凉州军战败，孙坚军杀掉都尉叶雄（华雄）。

从大局来看，吕布为了当统帅，杀了丁原投董卓，结果董卓依然不让他当统帅。六大中郎将，五个统帅，唯独吕布不是。吕布杀了董卓，投靠王允，想成为重臣。结果王允偏偏不许吕布执政，仪同三司可以，执政没门。没人提拔吕布，吕布就自己提拔自己，创业了，自己当主公，却遇到了所有主公都面临的经典难题。外地人和本地人的制衡，吕布不会玩，死了。这像职场遇到的内卷，为了升迁，不断地换老大，换公司，最后升不动了，一拍大腿，要创业，结果输得干干净净。

如果非要找出一个内因，吕布不是士族出身，他玩的是困难模式。刘备有血脉，有师门，有名校圈子；孙权有父亲，有哥哥，是二代。虽然他们也很难，但吕布更难，就像你我孑然一身，一无所有。

第二部分
客观评价

吕布 小传

吕布（？—199年），字奉先，并州五原郡九原县（今内蒙古自治区包头市九原区）人，东汉末年著名的武将与军阀。

早年，因为弓马娴熟、骁勇尚武而在并州任职。

中平六年（189年），丁原担任骑都尉，任命吕布为主簿。

同年，董卓入京，诱使吕布杀死丁原，任命吕布为骑都尉，后升任中郎将，封都亭侯，结为父子。

初平二年（191年），被关东联军的孙坚击败，随董卓入长安。

初平三年（192年），被王允劝说，刺杀董卓，被拜为奋威将军，假节，仪比三司，进封温侯。

董卓旧部李傕、郭汜反攻长安，吕布出逃，先后投靠袁术、袁绍、刘备，最终占据徐州，自称徐州刺史。

建安三年（198年），吕布被曹操围困数月后投降，次年2月被曹操缢杀。

袁绍
士大夫联盟盟主

如何客观评价袁绍？先看经济、制衡、统兵三个维度。

先看统兵维度，袁绍为中等。袁绍统兵界桥击退公孙瓒，龙凑之战战平公孙瓒，五日破黑山，斩首万级，围臧宏，围公孙瓒，全歼，一统冀青幽并四州。大汉十三个州，他花了十年时间占领了四个，占了37.7%。但可惜，官渡之战败了，再加上他统兵的战役缺乏细节记载，不像曹操的事迹记载得详细。曹操即便打了败仗，也有用兵逻辑、军事思考，袁绍这里啥也没有，所以你感受不到他的统兵能力。我认为可以按中等算。有人说这不公平，这是弱化了袁绍。非也。我认为袁绍可能真的不是上等统帅，因为他是打牌的人，不是牌。他拿了一把牌，这里面有统帅，有猛将，有随军军师，有后勤内政官员，他该怎么出，而不是自己变成统帅。有人说那不对呀，曹操也是主公，但曹操就是好的统帅。应该这么说，曹操早期就是袁绍手里的一张统帅牌，袁绍是打牌的人，所以袁绍的统帅能力不是上等,这是正常的。

再看经济维度,中等。袁绍的基地是以冀州为首的河北,很富裕。后来曹操占领河北后延续发展,所以邺城繁荣。有人说不对,这袁绍把河北治理得那么繁荣,应该上等。非也。刘秀的云台二十八将,有十一个颍川的,七个南阳的,七个河北的。所以颍川、南阳、河北是最富裕的地方。而袁绍的玩法是带着颍川人、南阳人去河北发展,不然怎么说他是打牌人呢?袁绍延续了河北的繁荣,曹操接着延续。袁绍比较有贡献的是在仁德、宽政方面,胡汉关系弄得非常好,以至于胡人感谢袁绍恩情。至少河北不会三天两头被胡人劫掠破坏,繁荣度不会因此降低。这个短板被袁绍给补上了。但袁绍没有大规模的改革变法方案,至少记载里没有,所以还是中等。毕竟袁绍最擅长的是打牌,不是搞经济。

再看制衡维度,这个和打牌有关了。你不光得会用牌,你还得控制他们。袁绍用河南人来制衡河北人,用外来人来制衡本地人,这和孙权用淮泗人制衡江东人,和刘璋用东州人来制衡益州人都是一样的。袁绍的制衡为中等。有人说了他还算中等呢,必须是下等。你看官渡之战,要不是因为河南人和河北人互相搞,怎么会战败?首先,我们对官渡之战有误区,认为官渡败了,袁家就完了。事实上,官渡之战后,曹操啃袁家还啃了七年。官渡打完后,袁家依然占着四个州,依然实力是曹操的好几倍,没有什么太大变化。历史上有没有官渡之战,几乎没有变化。然后袁绍死了,大儿子、小儿子分裂成两股势力,互相咬,曹操联姻大儿子去打小儿子,最后把袁家彻底吃掉。如果没有官渡之战,袁家还是占四个州,实力还是曹操好几倍。然后也是袁绍死了,大儿子、小儿子分裂为两股势力,袁绍：
士大夫联盟盟主

然后互相咬，曹操联姻大儿子去打小儿子，然后把袁家彻底吃掉。这两者有什么区别？没有任何区别。所以袁家失败的关键点是什么？是袁绍死了，两个儿子分裂，互相咬。袁绍活着的时候，制衡没有出现问题，一直很平衡。袁绍死了，河南派支持大儿子，河北派支持小儿子，分裂成两个势力，互相消耗，这是袁家的失败之处。有人说，那怎么能怪袁绍呢？袁绍都死了。对，他制衡怎么会把自己玩死呢？这不是他的失败之处吗？袁绍手下两个派系各支持一个儿子，袁绍一直没有明确谁是接班人，刘表也是，以蔡家、蒯家为主的荆州本地士族支持小儿子，以刘备为首的外来户支持大儿子。刘备后来也是，荆州派支持刘封，东州派支持阿斗。孙权的二宫之争，陆逊派系支持太子，反陆逊的外戚联盟支持鲁王，都一样。但不一样的是，曹操、刘备都明确了接班人，而袁绍、刘表都没有明确接班人就死了。明确接班人的都没有出现分裂，未明确的都分裂了。所以袁绍竟然不能让自己活到公布接班人那一天，这制衡能力怎么能算上等呢？

所以袁绍的三个维度，都是中等，是一个能力平平的主公。但他有他的特点，他是打牌人。汉末三国时期的主公各有特点，孙权是制衡天花板，刘备是逆商天花板，曹操是"围而后降者不赦"破城法天花板。袁绍是打牌天花板，袁绍的打牌得追溯到青年时代。袁绍创建了一个神秘组织，叫"奔走之友"，专门秘密营救士大夫，在士大夫圈里面尽刷五星好评了。然后依靠家族力量，摇身一变成为何进大将军府的二号人物，府官们都听他的号令。然后"奔走之友"的人、大将军府官的人还有袁家家族的盟友们组织在一起，形成了反董联盟或者叫士大夫联盟。这就是袁绍抽牌、收集牌的过程。

第二部分
客观评价

不然这些牌哪来的呀?

有人说了,袁绍太无敌了。非也。袁绍能当打牌人,那是因为他四叔袁隗就是厉害的打牌人。何进被他四叔当牌用,董卓也是他四叔的牌,那袁绍更是他四叔的牌。袁绍能建立"奔走之友"组织,能进大将军府当二把手,全是打牌人袁老四的布局。后来袁老四死了,袁绍接班成为袁家新的打牌人,所以还是延续。

有人说了,那袁老四厉害啊。非也。袁绍的二伯是袁成(袁绍后来过继给了袁成,成为袁成的嗣子),这个二伯活着的时候,才是袁家的打牌人。打得有多好呢?他也是跟外戚大将军混的,当时的大将军是梁冀,这袁老二在京城混成啥样呢?当时有个谚语说,你在京城有事搞不定,找袁老二,像不像后来士大夫在京城有危险,找袁绍一模一样的?所以袁绍在能量上,是延续了家族,在发展定位上,是延续了二伯。与其说袁绍是打牌天花板,更严谨的说法是,汉末三国时期,袁家是打牌天花板。

袁家作为天下士族之首,想创建一个士族王朝没有成功。后来,司马家作为天下士族之首,创建了一个士族王朝,成功了。顶级士族个人行为只是顶级士族家族行为的延续,而顶级士族家族也只是士族阶级要冲上顶级的延续而已。我不强调个人意志,历史不是因为某个人的意志而改变的。没有张皇帝会有李皇帝,没有张反贼会有李反贼,没有袁家还会有司马家,谁也挡不住滚滚洪流的历史发展趋势。

袁绍: 士大夫联盟盟主

袁绍 小传

袁绍（？—202年），字本初，汝南郡汝阳县（今河南省商水县）人，东汉末年著名的军阀和汉末群雄之一。

出身名门望族汝南袁氏，家族四世之中有五人官拜三公。

二十岁时，他出任濮阳县县令，以清正能干著称。

中平六年（189年），大将军何进任命袁绍为司隶校尉，并合谋诛杀宦官。何进事泄被杀，袁绍率军尽诛宦官。

董卓专权，袁绍逃往冀州。

初平元年（190年），联合起兵讨伐董卓，被推为盟主。

初平二年（191年），夺取冀州。

建安四年（199年），消灭幽州军阀公孙瓒。

建安五年（200年），官渡之战中，被曹操大败，元气大伤。

建安七年（202年），在忧愤中病逝，其势力逐渐被曹操吞并。

袁术
三国后勤天花板

如何客观评价袁术？先看统兵、经济、制衡三个维度。

第一个维度，统兵。袁术领兵打下九江郡，也许统兵能力还行，但因为他后来自立为帝，被定性为是反贼，所以史官是不会夸赞他的，只会记载他死前想喝蜂蜜水。从现有的史料来看，袁术的统兵只能算中等，比孙权强点，但比不上曹操、刘备。但袁术是后勤天花板。他为孙坚供应粮草，孙坚击败了董卓军；他为吕布供应粮草，吕布占领了徐州；他为孙策供应粮草，孙策占领了江东。从这个角度来看，汉末三国没有任何一个负责后勤的能比上他。有人反对说，不对，不是袁术厉害，是因为孙坚、吕布、孙策厉害，袁术只是运气好。就像如果我投资了三家公司，恰好三家公司都上市了，那不是我厉害，是这三家公司的创业老板厉害，我只是运气好。那袁术就是幸运天花板。那袁术是哪来那么多资源提供后勤的呢？他是不是经济很厉害呢？

袁术：
三国后勤天花板

第二个维度，经济。现有史料里没有记载袁术有任何改革措施。那他的兵马钱粮是哪来的呢？首先，袁术是从南阳起家，云台二十八将，十一个南阳的，南阳是天下第一大郡。袁术的大将孙坚诱杀南阳太守，在南阳巧取豪夺，袁术赚得盆满钵满。然后袁术又占领了老家汝南。袁家掌门人四叔被董卓杀了，袁术亲大哥袁基也一起被杀了，袁绍又去了冀州发展，老家的资源全归袁术了，这是第二笔资源。第三笔是袁术占领淮泗后，淮泗士族们支持袁术，袁术和陈登家是老交情，和陆逊家关系也好，陆绩还到袁术家偷橘子。《士族生存法则》第一条："士族必须和控制自己家乡的军阀合作。"袁术有了这三笔资源，所以才能先后给孙坚、吕布、孙策当后勤，藩属吕布打下下邳，部下孙策打下江东，袁术一下成为地盘最大的主公，没有之一。他的地盘横跨江苏、安徽、浙江、福建、江西，是当时的地盘天花板。但注意，他是地盘最大，不是总实力最强，因为他占的地方大部分属于扬州。扬州当时很蛮荒，总实力最强的还是袁绍，袁术屈居第二。袁术聚集资源的能力很强，但再生资源的能力没有看出来，不像曹操、孙权大力搞发展，所以袁术的经济按中等来算。有的人会问，袁术那么强，那是怎么垮掉的呢？

这就要看看第三个维度制衡了。一般主公是制衡外地人元老派和本地士族的关系，制衡来制衡去。袁术这里简单了，他反对袁绍，直接站到士大夫联盟的对立面，士族们没人跟随他。陈登家族立刻背叛袁术，陈登的大伯坑袁术，陈登他爹跟袁术写绝交信。陆逊家族也直接和袁术翻脸。袁术大怒，命令孙策去攻打陆逊家族。当时陆家族长是陆逊爷爷那一辈的陆康，孙策打了两年左右，城破，陆康病死，陆家族人死了一半。这件事彻底把江东士族得罪了，以至

第二部分
客观评价

于孙策后来跟着背锅。除了周瑜家族还跟着袁术，其他家族都叛了。这是袁术第一次遭到背叛。第二次更狠，他自称皇帝。上一次是士族们和袁术断绝关系，这一次将领们也不敢跟袁术站一起，纷纷宣布和袁术决裂，包含孙策。孙策这个时候才跟袁术决裂，并不是一开始就有反骨。史书在极力掩盖三件事：一、曹操是袁绍的小弟，二、刘备是刘琦的小弟。三、孙策是袁术的小弟。所以袁术的这个制衡都不能用制衡下等来形容，这是制衡深坑。人家是小心翼翼，如履薄冰，生怕失衡。袁术明知有深坑，偏向深坑行。

有人说了，袁术是不是脑子里有坑，为什么非得作死呢？其实袁术的目的和袁绍、司马家是一样的，要创建士族王朝。我们袁家已经很强大了，半壁江山都在我们手里了，为什么袁家不能创建一个士族王朝呢？袁绍和袁术都认为可以，但二人的方式不一样。袁绍认为，不能自己篡，得先扶持个刘家皇帝，慢慢过渡，先当权臣。后来曹操、司马家都这么干的。但袁术不等了，扶什么刘家皇帝，咱袁家自己上位得了，咱袁家已经是天下士族之首了，比皇帝威望还高。袁绍认为不行，不能突破底线。虽然这是个遮羞布，但这个布还得有。这个遮羞布叫刘虞。袁术说，你非要立刘虞，我就叛到你对面去，杀掉你的刘虞，完了之后，我自己当皇帝试试。不过，他试试就逝世了。

所以袁术怎么定位呢？他的称帝是士族阶级创建士族王朝的一次尝试。小白鼠001号袁术在时机不成熟的阶段失败了。那么，为什么小白鼠002号司马家能成功呢？这就要感谢曹家了。曹家六十年前就把汉帝给废了。经过六十年，人们对汉朝的忠诚度逐渐消失了，而且司马家的士族王朝干掉的不是汉，是魏，有了魏这个过渡，所以才能成功。如果士族直接要干掉汉，创建士族王朝，难度太高了，袁术就是个例子。所以士族阶级最需要感谢的就是曹家。

最后总结一下，对袁术的评价就是：幸运后勤天花板，军阀疆土天花板，士族王朝第一人，大汉反叛者，国贼袁术。

袁术 小传

袁术（？—199年），字公路，汝南汝阳（今河南省商水县）人，东汉末年的一位重要军阀，袁逢的嫡次子，与袁绍、袁基是兄弟。

年少时以侠气闻名，曾任虎贲中郎将。

董卓进京后，被任命为后将军，出奔南阳。

初平元年（190年），与袁绍、曹操等联合讨伐董卓。

随后，与袁绍兄弟相争，被击败后逃往九江，割据扬州。

建安二年（197年），登基称帝，建号仲氏，民多饥死，部众离心，先后为吕布、曹操所破，元气大伤。

建安四年（199年），呕血而死。

刘表

刘表不是"守家之犬"

如何客观评价刘表？还是看统兵、经济、制衡三个维度。

先看统兵维度。有人说了，刘表还打过仗吗？他不是"守家之犬"吗？什么也没干过呀！非也，刘表的战绩相当辉煌。北方战事，刘表军诛杀袁术大将孙坚和董卓军大将张济，刘表和藩属第一代张绣联手多次击败曹军。刘表命令藩属第二代刘备奇袭曹操的都城许都，并在西鄂县大破曹军，杀死曹军西鄂县令杜袭。东方战事，刘表军防御住孙策的一次进攻和孙权的两次进攻，其间诛杀孙家大将凌操、徐琨。值得一提的是徐琨既是孙权的表哥又是孙权的岳父，是当时东吴的顶级将军。在南方战事中，刘表军先是击败了以长沙太守张羡为首的荆南四郡的叛军，许多人怀疑这个张羡就是"医圣"张仲景。吞并荆南后，又与交州刺史使张津作战。张津死后，刘表派部下赖恭、吴巨占领交州北部。在西方战事中，刘表揭发刘焉不臣之心，又煽动甘宁造反去背刺刘璋，然后派李严驻扎在秭归防御刘璋。

刘表：
刘表不是"守家之犬"

总结而言，刘表军队杀孙坚、张济、徐琨、凌操，消灭张羡势力和张津势力，防住孙策、孙权，击败曹洪、杜袭，揭发过刘焉，奇袭过曹操。刘表孤身进荆州，在蔡家、蒯家的帮助下，先占领荆州北部，再吞并荆州南部，再吞并交州北部，开疆扩土，成为一方霸主。《后汉书》评价："开土遂广，南接五岭，北据汉川，地方数千里，带甲十余万。"用"守家之犬"来形容，是不是不太客观？有的人说不能这么算。因为在北方，刘表依靠张绣、刘备、文聘；在东方，刘表依靠黄祖；在西边，他依靠李严；内部则依靠蔡瑁、蒯良、蒯越。刘表自己不行，啥也不会。如果你还没有工作，还没进职场，可以这么理解。但一旦进入职场了，最好别这么思考问题，不然你会觉得老板都没用。至于哪些仗是刘表亲自带军队打的，史料并不明确。

再看经济维度。刘表统治下的荆州相对繁荣，但并没有明确记载改革措施。不过，刘表有一项是天花板，那就是教育，刘表是三国办学天花板。《后汉书》记载："关西、兖、豫学士归者盖有千数，表安尉赈赡，皆得资全，遂起立学校，博求儒术。"数千名学士来到荆州，刘表为他们建立了学校，了解了这一点后，就能明白为什么司马徽、徐庶、崔州平、石广元、孟公威，这些中原人会流寓到荆州。所以刘表是办学校的天花板。

有人问，刘表真的那么重视教育啊？非也。刘表办学其实是在反抗荆州士族的垄断。士族垄断文化，在荆州可用的文人都是荆州士族的人。刘表为了不成为荆州士族的傀儡，他做了两件事：一、收藩属，比如张绣和刘备，我有了藩属，有了军队，腰杆子才硬。二、办学校，我需要一些不是荆州士族的文人，还得是外地人，来支持我。所以，刘表势力内部形成了一股特殊力量。刘备，是藩属且是外地人；徐庶、诸葛亮是外地文人；还有和刘备友善的司马徽也是外地文人。这些外地人支持大公子刘琦接班，而荆州本地人支持小公子刘琮接班。很巧合的是，袁绍那里也是外地人支持大公子接班，本地人支持小公子接班。刘备那里也是，外地人荆州派支持大公子刘封接班，根深蒂固的东州派支持小公子阿斗接班。曹操也是，曹操在河北称王，外地人豫州士族支持大公子曹丕接班，本地人冀州士族支持小公子曹植接班。

是不是巧合？这种现象其实是一种必然，外地人在本地没有根基，是劣势，便支持大公子，立长是规矩，长子有优势，这就是弱的投靠强的。本地人有本地优势，是强势，他支持弱的小公子，强的联盟弱的，这样强弱组合，弱弱组合，就形成了一种势均力敌的制衡关系。所以，刘表收藩属和办学校都是为了实现这种制衡。那这种制衡的结果怎么样呢？很有趣的巧合又出现了，袁绍、刘表、汉灵帝三人，史书都说他们偏爱幼子，但他们并没有明确表态到底让谁来接班，导致他们死后势力分裂。而曹操和刘备都是在自己死前明确了接班人，所以没有产生分裂。

有人猜测袁绍和刘表有没有可能不是自然死亡，而是在制衡的时候出现了问题。比如a派系处于劣势时，便狗急跳墙，干掉了主公，然后宣布自己派系拥有的公子是正统。这种想法虽然有些阴谋论，但也不排除这个可能。可能冀州人暗杀了袁绍，谎称袁绍传位给小儿子袁尚；荆州人暗杀了刘表，谎称刘表传位给小儿子刘琮，是有可能性的。但也只是可能性，因为没有证据。

如何评价刘表呢？刘表有几个标签：一、单骑定荆州；二、刘表：
刘表不是"守家之犬"

"守家之犬"，不对外扩张；三、废长立幼，昏庸。许多人说刘表单骑定荆州，这有些夸张。没有荆州的蔡、蒯、黄三家支持刘表，刘表根本无法上任。那他们为什么支持刘表呢？蔡瑁是曹操的发小，曹操是袁绍的小弟；蒯越是混大将军府的人、袁绍的同事，刘表也是大将军府的人、袁绍的同事。刘表认袁绍当大哥，所以简单理解，全是袁绍派系的人。第二个，"守家之犬"，不对外扩张。其实刘表军的战绩和扩张的过程可以反驳这一说法。刘表在190年占领荆北，197年向北大战曹操，200年占领荆南。203年后，具体哪一年不知，假设是205年，占领交州北部。三年后，208年，赤壁之战前就死了。先花七年时间占领荆北，然后北上跟曹操打了两年。同时在与荆南交战，一年后占领荆州南部，然后四五年里与交州交战，吞并交州的北部，三年后死了。除了临死前的三年，刘表一直在扩张。第三点，废长立幼，昏庸。袁绍也被卡了这个帽子。其实他们只是表现出偏爱幼子，这是一种制衡手段，稳住本地人。曹操也表现出喜欢曹植啊，但袁绍和刘表并没有明确表态要立幼子，所以废长立幼这个帽子是不合理的。

站在蔡家、蒯家的角度来看刘表，他们是士大夫联盟的成员。士大夫联盟的盟主袁绍派刘表来荆州，大家配合他。刘表是皇亲国戚，名正言顺的州牧，依靠他的名正言顺和士族的实际力量，逐渐壮大。统一荆北，再吞并荆南、交北。刘表怕被士族吃掉，就像曹家和阿斗怕被士族吃掉一样，因此靠收藩属、办学校来制衡。最后士族支持小儿子成功上位。此时，士大夫联盟的老大换成曹操了，士族就回归士大夫联盟，投降曹操，被封侯，当吉祥物，成功上岸。自己和自己的后代享受荣华富贵，完美。

第二部分
客观评价

有人说了，你怎么没给刘表打分呀，没说上等中等下等。是这样的，许多朋友说，既然你是客观评价，那就不能打分，打分是主观的。我觉得说的有道理，所以就不打分了。各位看完我的表述，可以在自己心里给他打个分。

刘表 小传

刘表（142年—208年），字景升，山阳郡高平县（今山东省微山县）人，东汉末年的宗室、名士和军阀。

少年时，以才学闻名，名列"八俊"。因参与太学生运动而受到党锢之祸的牵连，被迫逃亡。

光和七年（184年），党禁解除，被大将军何进辟为掾，出任北军中候。

初平元年（190年），被任命为荆州刺史。

初平三年（192年），派使者入朝奉贡，李傕以刘表为镇南将军、荆州牧，封成武侯，假节。

建安六年（201年），收纳刘备，安排他驻扎新野，成为自己的北藩。

建安十三年（208年），曹操南征刘表。刘表背疽发作去世。

刘繇

乱世里的『孤勇者』

如何客观评价刘繇？先看统兵、经济、制衡三个维度。

有人说了，我对刘繇没兴趣，此人能力太差，被孙策一战撂倒便无战绩可言。实际上刘繇孤身来到扬州，迅速扩充军队至数万人。孙家军啃了刘繇一年多，啃不动，后来是孙策姑姑献计才发起的总攻。孙策的姑妈，就是孙坚的妹妹，也就是徐琨的母亲。即使这样，在过程中还不顺利，孙策本人受伤，降兵又叛，多亏了孙策舅舅吴景来救援，才取胜。所以千万别觉得孙策赢得很轻松，刘繇也并非不堪一击。

刘繇十九岁的时候，他的堂叔被贼寇抓了，刘繇去救了回来，细节不清楚，不知道是用了什么手段，但此举很传奇。刘繇是皇亲国戚，按照"废史立牧"的规定，只有皇亲国戚或京城重臣才能当州牧，所以朝廷封刘繇当扬州牧。当时的朝廷是李傕时代，这么做的目的就是要算计袁术。李傕是董卓的小弟，和反董联盟都是敌

第二部分
客观评价

人,他通过封官的方式来对付反董军。比如说,曹操在兖州,李傕就封个兖州刺史。这下曹操麻烦了,让不让朝廷册封的兖州刺史上任?你要是让,他管着你;你要是不让,你就是对抗朝廷。曹操肯定不能让,命令军队攻击朝廷派来的兖州刺史。正版的兖州刺史上任不了,找谁来帮忙呢?袁术。袁术当时跟袁绍翻了脸,曹操是袁绍的小弟,敌人的敌人就是盟友。袁术和正版的兖州刺史一起去打曹操。李傕朝廷一看,这袁术行,是帮我们的,可以招安。太傅马日磾跟袁术是亲戚,就让马日磾去招安袁术。结果袁术趁机把马日磾扣下了,和朝廷打太极,不说归顺也不说不归顺,还拿着马日磾手中的符节,给自己人封官。比如袁术想扩张到吴郡,他就让马日磾把朱治封为吴郡都尉,这是个伏笔。194年,曹操在兖州很崩溃,马日磾在袁术这里也很崩溃。李傕朝廷被刘焉和马腾里应外合夹击,大家都以为李傕要崩溃,结果李傕支棱起来了,把马腾、韩遂打崩溃。二人向李傕投降。李傕说,你们以为我好欺负,敢搞我,还有那个袁术,跟我玩阳奉阴违,想背叛朝廷,现在封个扬州刺史过去,让他喝一壶。这个扬州刺史就是刘繇。

  按刘繇的官职,可以管理整个扬州,但九江郡已经被袁术给占了。如果袁术现在是反贼,那刘繇就可以带兵赶走袁术。但问题是,此时马日磾在招安袁术,袁术也还没当反贼,也没反对招安,还在谈,在耗着,所以刘繇和袁术的关系很微妙。袁术有自立之心,刘繇也知道袁术有自立之心,袁术也知道刘繇知道自己有自立之心,但是双方都没有撕破脸,双方都在表面上互相尊重。袁术允许刘繇来扬州上任,刘繇也让了一步,不在扬州九江郡上班,去扬州别的地方上班,由袁术麾下的孙家军负责安置。孙家军现在的掌门人是刘繇：
乱世里的"孤勇者"

孙策的大堂哥孙贲和孙策的舅舅吴景，他们就把刘繇安置在了扬州吴郡曲阿县。这时双方都没有翻脸。就在曹操屠杀徐州的这一年，孙策在屠杀庐江陆家，也就是陆逊家族。陆家族人死了一半，陆家族长、庐江太守陆康死亡，袁术麾下大将孙策占领庐江。实在过分。袁术都要接受招安了，怎么能杀朝廷封的庐江太守？刘繇恼怒，宣布袁术军为叛军，决心把袁术麾下的孙家军赶走。刘繇驻扎在曲阿县，属于吴郡，距离丹阳非常近，所以曲阿县今天叫丹阳市。刘繇迅速占领了扬州丹阳郡的地盘，然后把孙堂哥和孙舅舅赶过了长江，逼回九江郡。孙家军和刘繇军隔着长江对峙。这时，孙策的堂哥和舅舅慌了，因为孙策的母亲和弟弟们全部在曲阿地界，包括孙夫人、孙权、孙翊、孙匡等等孙家族人全落在刘繇手里了。这还不算完，袁术还自封了一个手下当扬州牧，像六耳猕猴版的冒名顶替者，让"六耳版"扬州牧去指挥孙堂哥、孙舅舅进攻刘繇，让孙舅舅当督军。孙权当时十二岁，刘繇要是一刀杀了孙权，这历史将被改写。本来孙家人还能辩解自己不是袁术嫡系，别杀孙权。但刘繇会说，现在孙舅舅是袁术封的扬州牧麾下的督军，专门负责来攻打我的，还让我不要杀你外甥孙权，你给我个理由。眼看孙家人走投无路的时候，朱治——袁术逼着马日䃅封的吴郡都尉，正在苏州。从今天的苏州到丹阳市，高铁只需一小时，很近——不知道用了什么手段，把孙家族人接了过来，保护了起来。所以朱治后来为什么能当孙家三十年的首都太守，跟夏侯惇一样，是有原因的。

孙策的舅舅的老姐和外甥们安全了，那就不怕了，那就打。"六耳版"的扬州牧带着孙舅舅、孙堂哥猛攻刘繇，试图渡过长江，但攻了一年，从194年啃到195年，依然未能成功。刘繇孤身来上任，

197

第二部分
客观评价

现在军队扩充到数万人,为什么啊?他是皇亲国戚、正版扬州牧,名正言顺,而相比之下袁术、孙策、孙堂哥、孙舅舅全成了反贼。而且刘繇的伯父以前在扬州当过太守,口碑极好,非常得人心。这老百姓一看,曾经的好市长的侄子来咱们省当省长了,那自然要支持。袁术便派孙策带领五六千人去支援,与"六耳版"州牧、舅舅、堂哥四路军队合兵一处。我们通常以为是孙策自己一路军灭了刘繇,其实非也,孙策是最后加入的,刘繇军队防守一年了,很疲惫。孙策刚刚杀完陆家一半族人,士兵们都杀红眼了,军队士气正处于亢奋状态,但是军队士气再高,隔着江,过不去。许多人建议孙策去筹措战船,但孙策的姑姑指出不行,她认为如果孙策去找船,刘繇那边能找到更多的船来防御,必须一鼓作气,砍芦苇编筏子,强渡。这些士兵踩着芦苇筏子过江,没人阻碍都很难,何况对面是官军,那弓箭竹枪不是吃素的,伤亡肯定不能小。强渡的时候,连孙策本人都受伤了。孙策一受伤,之前被他招降的官军一看机会来了,纷纷起事,要协助刘繇官军一起打反派。此时,孙策舅舅带军队赶到,救了孙策,灭了起事的官军,大军一鼓作气渡过长江。叛军迅速攻破刘繇军数个据点,刘繇无险可守,只能逃跑,往哪逃呢?许子将——就是搞月旦评的那个——建议去扬州的豫章郡,联盟刘表。

这是 195 年,刘表也把自己的势力扩张到了豫章郡,封自己的好友诸葛玄为豫章太守。因此诸葛玄去豫章做太守,诸葛亮兄弟姐妹留在荆州刘表那里,算是人质。诸葛玄上任之后,驻守在扬州豫章郡的南昌县。刘繇驻守在扬州豫章郡的彭泽县。这俩是盟友,关系挺好,但出事了。朝廷一看,荆州牧刘表怎么能擅自封一个扬州的太守,这还有王法吗?朝廷就派来了一个正版豫章太守朱皓——

刘繇：
乱世里的"孤勇者"

名将朱儁的儿子。诸葛玄能让朱皓上任吗？那肯定不行，诸葛亮兄弟姐妹四人还在刘表手中呢。诸葛玄若让步，刘表就会把诸葛亮杀了，这历史又要改写了。诸葛玄就阻止了，朱皓就要借兵来打诸葛玄。找谁借兵呢？身边最近的就是刘繇，你是皇亲国戚，是正版的扬州牧，我是正版的扬州豫章太守，你有义务帮助我上任。这下刘繇尴尬了，本打算与刘表联盟的，结果刘表封了个盗版豫章太守。他自己是正版的，总不能支持盗版的吧？他就发兵帮助朱皓去打诸葛玄，诸葛玄守不住，败退了。到了197年，诸葛玄被当地百姓杀了，头颅被送给了刘繇。你是州牧，盗版的太守死了，上交给你。这下刘繇进退两难，叛贼袁术是敌人，叛贼孙策是敌人，有叛贼行为的刘表也视自己为敌人。唯一的队友就是正版豫章太守朱皓了，结果朱皓又被笮融杀了。刘繇灭了笮融，豫章太守没人了，朝廷封刘繇的老乡青州人华歆当豫章太守。刘繇是青州人，手下的孙邵、滕家兄弟、是仪、太史慈全是青州人，等于是个青州帮，华歆也是青州人，所以这群青州人在扬州的豫章郡待得挺好。不久，刘繇就病死了。

回看刘繇的战绩，挡住孙家军一年，后来又灭了笮融，战绩还凑合，就是寿命太短，如果能多活几年，以豫章为基地好好发展，或许还能跟孙策打得有来有回的。

刘繇的经济维度。他194年到曲阿，195年逃到豫章，197年就死了，一共在扬州就待三年，不存在经济这个维度了。

在制衡维度上，刘繇的制衡出现了问题。有人说了，他这个势力一共就三年，还能有制衡问题？刘繇是皇亲国戚，又是名士，轻视武人太史慈。刘繇曾说，如果用太史慈当大将，那许子将会笑话

第二部分
客观评价

他。中原士大夫看不起边疆武者，更何况许子将是专门评选士族的，所以刘繇势力内部存在着文武不和。所以当刘繇军被孙策击败后，刘繇带人去了江西，太史慈去了安徽山区，屯府收山越。后来孙策追击到了安徽山区，太史慈投降了孙策。豫章那里还有刘繇一万多人，太史慈去招降他们，招募到了刘繇的一万旧部。刘繇死后，刘繇军的首领变成了太史慈。孙策在豫章的海昏、建昌六县创建了一个建昌基地，太史慈就是基地老大——建昌都尉。到了孙权时代，因为太史慈能抵挡住刘表，南方之事委任给太史慈了。太史慈继承的是刘繇军，在整个孙权集团当中是独立的存在。所以在《三国志》中，太史慈是在"军阀传"里面的，不在"十二虎臣传"里。太史慈临死前说："丈夫生世，当带七尺之剑，以升天子之阶。"太史慈二十一岁时玩奏章争夺战，骗官员，展示的是智慧；北海骗黄巾，也是靠智慧；不跟刘繇走，跑到山区，收到一堆山越，也是靠智慧。之前在刘繇军中，连大将都当不了，经过一系列的操作，成为刘繇的接替人，名义上归属孙家，合情合理地继续待在豫章当藩属，这是本事。这么聪明的藩属说要带七尺之剑不稀奇。太史慈可不仅仅是纯武夫，更不是书里写的义字当头的江湖气。藩属是政治人物，不是江湖人物。

刘繇 小传

刘繇（156年—197年），字正礼，东汉末年的宗室大臣，汉末群雄之一。

十九岁时，堂叔刘韪被盗匪劫持为人质，刘繇将堂叔解救而出，名声显著。

被推举为孝廉，担任郎中。

担任下邑县长，弃官而去；被征辟为司空掾属，授侍御史，但因战乱未到任。

兴平元年（194年），被任命为扬州刺史，先后与袁术、孙策交战，被朝廷加授为扬州牧、振武将军。

兴平二年（195年），孙策渡江攻击刘繇，刘繇南下保守豫章（今江西省南昌县一带）。

攻破笮融。笮融败走山中，被百姓所杀。

建安二年（197年），刘繇因病去世。

张鲁
三国仁德天花板

五斗米教并不是张鲁创立的。张鲁杀了五斗米教的教主张修，取而代之，自己当了五斗米教的教主，这是史学大家吕思勉先生的观点。任继愈先生主编的《中国道教史》也说，张修才是"五斗米教"的正牌教主。

通俗地说，张鲁一家之前从事的是鬼道，这个组织的名字没有流传下来，可以叫它巴蜀鬼道教。张修的组织被人称之为"汉中五斗米教"，而张鲁是巴蜀鬼道教的，而不是汉中五斗米教的。由于汉中太守苏固把张修和汉中五斗米教赶出了汉中，张修只能带领汉中五斗米教进入巴蜀。巴蜀的统治者刘焉决定帮助张修，让他带着汉中五斗米教打回汉中。那派谁协助张修呢？张鲁和巴蜀鬼道教，为什么是他们呢？因为张鲁的母亲善于鬼道并且与刘焉的关系非常好，经过沟通之后，刘焉决定派张鲁带着巴蜀鬼道教的人与张修带着汉中五斗米教的人一起去进攻汉中。他们攻下了汉中，张修杀死张鲁：
三国仁德天花板

了汉中太守苏固，报了仇。但随后巴蜀鬼道教的张鲁却杀了汉中五斗米教的张修，并将巴蜀鬼道教和汉中五斗米教合并，成了汉中五斗米教的教主，以至于有人认为：汉中五斗米教就是张鲁创立的，张鲁爷孙三人一代传一代都是汉中五斗米教的教主。

由于汉中五斗米教一直存在，可能是迫于压力，陈寿在写《三国志》时，也只能说汉中五斗米教是张鲁的爷爷创建，然后传给了张鲁的父亲，再传给张鲁。这与《典略》等其他史料存在冲突。《典略》记载："东方有张角，汉中有张修，张角为太平道，张修为五斗米道。"以上，我把吕思勉先生和任继愈先生的观点总结，然后用大白话讲了一遍。其实很简单，打个比方大家就懂了。《水浒传》里，梁山是白衣秀士王伦创建的，不是晁盖、宋江派系创建的，但晁盖宋江派系设计干掉了王伦，从此以后，他们成了梁山军。外界都说晁盖、宋江创建了梁山军，就这么回事。晁盖火并王伦，张鲁火并张修。

有人说了，张鲁是鸠占鹊巢，而且张鲁起家还是靠他母亲去与刘焉沟通得到的。在刘焉死后，张鲁还叛变刘璋，自立了。这张鲁是个百分百纯坏人。但是，我要说，张鲁是三国里对老百姓最好的主公天花板，没有之一。仁德主公天花板，不是刘备，是张鲁。比如说你路过汉中没有饭吃，会发现路边有免费的米和肉，随便拿，不要钱。这叫义舍，是张鲁设置的。随便拿，看自己的饭量来拿。那有贪心的，拿得多怎么办呢？你拿得多，别人会告诉你，你就会被鬼神诅咒，会得病。有人说了，我不怕，我不信这些。别人会告诉你，是汉中的张师君，他施了法，令鬼神让你得病，张师君很灵验。汉中五十万人没有不信的。我们都是张师君的百姓，成为张师

第二部分
客观评价

君的百姓后，必须学会诚信，不欺诈。如果生病了，就要忏悔自己的过错，大家都要诚实，谁都不能犯错。你问，那犯错了会不会被严惩呢？别人告诉你，张师君非常仁德，每人都有三次犯错的机会，前三次都宽恕，第四次才惩罚你。如果你犯的是小错误，即便是第四次，惩罚的方式也只是罚你去修路，修一百步的长度，来赎罪。有人说了，你们那么多人吃饭，都白送这义肉、义米的，汉中的粮食、动物，够你们吃的吗？别人会告诉你，不怕，我们有个规则叫《月令》，春季和秋季万物生长时是不许屠杀动物的，而且禁止酗酒，可以少喝点，但喝多了不行。这样既保护了动物，又减少了粮食酿酒，同时又教化了大家，减少杀戮，避免贪杯误事。你要酗酒三次，没事，第四次，你就得去修路了，一百步长的。

有人说了，这就算仁德吗？那我们来对比一下，对比张鲁和刘备的治下。你到了汉中，可以白领取肉和米，但你如果到了蜀汉，刘备时代，即使有钱你都买不到肉和米。为什么？你必须拿一百枚五铢钱铜币，去换刘备发行的一枚直百钱铜币去购买。这就相当于今天你用一百块金条换一块带有刘备印章的金条，你觉得购买力没有变化吗？金子本身是有价值的，铜也是一样。这样一换，相当于你的百分之九十九的购买力被剥夺了。再有，在汉中，你可以犯错三次，第四次才处罚你，而且小错只是修路；但在蜀汉，法律严苛，阶层森严。如果一个人逃亡到了汉中，成为信徒，教内一视同仁；但如果逃到了蜀汉，那麻烦了，这里上等人是荆州人和三辅人，中等人是益州本地人，其他地方来的难民都是下等人。所以张鲁依靠义米义肉来吸粉、导流量，依靠政教合一、一视同仁来给你归属感，维护百姓；然后通过正面教化，教你诚信，不作奸犯科,不酗酒,来减少犯罪,令社会稳固;再通过仁德的法律,宽恕三次,来减少百姓流失。所以这一套下来,张鲁在汉中吸粉十万户,一户算四个人,就是四十万人。汉中附近的百姓听说这里政策好,纷纷来投靠,又有数万户。我们假设是三万户,三万户百姓又是十万人口。然后张鲁带来的五十万人口全部投靠了曹操,然后被曹操迁入了内地。

如何客观评价张鲁呢?

统兵维度,张鲁数次击败刘璋派来进攻他的庞羲,后来又反击庞羲。刘璋封庞羲为八郡太守,张鲁因袭取之,遂雄于巴汉。

在经济维度,张鲁通过刚才的那些操作,令汉中稳定,经济得到了发展,成为乐土。

制衡维度,张鲁通过自己的教化手段,稳定了内部关系,并没有出现失衡的现象。

张鲁算好人还是坏人呢?有人说了,他本质还是个坏人,对百姓好的是人设,是装的是面具。其实如果面具能戴一辈子,那也就是他的脸了。如果这个世界上没有人类,那山还叫山,水还叫水吗?山水知道自己叫山水吗?名称、概念都是别人赋予它的。历史人物也是如此。没有什么英雄不英雄,仁主不仁主,这只是后人赋予的。历史不是小说,不是说张鲁杀了张修,是反派,他后面对百姓好,这人设就矛盾了;也不是说张鲁对百姓好,那怎么能火并队友呢,人设崩塌了。人是复杂的综合体,不是简单的好人、坏人,好主公、坏主公能定义的。

第二部分 客观评价

张鲁 小传

张鲁（？—216年），字公祺，祖籍沛国丰县（今江苏省丰县），东汉末年著名的军阀，被称为"五斗米道"的第三代天师。

初平二年（191年），刘焉任命张鲁为督义司马，与别部司马张修带兵击杀汉中太守苏固；又杀张修，夺其兵众。

兴平元年（194年），刘焉死，其子刘璋代立。张鲁袭取巴郡，割据汉中，以五斗米教教化民众，建立了政教合一的政权。

建安十六年（211年），刘璋听从张松的建议，请刘备入蜀讨伐张鲁。

建安二十年（215年），投降曹操，官拜镇南将军，封阆中侯，食邑万户。

建安二十一年（216年），张鲁去世，谥号原侯。

马腾
边疆武者的生存之道

如何客观评价马腾？马腾是三国背叛界的次顶流，顶流是他的好搭档韩遂。

韩马组合是背叛界的巅峰，一个背叛七次，一个背叛五次，都是无敌的存在。我们一起来数一遍：184年，羌人作乱，劫持了大汉官员韩遂，韩遂背叛，跟着当反贼了，第一叛。187年，韩遂杀掉叛军老大北宫伯玉、边章，自己当叛军老大了，这是二叛。同年，韩遂杀掉凉州刺史，凉州刺史手下的司马背叛，这个司马就是马腾。马腾和韩遂两个叛军，推荐一个叫王国的人当老大。韩遂两次叛，马腾一次叛。189年，韩遂和马腾又背叛了王国，废掉了王国，新拥立了一个老大，这是韩遂三次叛、马腾两次叛。191年，韩遂、马腾投靠董卓。192年，李傕控制京城，封韩遂为镇西将军，马腾为征西将军。二人又叛回去了，从叛军又叛成了官军，这是韩遂四次叛变，马腾三次叛变。194年，韩、马一起来打李傕，又成了叛

第二部分
客观评价

军。这是韩遂五次叛变、马腾四次叛变。同年，二人被李傕的军队打败，他们又投降了李傕，又成了官军，马腾是安狄将军，韩遂是安羌将军，这是韩遂六次叛变，马腾五次叛变。199年，李傕死了，他们又投曹操了，帮助曹操打袁绍。曹操封马腾为征南将军、韩遂为征西将军。这里可以算叛，也可以不算，算零点五次叛变。211年，曹操要借路打张鲁，韩遂、马超等九部军阀惧怕，反叛。这是韩遂七点五次叛，马腾还是五点五次叛。有的人说了，这个韩遂和马腾为什么那么爱叛变呢？其实这是边疆武者的常见现象。比如吕布叛丁原、叛董卓、叛刘备、叛袁术，共四次叛变；比如张绣叛投刘表，又背叛刘表投曹操，又背叛曹操投刘表，又背叛刘表投曹操，共四次叛变；再比如刘备，这里争议比较大，有的人说刘备叛公孙瓒、叛吕布、叛曹操、叛袁绍、叛刘璋，共五次叛变。其实，刘备194年占领徐州后，陈登给袁绍写信，刘备就一直隶属于袁绍，所以后来曹操和袁绍翻脸，刘备就离开曹操投袁绍。所谓的叛袁绍投刘表，也不是，因为刘表本就是袁绍的小弟，这里只是离开总公司去子公司。刘备的隶属关系是袁绍—刘表—刘琦这一条线。所以严格地说，刘备只有两次叛变：叛公孙瓒、叛刘璋。至于刘琦，看个人的理解，觉得刘备害死了刘琦叛变，可以；觉得刘琦自然死亡，也可以，算零点五次叛变。所以，刘备二点五次叛变。边疆人里韩遂七点五次叛变，马腾五点五次叛变，吕布四次叛变，张绣四次叛变，刘备二点五次叛变。所以，中原士大夫厌恶边疆武者反复无常。

说回韩遂和马腾这对搭档，他们俩一会儿是叛军，一会儿是官军，来回折腾。这对搭档互相还打来打去，有好几处记载。第一处，189年阎忠病死，韩遂等人争夺权利，互相攻伐，由是寝衰。在二

马腾：
边疆武者的生存之道

人投靠李傕后，二人又结拜为兄弟。但到了二人投靠曹操后，又打起来了。韩遂的手下阎行，在战场上差点杀死马超。又有记载，韩遂和马腾一开始很亲近，后转以部曲相侵入，更为仇敌。马腾攻韩遂，韩遂走，合众还攻马腾，杀掉马腾老婆、孩子，连兵不解。曹操还得派钟繇去劝架，让他们俩不要再打了，他们又和好了，一起帮助曹操打袁绍。史料记载不清晰，不知道二人分分合合到底几次，反正是又结义又互相打。很多人搞不清楚董卓和马腾的关系，受《三国演义》的影响，甚至认为马腾是官军，董卓是叛军。事实上正好相反，马腾是叛军，董卓是官军，官军黄甫嵩、董卓一起奉命讨伐叛军马腾、韩遂。很多人关心马腾的战绩，认为马腾很厉害，其实马腾的战绩并不好。189年，马腾、韩遂被皇甫嵩、董卓攻击，其军队被皇甫嵩斩首一万多。194年，马腾、韩遂去打李傕，被李傕打败，伤亡一万多。马腾还遭到了将军王承的偷袭，向西逃走。马腾跟着曹操打袁绍的时候，打了胜仗，马超、庞德大破敌军，庞德亲手斩杀敌将郭援。有人说了，那还是曹军强，是钟繇强，不是马腾军强。

那马腾有没有正面评价呢？也有。史书说："马腾北备胡寇，东备白骑，待士进贤，矜救民命，三辅甚安爱之。"

总之，汉末三国时期，中原的士大夫的法宝是名士圈子、家族联盟，通过这些不断变强。边疆武者依靠武力脱颖而出，然后在不断的叛变中获取更多利益，从而快速做大。马腾187年才从军，五年后192年就已经成为朝廷封的征西将军了。对比五子良将，这升官速度堪比坐火箭了。叛变是边疆武者的生存之道。

马腾 小传

马腾（？—212年），字寿成，右扶风茂陵（今陕西省兴平市）人，东汉末年的军事将领和军阀。

出身贫寒，年少时以砍柴为生。

灵帝末年，羌氐反叛，被召入伍，因战功逐步晋升为军司马、偏将军等职位。

中平四年（187年），联合韩遂、王国合兵对抗汉朝，王国战败后，马腾与韩遂割据凉州。

初平三年（192年），被任命为征西将军，屯驻郿地。因私事求于李傕未果，与韩遂联合进攻李傕，战败后退回凉州。李傕派人讲和，并封马腾为安狄将军。

建安四年（199年），与韩遂归顺曹操，儿子马超、部将庞德随钟繇击杀袁绍将领郭援，马腾被封为前将军、假节、槐里侯。

建安十六年（211年），马超起兵反抗曹操，但被击败。

建安十七年（212年），马腾受牵连被杀，并被夷灭在京城的三族。

曹操
曹操的终身学习

如何客观评价曹操，先从经济、统兵、制衡三个维度来评价。

先看统兵维度，曹操是战绩最好的统帅，这个人人都知道，但你不知道的是，这和曹操制定的规则有关。

规则一，围而后降者不赦。就是曹军来打你，你投降，这没事儿。但如果曹军对你形成了合围之后，你再投降是不赦免的。换言之，一旦曹军合围了你，你就死定了，无论你降还是不降。所以，许多敌军会选择在曹军合围之前就投降。

规则二，反叛就屠城，只要出现反叛，就把全城屠了。曹操的目的是啥呢？一般的主公遇到反叛都是只杀首犯不杀从犯，这就导致许多跟随反贼造反的百姓不害怕。反正你是仁主，我是从犯，不会追究我的。曹操这一举动达到的目的是有人反叛，百姓不敢跟随，因为闹不好是屠城的，以此做法减少反叛的概率。

规则三，征服异族后屠城。逻辑是我征服了异族，我一走异族

第二部分
客观评价

又叛变,我留下兵力驻守,那兵力就不足了。所以曹操的规矩是管你叛不叛,打完异族就屠,以此震慑异族。对比起来,诸葛亮南征,异族投降了,诸葛亮一走异族又叛变了。许多曹操粉丝赞叹曹军的战绩,但又不愿提起曹军的屠城。

当然,曹操给《孙子兵法》作注,统兵管理的能力,这是必须认可的。有人说,曹操其实不会打仗,理由是说宏观谋略是荀彧提出来的,微观谋略是荀攸、郭嘉提出来的。有这些人,换谁是主公都能赢,所以曹操自己没有多少功劳。这个说法,就好比说公司的产品是靠产品总监厉害,销售是靠运营总监厉害,这个老板其实换谁都行。这说法咋能对呢?小结:曹操的统兵为上等。

再看经济维度,曹操采用了屯田制。曹操收降了三十万黄巾军,男女共一百万人。这一百万张嘴要吃饭呀。原本一百万张嘴是劣势,现在变成了一百万双手屯田种地,这就成了优势。所以大灾荒年,所有人没饭吃,汉献帝还吃野菜呢,但是曹操粮食多、人力资源多。屯田政策成为曹操崛起的关键,成为能与袁绍叫板的根本。在灭了袁家势力后,曹操占据邺城。为了摆脱颍川士族的控制,他大力发展邺城,将其打造成首都,促成了邺城经济文化双繁荣。小结:曹操在经济上的表现为上等。

然后就制衡维度来看。曹操一直在用宗室来制衡颍川士族,同时用河北士族来制衡豫州士族。为了制衡颍川士族,还提出了唯才是举,提拔非士族人士。当然,这只是个姿态,因为曹操势力里不姓曹、不姓夏侯是当不了大统帅的,所以再唯才是举,五子良将也当不了大统帅;张辽再猛,也得被曹休管着;张郃再懂兵法,也得被曹真管着。曹家本质上是个家族企业,核心目的就是制衡股东们,但最后被股东反噬了。曹操在制衡上虽然没有孙权厉害，但也算中等的。

三个维度评价完了，我们再站在各种人的角度来看看一下曹操。

士族怎么看曹操。名士圈认同出身、才学、形象和品德。曹操是宦官之后，出身被嘲笑。曹操年轻时学习不行，被看不起。曹操个子矮，外形不好，又是劣势，加上品德不好，顽劣不堪，所以家族给他起名叫德、操，缺啥补啥，缺德操。有人问，那士族为什么要和曹操混呢？首先，曹操是宦官之后，能量很大，父亲是太尉，堂弟曹仁的父亲是侍中，曹仁的妹夫是皇后的哥哥（宋奇），所以袁绍结交他。再次，曹操年轻时学习不行，但贵在终身学习，后来无论是文学还是兵法都杠杠的强。许多名士把学习当作敲门砖，敲开门后就不学了。曹操是一辈子都在学习，这也是我反复强调的，真正的学习是从毕业之后才开始的。曹操虽然德操不够，但他是袁绍的小弟。袁家是天下士族之首，颍川士族是跟袁绍混的。袁绍建立了曹操分公司，所以一部分股东进入分公司跟了曹操。换言之，曹操势力的士大夫不是冲曹操来的，而是冲袁绍来的。比如荀家，荀彧的两个亲哥哥，荀谌、荀衍跟袁绍，荀彧跟曹操；比如郭家，郭图跟袁绍，郭嘉跟曹操。曹操在拥有颍川士族为首的士族集团后，士族们冲的是颍川士族来的。他们跟的是颍川士族的荀彧、司马懿，而不是曹操。士族集团和曹操是一种既合作又对抗的关系。最后，士族灭掉曹家，创建士族王朝。

流民怎么看曹操呢？在叛民和异族的眼里，曹操是恶魔，但在普通庶民和流民的眼里，曹操是救世主，因为跟了他有饭吃，给你

第二部分
客观评价

荒地屯田，让你能活下来。

有人问了，那在美女眼中呢？许多人说曹操爱人妻，这不对，曹操是爱寡妇。寡妇失去了经济来源，容易被饿死。曹操把与自己有缘的且长得好看的寡妇给娶了，在当时其实算好人好事。

在降将的眼中，曹操是什么样的人呢？那是超级好主公啊。徐晃投降曹操，曹操授兵，让徐晃去打仗，打完直接封裨将军。这待遇，张飞此时连中郎将都不是，徐晃就是裨将军了。起义的白波军一看，曹操对降将那么好呀！三年后，关羽投降了曹操，直接封偏将军，斩了颜良，直接封亭侯。刘备军其他将领们一看，曹操对降将这么好呀！关羽要走，直接放行，允许他去袁绍势力，这袁绍军将领们一看，曹操对降将这么好呀！张郃、高览投降曹操，直接封张郃为偏将军和亭侯。曹操就是对降将这么好。有人说了，那为什么张辽投降曹操的时候，曹操不重封张辽呢？你想呀，吕布军全部完蛋了，重封张辽给谁看呀？重封关羽、张郃，那是袁绍军、刘备军还在，能吸引关羽、张郃的同事来投降。张辽这个时候同事全是曹操的俘虏了，没必要了。

有人说了，那曹操到底是好人还是坏人呀？人就是人，不是神，也不是好人、坏人。人是个复杂的综合体。不能因为我写一本《曹操传》，曹操是我的主角，就疯狂美化他；也不能因为我要写一本《刘备传》，曹操是我的敌人，就拼命丑化他。每个历史人物身上都有值得学习的点和应当批判的缺点。

孙权为了生存被逼出来制衡能力，刘备具有百折不挠的逆商，曹操一辈子都在学习。刘备的逆商和曹操一辈子学习的精神，对我影响很大，我很受益，也很感谢刘备、曹操。至于孙权的制衡，我这辈子可能没机会用到了，也不可能学会。

说到孙权发展江东，曹操中原屯田，孙权的建邺繁荣，曹操的邺城繁荣，如果说他们是为了百姓，我不信。他们首先是为了本势力，然后才顺带造福了百姓。如果吹他们"爱民如子"，我是反对的。至于孙权的冷血大变活人，刘备的冷血抛弃妻子，曹操的冷血屠城无数，站在一个普通人的角度，应该批判这种行为，而不是说我是谁的粉就去美化他们，这是我坚决反对的。

曹操 小传

曹操（155年—220年），字孟德，小字阿瞒，沛国谯县（今安徽省亳州市）人，东汉末年的权臣，曹魏政权的奠基者。太尉曹嵩之子。

少年间任侠放荡，二十岁时举孝廉为郎，授洛阳北部尉。

后任骑都尉，参与镇压黄巾军，调任济南相。

中平五年（188年），任西园八校尉中的典军校尉。

初平元年（190年），关东联军讨伐董卓，曹操任奋武将军。

初平三年（192年），据兖州，诱降黄巾军三十余万，建青州军。

建安元年（196年），迎汉献帝至许县，挟天子以令诸侯，相继击败袁术、陶谦、吕布等势力。

建安五年（200年），在官渡之战中大败袁绍，随后削平袁尚、袁谭，北击乌桓，统一北方。

建安十三年（208年），进位丞相；率军南征，收服荆州，在赤壁之战中败于孙刘联军。

第二部分
客观评价

建安十七年（212年），加封魏公，加九锡、建魏国，定国都于邺城。

建安二十年（215年），取汉中。

建安二十一年（216年），进爵魏王。

建安二十五年（220年），曹操病死于洛阳。曹魏建立后，被追尊为太祖，谥号武皇帝。

夏侯惇
夏侯惇很忙

如何客观评价夏侯惇？

夏侯惇其实就是曹操的替身。当曹操没档期的时候，夏侯惇承担了很多任务。比如说曹操挟天子以令诸侯，汉臣难免要闹，但曹操得出去打仗，谁来管辖着这帮汉臣呢？首都市长夏侯惇。比如说曹操正跟张绣打仗呢，这边刘备被吕布欺负了，谁去救刘备呢？首都市长夏侯惇。曹操在外面打仗，谁来制衡士族和宗室的关系呢？首都市长夏侯惇。曹操给张辽的官封高了，封成了征东将军，张辽快成大统帅了，怎么弥补这个错误呢？人型节钺——首都市长夏侯惇，快去东部，督二十六个军。我们总说夏侯惇打仗从来没赢过，升官从来没停过，感觉夏侯惇是个废柴，事实上人家没有一口食邑是白吃的。

来看统兵、经济、制衡，加上勇武这个维度。

在个人勇武维度，史书没有记载他有任何个人勇武的事迹。夏

第二部分
客观评价

　　侯惇杀徐荣、杀曹性，都是演义中的情节。夏侯惇人生中唯一的一次个人斩杀记录，是他十四岁的时候，有人侮辱他的师傅，他亲手把人家杀了。这就是他性情刚烈的来源，但就刚烈了这么一次，而且是十四岁的时候，之后就再也不刚烈了。

　　统兵维度，夏侯惇人生中都是败仗，去救刘备，被高顺、张辽打败。博望坡之战时，夏侯惇与刘备交战又被刘备伏兵包围。他一生中有两场胜仗，但都是别人带着他，他自己当统帅去打仗都是败仗。其中一场是跟着曹操打张鲁，另一场是跟着钟繇去打高干和郭援，为什么跟着钟繇去呢？因为钟繇是士族，没有宗室的人督军能放心吗？夏侯惇实际上代替曹操监督钟繇，制衡他。你看这就是制衡维度的重要性。还有一个有争议的，就是夏侯惇带着军队和吕布军交过手，史料记载夏侯惇获胜。很多夏侯惇粉们为此欢呼雀跃，但是事实上吕布被夏侯惇击败了之后，反而抢占了夏侯惇的城池，然后抢夺了夏侯惇的辎重。其实这一仗很复杂。吕布摆出要来打曹操的基地鄄城的姿态，而鄄城有曹军的家眷，所以夏侯惇赶紧去救援家眷，路上遭遇吕布军。吕布改变了方向，我不去抢你的家眷了，掉过头来去抢你夏侯惇的辎重。这是围魏救赵的阳谋啊，夏侯惇这一次倒没有做错，他确实是应该回来救家眷。濮阳城的辎重丢了，也没有办法，真不能赖夏侯惇。最终，夏侯惇成功地到达了鄄城，救援家眷成功。

　　然后是经济维度。夏侯惇失去一只眼睛后，他主要在首都当市长，负责兴修水利，种地种稻子，被称为"水稻大将军"。夏侯惇亲自担着这个泥担子去种地。这个身份能做到这样，已经很了不起了。夏侯惇种出来粮食，运给谁呢？运给总公司的曹操、分公司的

夏侯惇：
夏侯惇很忙

曹仁。他们的结构就是这样。

所以夏侯惇还是很忙的，曹操去打仗了，夏侯惇看家；没有饭吃了，夏侯惇种粮；刘备被欺负了，盟友挨打了，夏侯惇救人；刘备变成了敌人，来奇袭了，夏侯惇守家；派士族当统帅，不放心，夏侯惇跟着督军；唯才是举，把张辽封高了，用夏侯惇压住他。这就是人型节钺。有人说曹家的人不好好学习，夏侯惇给做个榜样，在军营里面倡导尊师重道、热爱学习，这也需要夏侯惇来做。所以说，夏侯惇被封到食邑两千五百户，没有一口食邑是白吃的。

夏侯惇 小传

夏侯惇（？—220年），字元让，沛国谯郡（今安徽省亳州市）人，夏侯渊之族兄，东汉末年曹操部下大将。

14岁时，从师学习，有人污辱他的老师，被他杀死，以勇气闻名于乡里。

曹操举兵时，担任裨将。

初平元年（190年），讨伐董卓，曹操任奋武将军，夏侯惇为司马。

兴平元年（194年），曹操征陶谦，留夏侯惇守濮阳。

兴平元年（194年）至兴平二年（195年），兖州之战，左眼为流矢所伤。战后，任陈留、济阴两郡太守，加建武将军，封高安乡侯。

建安三年（198年），受命援救刘备，被吕布部下高顺等人击败。转任河南尹。

建安九年（204年），受任为伏波将军，领河南尹如故。

建安十二年（207年），封邑增加一千八百户，加上以前所

第二部分
客观评价

赐有二千五百户。

建安二十四年（219年），随曹操南征关羽，被授予前将军。

建安二十五年（220年），曹操病故，曹丕登位，拜夏侯惇为大将军。四月，夏侯惇去世，追谥忠侯。

夏侯渊

理想的"背锅侠"

如何客观评价夏侯渊？

夏侯惇是曹操的替身，实际上夏侯渊也是。夏侯惇是"人型节钺"，夏侯渊是"梦想替身"。曹操有一个将军梦，但成为政治人物后无法实现，这个将军梦就由夏侯渊代替曹操去完成。曹操曾经是典军校尉，夏侯渊也当过典军校尉。曹操的梦想是成为征西将军，夏侯渊成了征西将军。曹操的偶像马援，征战西部，马革裹尸，夏侯渊征战西部，马革裹尸。夏侯渊是曹操最爱的人，是曹操真正的兄弟。曹操对夏侯惇更多是尊敬，相当于对待家里面那个大长老，但是对夏侯渊则是兄弟情深。

夏侯渊跟曹操是什么关系呢？夏侯渊的老婆是曹操的内妹，这个内妹，有人认为是曹操妻子的妹妹，也有人认为那是曹操舅舅的女儿。曹操年轻的时候犯了事，夏侯渊替曹操坐牢，然后曹操再想办法把夏侯渊救出来。他们的关系就是如此亲密。

第二部分
客观评价

了解了这些，我们再看统兵、经济、制衡、个人勇武四个维度。

先看个人勇武维度。夏侯渊是没有明确个人勇武记载的，也没有个人斩杀记载。但有一个记载，曹操反复对夏侯渊说，当大将一定不能仅凭个人勇武，如果仅凭个人勇武，就是个匹夫。所以从这个角度来看，可能夏侯渊干过这种凭仗个人勇武的事，所以曹操才会告诫他。从这个角度我们反过来推理，夏侯渊可能确实是有一定的个人勇武的，而且是经常依靠自己的个人勇武，认为自己很强，无所畏惧。有人认为，夏侯渊就是个武夫，因为游戏《三国战纪》里面第二关的"大BOSS"就是夏侯渊，拿刀砍砍砍。其实还真不是，也许是曹操的劝诫起了作用。史料记载，夏侯渊真正统兵打仗的时候，多次让张郃当先锋军冲在前面。张郃之前在白狼山的时候和张辽俱为军锋，是能当先锋的角色。而夏侯渊在后面指挥大军，说明他并不是像张辽一样，凭仗个人的勇武，冲最前面，还真不是这样的，说明人家听曹操的话，已经改了。

再看统兵维度。夏侯渊最早是负责押送粮草的。官渡之战的时候，他负责豫州、兖州、徐州三个州的粮草运输，相当于是粮草总监，而执行经理是李典——李家军。所以小时候看漫画《火凤燎原》，里面说夏侯渊和李典运送粮草，我还觉得人家胡写，夏侯渊、李典那么厉害，怎么只是运送粮草呢？长大后才发现，不是作者不懂，而是我不懂。在统兵方面，夏侯渊有一个三国记录，他和孙策是用最快的速度，打下了相当于一个州地盘的纪录保持者，没有人超越他们。夏侯渊用极快的速度，在一年多先后攻击了四五股力量，如马超军、韩遂军、匈奴军、长离羌族、宋建军，还有大大小小的夏侯渊：
理想的"背锅侠"

胡王和氐族军队。所以《三国杀》游戏里面，夏侯渊一回合出三张杀，没问题。按照历史来说，夏侯渊一回合出四五张杀都可以。夏侯渊带军的特点是速度快，三日五百、六日千，什么概念呢？一般的军队是一天行三十里，退避三舍，一舍是三十里，他的军队的行军速度是别人的五倍以上。有很多人怀疑，夏侯渊的军队可能是游牧骑兵打法，因为他在凉州和游牧军团作战。所以《三国志·曹操传》战棋游戏里面给夏侯渊设定为弓骑兵，是完全合理的。夏侯渊的军队几乎是不休息的，刚打完一支力量，所有人以为要休整了，他"咔"一下去打那边了，出其不意，攻其不备，加上速度极快，所有的敌人都被他打懵了。曹操说夏侯渊"虎步关右"，灭宋建时表现尤为出色。宋建在凉州称王，叫平汉王。政权持续了三十多年都没被消灭，结果被夏侯渊一举击溃。

很多人问我，夏侯渊和曹仁谁更强？我觉得这两个属于曹家双子星，差不多，但如果非要一比高下的话，其实还是曹仁的战绩更好。

然后看经济维度。我总是说夏侯惇是种稻子的，夏侯渊是送稻子的。夏侯渊的工作主要就是收集物资，运送物资。所以夏侯渊的侄女不是被张飞抢走了吗？张飞抢她的时候，她在"樵采"，也就是在收集物资。包括夏侯渊的死，我都认为和他之前收集物资这个工作有关系，因为他负责管物资，更珍惜和爱惜物资。鹿角（木质防御工事）被烧毁时，他带人去抢救。刘备在博望坡之战烧自己的阵地，毫不在乎，烧就烧了，因为烧的是刘表的物资，他并不在乎，对不对？所以管物资的人，不能看见糟践东西，这是职业病。有人说夏侯渊负责管物资，是不是对经济发展也有什么建设或者帮

第二部分
客观评价

助？这个真没有，没有史料能证明。他就是收集物资、运送物资的，不是生产物资的。他跟夏侯惇不一样，夏侯惇兴修水利、种稻子，那是生产物资的。所以夏侯惇的经济维度就这么多。

最后看制衡维度。夏侯渊对于曹操玩制衡，也很重要。有两件事特别突出，一个是209年赤壁之战后，曹操要逃亡，同时南郡之战爆发，两大战区，一个是南郡战区，一个是淮泗战区。南郡战区是曹仁守江陵，带着乐进、满宠、徐晃、李通一堆人，跟孙刘联军干。同时在淮泗地区也爆发了大规模的战争，因为孙权去打合肥，张昭去打当涂，同时引发了之前已经投降曹操的袁术旧部的叛乱，包括陈兰、梅乾、梅成、雷博、雷续这帮人造反，吓坏了曹操，赶紧调集主力部队去救援。史书上记载，前去支援合肥的是张喜，但根据陈刚老师的推理，可能是张辽。与淮泗这帮叛军作战的就有张郃、于禁、臧霸、牛盖，但是这些人都是外人，总得有自己人来加以制衡，总得有心腹盯着，谁盯着谁就是总监，完成这个任务的就是夏侯渊。因此，在赤壁时期，曹仁等于是南郡那边的总监，夏侯渊等于是淮泗这边的总监。十年后，219年，情况类似。夏侯渊在汉中作战，而曹仁在宛城，宛城爆发了侯音的叛乱。当时曹操在长安，面临选择救援哪边的难题，这就要讲到夏侯渊之死了。其实夏侯渊的死，是因为曹操的布局失误。

曹操人在长安，为什么迟迟没有救援夏侯渊？因为当时曹仁在宛城平叛。曹操不知道哪边的情况更危急。当时夏侯渊的情况算好的，因为他已经在阳平关守卫，已经与刘备对抗一年了。在曹操看来，刘备不可能快速击败阳平关。结果谁想到，法正整了个"反客为主"，抢先占领定军山和兴势山，使夏侯渊陷入被动。这是夏侯渊失败的主要原因。汉中之战中，曹军的主帅是夏侯渊，而蜀汉这边的主帅是刘备，黄忠只是一把刀，不管换谁来做这把刀，最后砍夏侯渊都是一样的，差异不大。不要说因为黄忠斩杀了夏侯渊，所以比夏侯渊强，这个逻辑是不成立的。黄忠是猛将，夏侯渊是统帅，都不在一个维度上。

因为曹操的布局失误导致夏侯渊战死。那谁背这个锅呢？肯定不能曹操来背锅，那得夏侯渊背。白地将军夏侯渊，当年能替曹操坐牢，现在就能替曹操背锅。估计如果夏侯渊活着，他也会愿意的。

夏侯渊 小传

夏侯渊（？—219年），字妙才，沛国谯郡（今安徽省亳州市）人，东汉末年曹操部下大将。

初，代替曹操在家乡坐牢，后又被曹操设法营救，得以免祸。

后，跟随曹操起兵，任别部司马、骑都尉。

建安五年（200年），官渡之战，行督军校尉。战后，督兖、豫、徐等州军粮。

同年，所养亡弟之女出城拾柴时为张飞所得，娶为妻。

建安十一年（206年），与于禁合力斩杀昌豨，官至典军校尉。

建安十四年（209年），赤壁之战失败后，平定庐江叛将雷绪。

建安十六年（211年），以征西护军督徐晃等，平定商曜之乱，屠太原城。

建安十七年（212年），率兵斩杀梁兴，封博昌亭侯。

第二部分
客观评价

建安十九年（214年），亲率精兵轻装疾进，一举击溃韩遂。

建安二十年（215年），随曹操攻降张鲁，升都护将军。回师后拜其为征西将军。

建安二十三年（218年），率张郃、徐晃等阻击刘备。

建安二十四年（219年），被黄忠斩杀，谥号为愍。

曹仁
三国战绩天花板

如何客观评价曹仁？老规矩，先看统兵、经济、制衡加上个人勇武四个维度。

先看个人勇武维度。曹家八虎骑里面，除了曹仁和曹真外，其他人如夏侯惇、夏侯渊、曹洪、曹纯、曹休、夏侯尚六个人，都没有明确的个人勇武记载。曹仁"少好弓马弋猎"，他还有个名场面——救牛金的事迹。南郡之战时，他的小弟牛金带三百人被周围的数千先锋军围困，曹仁带着几十骑，冲进去救出牛金，又折返冲进去救牛金的士兵，把敌人击退，被称为"天人"。这种依靠勇武带几十个骑兵大战敌军的行为，赵云、吕布、文鸯等名将也曾有类似的表现。

再看制衡维度。我个人认为曹操一直在用曹纯来制衡曹仁。曹纯是曹仁的亲弟弟，比曹仁小两岁，在曹仁十五岁、曹纯十三岁的时候，他们的父亲曹炽去世了，兄弟俩就分家了。十三岁的弟弟曹

第二部分
客观评价

纯成为一家之主，管理上百人的家族，学习文化，未成年就当了黄门侍郎，延续他老爹的路。他的父亲曾任侍中——皇帝的高级顾问，曹纯也在往这个方向发展。哥哥曹仁十五周岁分家了，离开家，结交少年，收了一千多人当小弟，带着他们在淮泗之间纵横。这支军队什么性质呢？曹仁自己的私兵，不隶属于任何人的独立存在。这里有两个误区：第一，许多人认为陈留起兵的时候，曹仁、曹洪一起投靠了曹操，然后曹操带着他们招兵。其实不是，曹仁早就有自己的军队了。第二，按史料文字，无法推理出曹仁参加过陈留起兵，甚至无法证明曹仁参加过讨董。曹仁明确记载的隶属于曹操后打的第一仗是193年打袁术，这个时候董卓都死一年了。也就是说，曹操189年在陈留"散家产，合义兵"加入讨卓盟军时，曹仁并未加入；四年后，曹仁带着自己的军队加入了曹操的阵营。但神奇的是，189年曹操起兵时，曹仁不在，曹纯却在。如果这兄弟俩不合作，那就合理了。因为曹纯跟着曹操创业，所以曹仁没有加入。曹仁周旋在淮泗一带，四年后袁术在淮泗一带做大，曹仁没有生存空间了，才迫于局势投靠曹操。有人说了，人家毕竟是亲兄弟，小时候分家也许是家人安排的，不一定有矛盾。但很有趣的是，史料记载中，兄弟俩从未共同作战过。曹仁参与了二十二场战役，都没有曹纯一起参加的记载。曹纯参加了南皮打袁谭、白狼山打蹋顿、长坂坡追刘备，也没有曹仁的参与，兄弟俩不"同窗"。有人说了，那为啥呢？这可能是因为曹操更会玩，曹仁是分公司，兵种是骑兵，曹仁督骑，督的可能就是他本来的军队；曹纯善弓马，军队可能也是骑兵，所以督骑兵，是曹操在兖州时代的最强军团。当时曹操总公司的军团缺乏战斗经验，并不强，只有曹仁军团和李典家族军团曹仁：
三国战绩天花板

够强，但都不是嫡系。所以结果可想而知，李典家族军团逐渐被削弱，最后一万多人当了人质。曹仁最强骑兵军团是分公司的，以前是个独立公司，曹老板能不去制衡吗？总公司也得有强大的骑兵军团，缺乏经验，可以用装备弥补，可以百里挑一地选拔士兵。然后就有了虎豹骑，曹纯来当老大，我用你亲弟弟来制衡你，来给你内卷，别以为离开了你，我们就傻眼了；就算你离职了，哪天又想回归成独立势力了，总公司也不怕。这就是为什么虎豹骑打袁谭、白狼山和刘备，曹仁都不在的原因。总公司的骑兵团去打仗，跟你分公司曹仁的骑兵团有啥关系？曹操对曹仁的心态跟对夏侯渊是不一样的。

然后就要说到统兵这个维度了。关于曹仁是不是统帅，实际上存在争议。我们总说夏侯渊是西部老大，曹仁是南部老大。从大体上看，是这样的，但深入细节，差异非常大。在曹操看来，夏侯渊是自己的兄弟，可以很放心地把西部战场交给夏侯渊。从212年到219年，整整八年的时间里，西部是夏侯渊说了算的，张郃、徐晃全归夏侯渊管，爱谁谁，到了西部就得听夏侯渊的。但曹仁不太一样，赤壁之战，曹仁是征南将军，按道理是南部老大，但南郡之战时，襄阳太守乐进似乎并不归曹仁管。夏侯渊是明确管着张郃的，但曹仁并不是明确管着乐进的。许多人认为，曹仁从赤壁之战到襄樊之战，一直待在南部，征南将军能不一直待在南部吗？其实不是，210年，曹仁被调离南部，没让曹仁守襄阳。211年，曹仁当安西将军，去防御马超。在212年左右，河北造反，曹仁又成了骁骑将军，指挥着曹操的中央军、骁骑军去平定造反。215年左右，又跟着曹操去打第二次濡须之战。217年，又让夏侯惇来辖制曹仁和张辽。218年，曹仁才被调回樊城，当征南将军、南部大统帅，

第二部分
客观评价

对付关羽。发现区别了吗？夏侯渊是212年到219年，一直在西部当统帅，曹仁209年南郡之战时是征南将军，然后去了陕西、河北、安徽转了一大圈，八年后归来再当征南将军。这是为什么呢？很可能就是总公司、分公司不一样，亲疏关系不一样，曹仁就这么尴尬。以至于许多人怀疑曹仁不是统帅，认为于禁比曹仁官大，认为于禁的假节钺能管着曹仁，这都是事后脑补，不符合实际情况。按照史书现有资料来看，曹仁是战绩最好的人，没有之一。曹仁参与了二十二场，胜十九场，其中十一场是独立领兵胜利，败的三场里面，两场是水战，一场是周瑜打南郡，敌人太多了，实在扛不住。在曹仁统兵上，大家有两点误区：第一，主公通常分兵两路，自己带一路，然后让大将单独带一路为偏师。比如刘备军，刘备带一路军队，关羽是偏师。许多人认为夏侯惇对应关羽，认为曹操带一路，夏侯惇带一路，其实不是。夏侯惇的职责是看家的，看家本领就是看家，出征时是曹操带一路，曹仁带一路。比如打陶谦，打吕布，都是这样。曹仁作为分公司，定位是偏师。第二，大家认为曹仁善于防守，这也是个误区。曹仁以骑兵著称，进攻战无不胜，只要不是水战，曹仁的进攻就没有败仗。防御战只有三场，一场是防御马超，没有细节记载，马超来没来打都不知道。第二场是防御江陵，被周瑜围攻，战败了。第三场是防御樊城，虽然守住了，但打得比较丢人，被关羽水淹樊城。所以曹仁哪里善于防守呢？只是因为罗贯中编了个八门金锁阵，游戏里面曹仁变成了第一防将，这都是误区。

最后看经济维度。曹仁没有经济这个维度。为什么呢？夏侯惇能在家种地，夏侯渊能在西部安安稳稳待八年。虽然夏侯渊没有经济方面的记载，但具备搞经济开发的条件，而曹仁不行。他一会儿在陕西，一会儿在河北，一会儿在安徽，曹操就不让他在一个地方安安稳稳地待着。他没有机会涉及经济，经济能产生物资。夏侯惇种出稻子，那是物资；夏侯渊运粮草，那是物资。物资这么重要的东西，怎么能经过曹仁的手呢？举个不恰当的例子，就好比在公司里，总公司的资产只能过总监和会计的手，不可能过你分公司的手，除了发工资，总公司的资产和分公司没有任何关系。

总结评价曹仁，从史料战绩来看，他确实是三国第一，无人能比。但要说曹仁是军事家，那也不算。曹仁十五岁离开家，应该也算是少年失学，文化程度不高。论军事思想，他比不上出将入相的诸葛亮、司马懿、陆逊，论兴建水利、屯田、运输、作战这一套体系，他不如邓艾。曹仁其实跟关羽很像，纯军事经验主义，纯靠累积经验变强。关羽和曹仁也有自己的优势，关羽依靠水兵优势，曹仁依靠骑兵优势。在政治上，关羽能量很大，刘备充分信任关羽，曹仁却不行，被曹操制衡着。曹仁是一个十五周岁被分家的二代，用分到的家产组建了一支骑兵军团，在淮泗周旋多年，积累了大量经验。十年后，曹仁二十五周岁时加入曹操势力，虽然是偏师，但依靠骑兵经验和对淮泗的了解，在与淮泗军阀袁术、陶谦、吕布的作战过程中大放异彩，战绩斐然，从此开启了常胜将军十九胜之路。防御战战绩不佳，水战完全不会，最后以水战战败而谢幕。他曾短暂地拥有大统帅的权力，但时间短，时间产生经验，产生能力，所以不具备大统帅整体规划思想的高度。归其根本，是因为不被完全信任。也许不被完全信任的根源，就是十五周岁那年，弟弟是继承家业的，而他是被分家分出去的那个。

曹仁 小传

曹仁（168年—223年），字子孝，沛国谯县（今安徽省亳州市）人，三国时期曹魏名将，曹操从弟。

少时，好弓马骑射，不修行检，结集上千青年，游于淮河、泗水之间。

后，带队跟随曹操，任别部司马，行厉锋校尉。

从曹操多年，屡立功勋，破袁术、攻陶谦、擒吕布、败刘备，参加官渡之战。河北平定之后，以功封都亭侯。

建安十三年（208年），从曹操讨平荆州，行征南将军。赤壁之战后，留守南郡（治所江陵），抵御周瑜进攻，转封安平亭侯。

建安十六年（211年），曹操西征关中，曹仁为安西将军。

建安二十二年（217年），再次行征南将军，假节，屯驻樊城，担当镇守荆州之重任。

建安二十四年（219年），襄樊之战，据守樊城，挡住了关羽的进攻。

延康元年（220年），曹丕即位魏王，拜曹仁为车骑将军，统率荆、扬、益州军事，进封陈侯，增邑二千，并前总数三千五百户。

黄初二年（221年），为大将军，讨斩叛将郑甘，又迁大司马，总督诸军。

黄初四年（223年），濡须口之战后，因病去世，谥号忠侯。

曹纯 从参军到督军

网上有人说曹仁弟弟曹纯娶了刘备两个女儿，这都是营销号编的。根据《三国志》记载，曹纯从征荆州，"追刘备于长坂，获其二女、辎重，收其散卒。"曹纯抓了刘备的两个女儿，是有历史记载的，但并没有说曹纯娶了刘备的两个女儿。还有人说这是一种报复，因为张飞劫掠了夏侯渊的侄女，娶了当老婆，所以曹纯娶刘备的两个女儿是以牙还牙，这些都是事后脑补。刘备两女儿从此再无记载。而曹纯在抓刘备女儿两年后就去世了。

另外一个关于曹纯的传闻更离奇，说曹纯被迫在袁绍面前脱裤子。这个乍一听匪夷所思，不知所云，其实来源是啥呢？说袁绍带兵进宫杀宦官的时候，杀了两千多人，许多不是宦官的人因为无须也被杀了。所以大家怕了，就自发露形体而后得免。当时曹纯的身份是黄门侍郎，就是皇帝身边的文员，和宦官小黄门在一起。袁绍带人冲进来，谁是黄门侍郎，谁是小黄门，只要没胡子的人都一律

第二部分
客观评价

砍杀。许多文员为了证明自己不是宦官，只有露出形体，证明自己。这就是曹纯被迫在袁绍面前脱裤子说法的来源。然而，这只是个推测，并没有确凿的史料记载。

如何客观评价曹纯？按规矩，先看统兵、经济、制衡三个维度。

先看统兵维度。曹纯是曹操的虎豹骑督，参与过南皮之战，虎豹骑斩杀了袁绍的长子袁谭；参加过白狼山之战，在张辽的带领下，虎豹骑击败了乌桓王蹋顿；参加过长坂坡追击刘备，就是前文说的，抓了刘备两个女儿，还抓了徐庶的母亲。也就是说，曹纯参与过打袁绍的儿子、打单于他哥和抓刘备女儿。

再看经济维度。夏侯惇、夏侯渊没有投资曹操的记载，曹洪和曹纯可是有钱人。史料记载，曹纯是"承父业，富于财，僮仆人客以百数，年二十，从太祖到襄邑募兵"。襄邑是陈留下面的一个县城，陈留起兵其实是在陈留郡的襄邑县。带资进组，这待遇不一样。有人说了，那曹仁还带骑兵进组，贡献不是更大？非也。曹仁是带着自己的小公司进入了曹操的大公司，等于是个分公司，分公司的骑兵是曹仁一直是养着的，曹操指挥得动吗？那当然不行了，那名义上是曹操军队，其实还是曹仁的。这就像庞青云指挥不动赵二虎的人一样，你的山字营姓赵吗？这谁能舒服，但钱不一样，钱不认主人。曹洪、曹纯把钱给曹操了，那就是曹操的了。所以曹洪、曹纯的待遇好得多。196 年，曹操都当司空了，曹操还说曹洪的钱比他的多。曹操对曹洪、曹纯好还有一个原因。曹操父亲这一辈的牛人有两个，一个是侍中曹炽，一个是当过吴郡太守、尚书令的曹鼎。曹纯是曹炽的继承人，曹洪是曹鼎的侄子。曹鼎当尚书令的时候，让侄子曹洪当了县长，非常重视曹洪。还有一个曹休，是曹鼎曹纯：
从参军到督军

的孙子，就是那个曹家的千里马。我在讲曹仁的时候，有人问曹操不是姓曹吗，怎么夏侯惇是大长老、夏侯渊是兄弟，反倒曹仁像个外人？曹操怎么反倒爱夏侯家人，不爱曹家人呢？其实就是这个原因，曹纯代表曹炽，曹洪代表曹鼎，那么曹仁能代表谁呢？凭什么要对曹仁好？而且曹仁是分公司，是要被制衡的。

这就要讲到制衡维度，曹操怎么用曹纯来制衡曹仁的。关于虎豹骑，曹操用曹纯虎豹骑来制衡曹仁骑兵军团。在曹纯死后，曹操用谁来接班呢？曹操说找不到合适的人，就亲自来管理虎豹骑了，虎豹骑再无明确记载。有人认为虎豹骑成了曹操中军的骁骑军，也有人认为骁骑军是曹仁的骑兵军团，被强行划分到了中央军，所以曹仁是骁骑将军。然后曹操调曹仁去南部当征南将军，曹仁成了地方军，曹仁和他的骁骑军团就分开了。那你这强行拆开，骁骑军不干怎么办？不怕，曹仁这边刚去南部，那边曹操就派自己的儿子曹彰代理为骁骑军统帅，指挥骁骑军打北胡去。那虎豹骑去哪了呢？许多人猜测，在曹仁走后，曹操把虎豹骑并入了骁骑军，一起交给曹彰指挥。所以曹操能大破北胡，跟这支军队强大也有关系。当然了，这都是猜测，没有证据，只是增加一种历史的可能性而已。

最后说下曹纯的一个特点，他是个文化人。八虎骑里面，曹仁、曹真是有个人勇武的，夏侯渊疑似有个人勇武。但说到文化人，只有曹纯和夏侯尚是文化人。曹纯好学问，"敬爱学士，学士多归焉，由是为远近所称"。巧合的是，曹纯和夏侯尚这两个文化人都是先当黄门侍郎，然后当参军——参军就是军事参谋。曹纯是曹操的司空府参军，什么概念呢？这就好比，马谡是诸葛亮丞相府参军。当了参军后，开始统兵，曹纯参军统领虎豹骑，夏侯尚参军统帅禁军,然后当南部督。夏侯尚是因为爱妾被曹丕所杀,精神恍惚而死的。但如果认为曹纯也是因为和刘备两个女儿的婚姻和爱情问题而死,小说都不敢这么写。

曹纯 小传

曹纯(170年—210年),字子和,沛国谯(今安徽省亳州市)人,东汉末年曹操麾下将领,大司马曹仁之弟。

十三岁丧父,与一母同胞的兄长曹仁分家居住。

中平四年(187年),年未弱冠即进入朝廷担任黄门侍郎。

中平六年(189年),跟随曹操到襄邑募兵。

建安十年(205年),授议郎,迁司空参军,督帅虎豹骑参与平定北方之战,封为高陵亭侯。

建安十三年(208年),跟从曹操南征荆州,追杀豫州牧刘备,占领江陵。

建安十五年(210年),曹纯去世。

曹洪
曹营中军大管家

如何客观评价曹洪？老规矩，先看统兵、经济、制衡三个维度。

先说统兵维度。夏侯惇是人型节钺，夏侯渊是梦想替身，曹仁是骑兵分公司，那曹洪怎么定位呢？他是中军大管家。夏侯惇守家，夏侯渊搞运输，曹仁是偏师，中军就是曹操带着曹洪。曹家人里，曹操身边的就是曹洪。曹操被徐荣军射了马，曹洪把自己的马给了曹操；逃跑路上遇到河，过不去了，曹洪去找船；兵都打光了，曹洪跟着曹操去招兵。曹洪带着家兵千人到扬州招兵，先在庐江郡招到了两千上等甲士，又跑到隔壁的丹阳郡招了几千人（估计招的是丹阳山越兵），然后跑到龙亢，把兵交给曹操。曹操攻打徐州的时候，被吕布偷家，中军回撤兖州，中军曹洪当先头部队，先回来筹集粮草。曹操把吕布赶出兖州后，中军曹洪快速去占城，一口气占了济阴、山阳、中牟、阳武、京、密等十余座县城。有人说曹洪是

第二部分
客观评价

废柴，其实不是，他更像大管家，给马、给船、给兵、备饭、占城。曹操有这样一个管家，不可能不喜欢。

有人说了，那曹洪这个大管家有名分吗，是授权的吗？还真有，曹操封曹洪为都护，都护是中军统帅。孙权称帝之后，右都护陆逊、左都护诸葛瑾。刘备临死前，封李严为中都护，后来蒋琬当都护，最后诸葛瞻当都护。曹操只封过两个都护，一个曹洪，一个夏侯渊。夏侯渊是临时的行都护，曹操打到汉中，中军在汉中，夏侯渊临时当中军统帅。因为夏侯渊虎步关右，对西部了解。曹操带着中军一走，夏侯渊改为征西将军，又成西部地方军总指挥了。所以夏侯渊这个临时都护不算的话，曹操其实只封了一个正式都护，就是曹洪——中军大管家。曹操走了，刘备打算攻击汉中，先让张飞、马超去打下辨。谁来代替曹操去支援西部呢？中军大管家曹洪。曹洪带着曹休，击败了张飞、马超。

有人说，曹洪终于有个胜仗了，但计划还是曹休出的。其实在官渡时期，曹洪也有个胜仗，是和徐晃一起干掉了贼寇祝臂。估计大家会觉得，可能徐晃才是主力。其实这么理解也对。客观地说，曹洪带兵打仗是不强：打张飞，靠曹休；打贼寇，靠徐晃；西迎献帝，被董承和袁术挡住；讨伐张绣不利，屯兵叶县，又被刘表、张绣欺负。但曹洪的定位不是统帅，他就是曹操的中军大管家。

再说曹洪的经济维度。许多人说曹洪贪婪吝啬，我们来分析一下是否属实。第一条记载，曹洪的伯父曹鼎当尚书令的时候，把曹洪弄去当县长。夏侯惇、夏侯渊、曹仁在没跟曹操之前，都没有当过地方官，但曹洪当过。第二条记载，曹操当司空的时候，以身作则，每年对朝廷的赏赐进行调配，使众人的财产平均。当时，谯县

曹洪：
曹营中军大管家

的县令弹劾曹洪，说曹洪的家财几乎与公家的财产相等。曹操也说，我的家财哪有曹洪多。第三条记载，说曹洪家境富裕，但秉性吝啬。曹丕当太子时，曾向曹洪买百匹绢布，曹洪没有同意。第四条记载，曹洪的手下在长社县不守法，被县令处罚。第五条记载，说曹洪的手下在兖州犯法，被满宠抓了，曹洪去找曹操说情，满宠一听到这个消息，立刻把曹洪的手下给干掉了，就怕曹操耳根一软，把曹洪的手下给放了。总结一下，曹洪家里有钱，年轻时候当过县长，跟了曹操后也有钱，比曹操还有钱。但通过以上的信息，我们无法得出曹洪贪婪的结论。只能说曹操很宠爱曹洪，给曹洪的赏赐很多，也很纵容曹洪，所以曹洪的手下很嚣张，违法乱纪，而且即便是被地方官抓了，曹洪去找曹操说情，曹操可能就把人放了。所以《三国志》用了一个词来形容曹洪，叫"军中豪右"，完全成了军中的豪强了。至于说曹洪吝啬，我也不这么认为。如果曹洪吝啬，能在庐江给曹操招募到上等甲士两千吗？招兵是要钱的，甲士的甲是要钱的，还是上等的。如果曹洪真吝啬，能跑到丹阳给曹操招募数千丹阳兵——可能是山越，山越是雇佣兵，雇佣兵是要给很高价钱的。可见曹洪对曹操是不吝啬的，但对曹操的太子却很吝啬。于是有人说了，曹洪真傻，你对曹丕吝啬，曹丕上位后不搞你吗？但我们反过来想，曹操还活着的时候，如果曹洪对曹丕特别大方，那又是什么意思呢，要站队？河北士族和丁家外戚站队曹植，豫州士族站队曹丕。如果曹洪也站队曹丕了，那就是要跟豫州士族站在一起了。

  这就要说到制衡维度的问题了。我们总说曹操用宗室来制衡士族。这里面有个有趣的现象，曹操在外面打仗，留在家里的是豫州

239

第二部分
客观评价

士族一号人物荀彧和宗室一号人物夏侯惇,这才出现了夏侯惇当肉票,荀彧玩口遁的事件。曹操没空管西边,西边交给谁?豫州士族二号人物钟繇和宗室二号人物夏侯渊,这才出现了钟繇控场西部,夏侯渊虎步关右。再看三号人物,豫州士族三号人物陈群,他的小弟是陈矫,陈矫和谁一起?宗室三号人物曹仁,这才出现了陈矫惊叹曹仁为"天人将军"一事。再看四号人物,是豫州士族荀攸。荀攸不是家主,和荀彧、钟繇、陈群不能比。宗室四号人物是曹洪,官渡之战,荀攸陪着曹洪守大营。两方势力之间的一对一,二对二,三对三,四对四,跟下象棋一样,车对车、马对马,互相牵制。这体现了曹操的政治智慧、宗室和士族是互相牵制的,甚至宗室要负监督士族的作用。如果曹操在世时,曹洪和豫州士族搞在一起,肯定是不可能的。

又有人说了,不管曹操怎么布局,曹洪得罪曹丕就是愚蠢,后来还是被曹丕整了,被扔到监狱里了。但是,曹仁没得罪曹丕,结局却是把根本不会打水仗的曹仁派去打第三次濡须之战,败回来一个月就死了。曹洪的下场和他得罪不得罪曹丕没有关系,即便是宗室,也是一朝天子一朝臣。曹丕重用跟他同辈的曹真、曹休、夏侯尚,对曹操留下来的老臣一向提防、忌惮,这很正常。最后,曹洪的命运还是不错的,又被放出来了。曹睿上位后,又给他官复原职。曹洪活到232年,曹丕死后六年才死,和曹植同一年死,算是有福气的了。

曹洪 小传

曹洪（？—232年），字子廉，沛国谯县（今安徽省亳州市）人。三国时期曹魏名将，曹操从弟。

早年，随曹操起兵讨伐董卓。荥阳兵败，舍命献马，救曹操于危难。

兴平元年—建安五年（194年—200年），随军征伐四方，平兖州、征刘表、讨祝臂，拜都护将军。

建安五年（200年），官渡之战，留守本阵，击退张郃、高览的猛攻。

建安二十三年（218年），破斩吴兰、任夔，逼退张飞与马超。

延康元年（220年），曹丕篡汉，迁为骠骑将军，进封野王侯，进邑千户，并前二千一百户，位特进，后徙封都阳侯。

黄初七年（226年），因事下狱，得到卞太后的求情，免死贬为庶民。

曹睿即位后，出任后将军，受封乐城县侯，累拜骠骑将军。

太和六年（232年），去世，谥号为恭。

张辽
榜样的力量是无穷的

如何客观评价张辽？老规矩，统兵、经济、制衡、个人勇武四个维度。

先看统兵维度。张辽指挥虎豹骑灭了蹋顿，使乌桓这个势力彻底消失。这个成就三国里无人能比。合肥之战，张辽有两次差点抓住孙权本人。两次差点活捉敌方主公，这个成就也无人能比。张辽粉说了，张辽是曹魏第一武将，比曹仁、夏侯渊要强。非也。曹仁、夏侯渊是统帅，总监级别，指挥数万人。张辽是猛将，经理级别，指挥不到万人。夏侯渊要管西部的所有军事，包括运输。而张辽只需要管他的几千人，不是一回事。张辽粉说了，不对，夏侯渊是征西将军，管西部；曹仁是征南将军，管南部；张辽是征东将军，管东部，张辽也是总监。确实，曹操官是这么封的，但是曹操把夏侯惇派到了东部，夏侯惇是"人型节钺""曹家宗正"，不论你什么身份，都得归夏侯惇管。所以夏侯惇是东部统帅，张辽不是。有人说

张辽：
榜样的力量是无穷的

了，张辽怎么这么倒霉？这其实是曹操玩的手段，用宗室来制衡士族，只有宗室能当总监，外姓靠边站。张辽黑粉说了，张辽就是个纯猛将，只会带兵冲阵，而且大多是遭遇战、防御战，没有攻城略地。非也。曹军攻破邺城后，张辽独立领兵打下赵国和常山两个郡；曹操搞定袁谭后，张辽又独自领兵攻击海滨；之后张辽又独自领兵拿下了荆州江夏的几个县。这些战绩算是攻城略地，整体加在一起，相当于三个郡的地盘，相当于三分之一个州了。

再看个人勇武维度。张辽粉说了，张辽的个人勇武通过斩杀蹋顿和孙权两员将军，就足以证明了吧？非也。并没有史料能明确记载蹋顿是被张辽亲手斩杀的。按陈寿著《三国志》，亲手斩将会有特殊的字样，比如吕蒙杀陈就，"蒙勒前锋，亲枭就首"，其中"亲枭"两个字表示亲手斩杀；比如《董袭传》，"袭身斩罗勃首"，"身斩"就是亲身斩杀。张辽杀蹋顿的记载中并没有这种字样。张辽在逍遥津之战斩孙权二将，写得也很含糊。"平旦，辽披甲持戟，先登陷阵，杀数十人，斩二将，大呼自名，冲垒入至权麾下"。一般人理解是张辽个人斩杀了几十个人，斩了二将，大喊着自己的名字，冲入了孙权的营垒。其实真正的理解是，孙权的大军有十几万，其中七八万是运粮的劳夫，只有三四万的军队。三四万军队中，孙权带着前军一两万人先到合肥城下了，像贺齐这样的后军都没有过津。合肥城里有几千守军，孙权认为敌人不敢出来攻击，就在城下安营，等待其他军队来集结。结果第二天平旦——太阳刚刚到地平线，孙权军在营垒里面睡觉，营垒外面只有几个将军带着几百名士兵守卫，张辽、李典带着八百名步兵猛然冲了出来。张辽喊着自己的名字，带着李典和八百步兵直接冲进了孙权的营垒。营垒的士兵

第二部分
客观评价

正睡觉，遭到袭击，以为是敌人的大军团来了，赶快逃离营帐，向后退，退到了土山丘上，整顿军队。孙权本人被吓得拿长戟自卫。孙权军抵御了张辽、李典八百步兵，边整顿边集结。等集结好了，发现原来敌人就八百多人，于是包围了张辽。这才是接近真相的情况，并非大家想象的张辽、李典八百人，孙权这边十万人，两边严阵以待，张辽带着八百人冲向了孙权的十万人，张辽个人斩杀了孙权几十人和两员将。孙权一看，张辽那么猛，吓得连忙后退。这是张辽粉的想象。史书里经常会省略军队，明明是将领带着军队斩杀了对方多少多少，史书会写成，将领斩杀了对方多少多少，让人误认为是将领的个人行为。张辽在个人勇武上的记载，陈寿写了四个字，"武力过人"，没有了，不像吕布有骁勇、骁猛、有膂力、便弓马、拳捷。张辽没有太多的个人勇武描述，许多人都有膂力、善骑射，但是张辽没有。不过作为边疆的武者，我个人认为他是会骑射的。

然后看制衡维度。曹操要用宗室来制衡士族，但宗室人少，士族人多，光颍川为首的豫州士族，那就不得了了。你一个家族不可能比一个州的人才多吧，所以曹操又提出了唯才是举，要大量提拔一些非士族的人，希望他们与宗室加在一起来制衡士族。但这些不是士族的人，又不姓曹，所以最高只能做到经理，当不了总监，也就是当不了大统帅，他们只是扩充宗室能量用的，五子良将都是典型。张辽是典型中的典型。曹操为了给非士族、非曹姓的人以希望，拿张辽做典型，封为征东将军。看见没有，谁说不姓曹，不能当总监的，张辽这不当总监了吗？当然，因为特殊情况，夏侯惇暂时代替张辽指挥东部，暂时情况而已，等夏侯惇走了，张辽不就又名正

张辽：
榜样的力量是无穷的

言顺成为总监了吗？结果曹操死了，曹丕把张辽转为前将军，彻底结束了张辽东部统帅的梦想。所以很多人问，如果关羽跟了曹操会怎么样？会像夏侯渊、曹仁一样吗？怎么可能呢？关羽来了，那就是另外一个张辽。张辽是曹操时代非士族、非曹姓将领的天花板级别了，不可能再高了。还有人说于禁压张辽一头，这就是不懂假节钺的含义，夸大了的。

最后看经济维度。有人说这些猛将不都一样吗，有什么区别？有的，区别很大。比如逍遥津之战，我们拿张辽和李典来对比，李典有钱，李家是兖州大族，张辽有钱吗？张辽没有。李典有士兵有军队，有一万多人，怕曹操不放心，把这一万两千多李家军送到邺城，给曹操当人质，李典自己身边可能还留有千把自己的部曲。那张辽有私兵吗？当然没有。他是一个降将，还想有私兵，想多了吧。张辽之前都是指挥骑兵的，合肥之战中却连骑兵都没有，带着八百步兵杀出去了，这说明什么？张辽是个"流官"，叫你去哪儿干活，就你自己去，军队是不跟你走的。曹操不给张辽安排，张辽一个兵都没有，但李典不一样。李家军是我自己的，我都送给你当人质了，我留千把人当卫队，保护我自己，这没毛病吧？这再不给，就说不过去了吧？那李典留着的千把人，应该是李家军中最精锐的了。所以合肥之战中，那八百军锐敢死队哪里来的？哪里有作战经验丰富的军锐？李典的私兵卫队就是。李家军打过黄巾，打过陶谦，打过袁术，打过吕布，打过袁绍，打过刘备，还有比这更有经验的吗？这就是经济维度上，张辽和李典的区别。

总结：张辽的成就不得了，灭乌桓，两次差点抓住孙权，但张辽的个人勇武描述和事迹没有大家想象的那么夸张。张辽是降将，

第二部分
客观评价

听话好用，不像李典，曹操得防一手。张辽是降将里面听话好用的典型，被树立成了唯才是举当总监的典型。当然曹操也只是树立一下，给非士族和非曹姓的人看看而已，并不会真的赋予这个非士族和非曹姓的人更大的实权。

张辽 小传

张辽（169年—222年），字文远，雁门马邑（今山西省朔州市）人，东汉末年三国时期曹魏名将。

年少时，为雁门郡吏。

中平五年（188年），被并州刺史丁原召为从事。

入京后，先后隶属于何进、董卓、吕布，为骑都尉。

兴平元年（194年），从吕布攻曹操于兖州。

建安三年（198年），吕布败亡后，率众降曹操，任中郎将，赐爵关内侯。

建安五年（200年），在官渡之战中，数有战功，迁裨将军。

建安七年（202年），从讨袁谭、袁尚，累有功劳，行中坚将军。

建安十一年（206年），收复东莱郡升荡寇将军。

建安十二年（207年），随曹操征柳城，于白狼山之战率领先锋大破乌桓，并斩杀乌桓单于蹋顿。

建安十四年（209年），击灭江淮军阀陈兰、梅成，增邑，假节。

建安二十年（215年），合肥之战，大破孙权，威震江东，升征东将军。

建安二十五年（220年），曹丕即位后，转为前将军，受封晋阳侯。

黄初三年（222年），带病率军攻吴，破吴将吕范，不久病卒于江都，谥曰刚侯。

乐进
元老和降将的区别

如何客观评价乐进？先看统兵、经济、制衡、个人勇武四个维度。

先看统兵维度。"于禁吹"说于禁比乐进会打仗，地位更高，甚至有人认为，于禁比张辽地位都高，是五子良将之首，甚至认为于禁比曹仁权力都大，甚至可以斩杀曹仁。可能在"于禁吹"眼里面，乐进压根没有资格跟于禁比。然而，乐进是右将军，于禁是左将军，在魏国和吴国都是右比左尊，张郃曾从左将军升为右将军。魏国的右将军乐进是尊于左将军于禁的。只有在蜀汉，左将军马超的地位尊于右将军张飞。"乐进吹"说了，乐进比于禁尊，说明乐进比于禁更会打仗，比于禁战功高。还真不一定，两人不是一种类型的将领。乐进跟着曹操打吕布、打张超、打袁术，全是先登有功；跟着曹操打张绣、打吕布、打眭固、打刘备，皆破之；跟着曹操打袁绍，率军斩杀淳于琼；跟着曹操打袁绍的儿子，率兵斩杀严敬；

第二部分
客观评价

打南皮，又是先登；打高干军，连战斩首。然后是守襄阳，击败关羽、苏非，与文聘联手又击败关羽，又打败了刘备荆州军的两个县长。这就是乐进的战绩了。主要的关键词是"跟随曹操"，和"先登"。那于禁是什么样的呢？全是营寨战功，攻营寨守营寨，只要战斗地图是营寨，于禁就是无敌的存在。那你说是跟着曹操先登厉害，还是营寨战厉害呢？这是定位不同，不是强弱问题。就好比说，语文考得好厉害，还是数学考得好厉害，就没法比。

于禁粉说了，那既然乐进不比于禁强，凭什么要比于禁尊呢？通过两段史料对比一下，先看乐进的，"为帐下吏，遣还本郡募兵，得千馀人"。于禁的史料，"鲍信招和徒众，禁附从焉。朗异之，荐禁才任大将。太祖召见与语，拜军司马，使将兵诣徐州"。乐进的第一个老板就是曹操，于禁的第一个老板是鲍信，这在曹操心里能一样吗？乐进回家给曹操招来一千多人，把兵交给曹操；于禁是曹操把兵交给于禁，一个是你给老板兵，一个是老板给你兵，这又能一样吗？就好比老板创业，员工甲是投资老板，员工乙是拿老板的钱，如果这两员工能力差距不大，未来公司上市了，这两人待遇能一样吗？这就是乐进的经济维度。怎么着我也算是个小小的股东，投资公司一千兵。创业初期，曹操可能兵不过万，一千兵不少了。

有人说了，那不对，张辽凭啥五子良将第一人，凭啥他是前将军，压乐进一头，他也投资了吗？说小了，张辽何止是前将军。曹操活着的时候，给张辽封为征东将军，这是只有曹家人才有资格做到的总监级别。其他非曹姓的，只是经理级别，张辽是总监级别的，乐进、于禁想都不敢想的。虽然张辽没有获得总监的实权，但这个级别也很吓人。那这是为啥呢？我在前文对张辽的客观评价中讲过，

乐进：
元老和降将的区别

这叫唯才是举，树立典型。举个类似的例子，曹操手下外姓武将封侯，是早于曹姓的，比如乐进、于禁比曹仁、夏侯渊封侯都要早。这是为啥？曹操为了彰显自己的唯才是举，给非姓曹的待遇比曹家人还好。那曹家人不干了，怎么办呢？别急，请看曹操封侯的第一人是谁？夏侯惇，高高在上，都封到襄侯。这是典型，是标杆，是给人看的。谁说我对曹家人不好？同理，封官是元老比降将封得高，乐进、于禁这种元老是第一批四方将军，而徐晃、张郃这种降将都是第二批。那有人说了，曹操对降将不好。曹操就会指出张辽他就是降将，他是什么级别？征东将军。这个是典型，是标杆，谁说我对降将不好？这就是既要用a团体压制b团体，还要树立一个b团队中的标杆，堵别人的嘴。你没这个待遇，是因为你比不上标杆，而不是因为我的封赏机制有问题。这就是曹操的手段，也是乐进的制衡作用。作为元老，乐进既用于制衡降将，又作为外姓将领来弥补宗室力量上的不足，成为曹操用宗室制衡士族的一分子。

最后看个人勇武维度。乐进没有明确的个人勇武记载，诸如骁勇、骁武、有武艺、有膂力，这种描述乐进都没有。但乐进的特点是猛烈，各种先登，可以推理为具备个人勇武。关于斩杀淳于琼、严敬，没有明确记载是乐进个人亲手斩杀，只能视为是乐进带着军队斩杀。

总结，乐进是一个武夫，善于冲锋陷阵，是曹操的一把利刃。在曹操的指挥下，砍瓜切菜，定位是冲锋的猛将，和甘宁属于一类。两人的官职也都一样，都是折冲将军。乐进不是统帅，谈不上什么用兵能力，特点就是最能砍，是最早的元老之一，底子最干净、最忠诚，还投资了一千兵，属于原始股。所以乐进的儿子也是

第二部分
客观评价

外姓将领里面混得最好的,做到了扬州刺史,封疆大吏级别,死后追赠为卫尉,九卿级别。虽然演义里喜欢把张辽、乐进的儿子放在一起讲,其实张辽的儿子就是个偏将军,什么故事也没有,人家乐进的儿子可是刺史,完全不一样。包括于禁的儿子,于禁投降关羽回来,爵位没被削除,儿子还能继承于禁的爵位,世世代代享有食邑。这就是元老和降将的区别。很多时候,看这一辈是看不出差距的,但在对下一辈的态度问题上,就能看出差距了。

乐进

小传

乐进(?—218年),字文谦,阳平郡卫国县(今河南省清丰县)人,东汉末年曹魏名将。

容貌短小,有胆烈,跟随曹操,为帐下吏。

东郡募兵得千多人,与曹操会合,升任为军假司马、陷陈都尉。

兴平元年—建安四年(194年—199年),多次先登陷阵有功,先封广昌亭侯,拜为讨寇校尉。

建安五年(200年),官渡之战,斩袁绍部将淳于琼。

建安九年(204年),从击袁绍之子袁谭、袁尚兄弟,斩其大将严敬,拜游击将军,又大破管承。

建安十一年(206年),为折冲将军。

建安十三年(208年)—建安十八年(213年),留屯襄阳,击退关羽、苏非,降伏南郡蛮夷,又大破刘备的临沮长、旌阳长。

建安十九年(214年),后跟随曹操征讨孙权,获得假节,与张辽、李典屯于合肥,增邑五百,并前共一千二百户。

建安二十一年(216年),升右将军。

建安二十三年(218年),去世,谥曰威侯。

于禁
节钺有什么用

于禁比张辽强？

张辽率领虎豹骑灭了乌桓，令乌桓这个势力从地图上消失了。张辽两次差点抓住孙权本人，而于禁则是差点被刘备抓住。于禁粉会说，于禁有假节钺，最无敌。于禁吹会说，于禁用计谋搞定了关羽，最无敌。于禁的假节钺真的很厉害吗？错，恰恰相反，就是因为不厉害，所以才有假节钺。真正厉害的是夏侯惇，不需要节钺，"我左脸就是节，右脸就是钺，我就是人型节钺"，管你是姓曹的还是不姓曹的，谁见到我都得听指挥，这才是真厉害。因为曹操要立榜样给人看，把张辽封为征东将军，又不能真的把实权给张辽，就把首都太守（河南尹）夏侯惇调到张辽身边，管着张辽。夏侯惇走了，谁能镇住首都呢？派于禁去。于禁的身份压得住吗？压不住，所以给他节钺，谁不服收拾谁，就是这么个逻辑。你们说于禁有节钺，比张辽强，却不知道这只是给张辽封个虚假的东部统帅而产生的连

第二部分
客观评价

锁问题而已。换言之，如果不重封张辽，于禁都拿不到节钺。

许多人认为节钺是无敌的，想搞谁搞谁，甚至说于禁拿着节钺能斩曹仁。你咋不说斩曹操呢？节钺是专项专用，于禁这个节钺是管首都闹事的，谁闹事办谁，就管这个。而且节钺能斩将是晋朝的事，汉末三国的节钺没有这个功能。节，就是根竹竿上面绑点旄羽，代表主公权杖，是对官职镇不住场子的一种补充。举个例子，当徐晃奉命守马鸣阁道时，他想在某处建一个箭塔，但当地的县令要在这里建一个酒肆。那听谁的呢？县令有权力在自己管辖内随便建造，你一个守卫的将军，你说了算吗？那咋办呢？徐晃就抽出来这个绑着旄羽的竹竿，我有节，视为主公在此，你作为县令还是闭嘴吧，听我的。理解了吗？徐晃管不了县令，所以得有个节。如果徐晃既是将军，又是太守，那还需要个节干吗，直接管着县令。那徐晃拿着这个节，离开马鸣阁道，到别的县要指挥别的县令，能行吗？当然不行。或者汉中之战打完了，徐晃早就不守马鸣阁道了，心血来潮，跑到马鸣阁道来指挥这里的县令，还能行吗？显然也不行。

所以，节是专项专用，是有一定的地域性、时效性的。那什么是钺呢？钺是个斧头，代表兵权。比如说，徐晃有马鸣阁道节，夏侯渊有凉州节。现在夏侯渊要调动徐晃的军队，离开马鸣阁道。徐晃拒绝，说你有节，我也有，凭什么听你的，怎么办？这时候夏侯渊就得亮出钺，我有钺，代表主公赐予我军权，你必须听我的，你有节也没用，那徐晃只能听话。但历史上，曹操并没有给夏侯渊钺，只给了节，这是为什么呢？不需要，因为西部的曹军没有人敢不听夏侯渊的，夏侯渊可能搞不定凉州的文官，但武将都服服帖帖的。夏侯渊需要节，不需要钺。夏侯惇不需要节，也不需要钺。再比如关羽，那是既需要节，也需要钺。关羽督荆州，潘濬典荆州，关羽又不是荆州牧，没有权力管理荆州治中潘濬，意见不一样怎么办？关羽说，我有节，你得听我的。那钺呢，这里是荆州，关羽又不是荆州士族，荆州将士里面出现不听话的，不配合的咋办？关羽说，我有钺。这就是节钺的含义。

许多人把封官当成游戏称号，因为我厉害，所以我获得一个这样的官。大错特错，封官是为了更好地开展工作。如果不给予于禁节钺，于禁根本管理不了首都的大小官员，无法干活，所以得给。而不是因为曹操觉得于禁是曹魏第一将，所以给了一个厉害的节钺，于禁无敌。哪里无敌了，真无敌如夏侯惇，不需要节钺了。于禁吹又说了，曹操派于禁代替夏侯惇管首都啊，那不也证明于禁强吗？为什么不用乐进？这是因为乐进善于攻城略地，镇守首都这活，跟他专业不对口。于禁有什么特点？持军严整，以法御下，特别讲规矩、讲法律，这不正适合守首都吗？乐进不适合守首都，适合守边境，守襄阳，守合肥。守首都的就比守国门的厉害吗？好像不存在，一个防御内部，一个防御外部，没啥可比的。于禁只是守内部的时候身份不够，所以获得个节钺，仅此而已。

所以这么一比，你还觉得于禁比乐进多个节钺，是一件多么了不起的事吗？

再看于禁吹说的第二个问题，于禁有一个高明的计谋，坑死了关羽，那就是投降。于禁带三万多人投降关羽，关羽仁义，不舍得杀俘虏，只能养着三万俘虏，导致关羽粮食不够吃，只能去劫掠东吴的粮食，导致东吴生气，白衣渡江，灭了关羽。第一，于禁带三万人投降是真的。第二，关羽养着这三万俘虏，导致粮食不够吃，

第二部分
客观评价

也是真的。第三，因为粮食不够吃，关羽去劫掠东吴的粮食，还是真的。但是逻辑不一样。东吴打关羽，不是因为关羽劫掠他们的粮食。关羽劫不劫，东吴都得取荆州，这是鲁肃早就定下来的国策。而且四年前，吕蒙已经来打过一次了，拿下了三个郡。所以关羽养俘虏，并不是什么中计谋了，也不是因为俘虏导致的灭亡，于禁被俘虏更不是以身入局，拿三万人投降来做计谋。

如何客观评价于禁，先看统兵、经济、制衡、个人勇武四个维度。

先看统兵维度。于禁跟着曹操打吕布，独立领兵干掉吕布城南二营；跟着曹操守营寨，黄巾军偷袭，被于禁干掉。宛城混乱，于禁先立营垒。官渡时期，袁绍军来攻于禁的营，攻不下来。官渡时期，于禁和乐进带着五千人，去攻击袁绍军的别营，焚烧三十余屯，斩首获生各数千。于禁又攻击袁绍别营于杜氏津，破之。太祖与绍连营，起土山相对，绍射营中，士卒多死伤，军中惧，禁督守土山，力战，气益奋。于禁攻击别人的营，都胜利；防守自己的营也胜利。遇到宛城这种混乱，没有营，于禁赶快先立营。简言之，只要背景地图是营寨，于禁就是无敌的存在。如果没有营寨，那于禁就造个营寨。

再看于禁的个人勇武维度。有关于禁的描述没有骁勇、骁武、有武艺、有膂力这种描述，但于禁的史料里有一句话，"绍兵盛，禁愿为先登，太祖壮之"。于禁能当先登，这说明具备一定的个人勇武。

在制衡维度上，与乐进一样，既用来制衡降将，又用来唯才是举，协助宗室对抗士族。

最后是经济维度。许多人说了，武将有啥经济可言，不需要这个维度。非也。武将和武将是不一样的。李典是地方豪强，于禁不是，这就是区别。乐进招一千兵给曹操，于禁没有。朱灵带三千人跟曹操，于禁也没有。张郃是带着重兵来投靠曹操的，于禁也没有。这就跟在公司里的逻辑一样，你们五个都是经理，干的差不多，但为什么发奖金，人家比你发的多呢？你想不通，老板会告诉你，因为另外四个人之前给过我糖，有的给过一颗，有的给过两颗，而你之前啥糖也没给过我。很多时候，你觉得不公平，是因为你并不了解其他人和老板之间经历过啥，其他人都给过老板啥。

于禁 小传

于禁（？—221年），字文则，泰山郡钜平县（今山东省泰安市宁阳县）人，汉末三国时期曹魏名将。

先属鲍信，后属曹操，为军司马。

初平四年（193年），攻克广戚，被拜为陷陈都尉。

兴平元年—兴平三年（194年—196年），随曹操讨伐吕布，别率兵攻破两座营寨；又率兵打败高雅；在雍丘包围了张超，占领了四座城池；击破黄巾军刘辟、黄邵等部。

建安二年（197年），张绣复叛时，于禁整顿军纪，约束部下，被封为益寿亭侯。

官渡之战，屡立战功，升偏将军。

建安十一年（206年），斩昌豨，拜为虎威将军。

建安二十一年（216年），曹操被册封为魏王，于禁迁为左将军，假节钺。

建安二十四年（219年），关羽围攻襄樊时，于禁率七军前往救援，全军覆没，被收押在南郡。

黄初二年（221年），辗转返还魏国，最终官拜安远将军。被曹丕羞辱，惭恚而死，谥号为厉。

张郃
张郃的宿命

张郃不降,官渡不败,这个说法对吗?

这是裴松之的疑惑。他说,《曹操传》和《袁绍传》里都是记载张郃听说淳于琼兵败后就投降了,导致袁绍军大崩溃。也就是说,主要原因是从张郃投降之后,袁绍军才开始崩溃的。但到了《张郃传》中说成是袁绍军先崩溃,然后张郃害怕郭图进谗言,才投降了曹操。为什么不一样呢?裴松之很委婉地解释:可能是参考的资料不一样吧!以上是裴松之的观点。

我认为裴松之想表达的是,《张郃传》为了美化张郃,修改了因果关系。有人说了,如果张郃不降,官渡不败。这个说法表面看似乎是成立的。如果张郃继续进攻曹军大营,那官渡之战袁绍就赢了。从军事的角度来看确实是这样。但是从制衡的角度来看,并不是。

袁绍军内斗严重,河南人支持大公子袁谭,本地河北人支持小公子袁尚。河北人灭公孙瓒有功,沮授监统内外、威震三军,有成

张郃：
张郃的宿命

为权臣的可能。河南人郭图就分化了河北人的兵权。郭图、淳于琼令河北人颜良成为孤军被杀。河北人审配就抓了河南人许攸的家人，导致许攸叛变。河南人、河北人在救援乌巢的问题上产生了分歧。现在河南人淳于琼阵亡，河北人张郃怕了，于是投降了曹操。河北人成为官渡的大罪人。官渡之战后，袁绍开始对河北人问罪，杀了河北人田丰。这造成了以审配为首的河北人的反击。审配先是拉拢河南人逄（逢）纪，抢先拥立袁尚，然后又杀了河南人逄纪，最后甚至杀了河南人辛评全家。所以你看这是个互相咬的过程。在河北人眼里，河南人是敌人。在河南人眼里，河北人是敌人。打败曹操反倒是成为第二重要的事。官渡之战，袁绍军败于内耗。所以"张郃不降，官渡不败"的说法是外因，并不是内因。

客观评价张郃，先看统兵、经济、制衡、个人勇武四个维度。

先说统兵维度。我之前说过张郃参战二十五场，胜二十场，其中独立领兵九场，胜六场。明确记载"督诸军"的包括讨兴和氏王，降巴东、巴西，以及拒马谡于街亭。注意，有一点误区，许多人认为张郃督诸将的时候，大统帅就是张郃，其实不是。打氐王，大统帅就是夏侯渊；打街亭，大统帅就是曹真。曹家的兵权牢牢掌握在曹家的手里。曹家是依靠宗室来制衡士族，当曹真、曹休、夏侯尚这些二代宗室过世之后，曹睿想把张郃培养成宗室，却被士族首领司马懿暗算。

这就是张郃的制衡维度，被用来代替宗室，制衡士族，其实也是皇权的投石问路。士族暗算张郃等于直接宣战了，导致矛盾白热化，最终促使曹睿想要托孤给五个曹家人来压制士族。结果士族拉拢皇帝身边的近臣、秘书，导致曹睿病到手不能握笔的时候，被近

第二部分
客观评价

臣握住手写下了诏书。

然后是经济维度。五子良将看上去差不多，其实完全不一样。张辽原是阶下囚，孤身一人，曹操带他去打仗。于禁是被上司推荐给曹操的，孤身一人，曹操给他兵去打仗，让他别攻一路。乐进是招兵一千人来的，他主动给曹操兵力。徐晃是带着杨奉的白波军大营守军，被迫投降的，白送曹操不少兵力，但大多是被迫的。张郃是主动带着袁绍军重兵来投降的，送曹操的兵最多最精，而且是主动的。李典是地方豪强，投资了曹操。再看一下，其实五子良将的能量和受重用程度是成反比的。能量最强的是李典，但因为其背景导致曹操压根不敢用，最弱的是阶下囚张辽，却被曹操立为了标杆。所以像张郃这样领重兵的，主动投降的，比较适合垫底。第一批四大将军，张辽老大，前将军；乐进老二，右将军；于禁老三，左将军。第二批四大将军，徐晃老四，右将军；张郃老五，左将军，张郃垫底。但张郃活得久，《三国志》里把他排在了徐晃的前面，成为第四。

然后是张郃的个人勇武维度。张郃没有这方面的记载，张辽有"武力过人"，乐进是"胆烈""骁果"，于禁是"先登"。张郃没有这种记载，唯一疑似的是，张郃与张辽俱为军锋。这"军锋"二字，有人猜测，证明张郃是有一定的个人勇武的。当然，比起个人勇武，张郃最擅长的是兵法，"郃识变数，善处营阵，料战势地形，无不如计"。

总结，张郃懂兵法，是能指挥大兵团的。但在袁绍军中，卷入了河南人与河北人的斗争，他玩不转，最终选择投降曹操，但因为是重兵主动来投，具备一定的能量，反而无法得到重用。到了曹睿时代，由于宗室凋零，曹睿把张郃当宗室来用，结果被以司马懿为张郃：
张郃的宿命

首的豫州士族暗算。在袁家，张郃作为河北人要与河南人斗，怕被豫州士族弄死，跑了。在曹家，张郃被选为宗室与河南人斗，结果被豫州士族阴死了。这分明是命犯豫州士族，宿命啊，逃过了200年，没有逃过231年，尽管多逃出了三十一年的寿数，但结局没有变。当然，挡在袁绍、司马懿这两代豫州士族霸主之前的人，都没有逃掉这个命运。士族要创建士族王朝，这是历史的趋势，是谁也无法阻挡的。

张郃小传

张郃（？—231年），字儁义，河间郡鄚县（今河北省任丘市）人，汉末三国时期曹魏名将。

早年，参与镇压黄巾起义。

归属袁绍后，击破公孙瓒有功，迁宁国中郎将，封都亭侯。

官渡之战，投降曹操，被授偏将军。

跟随曹操攻河北，跟随张辽定淮南，跟随夏侯渊平凉州，跟随曹操夺汉中，屡建战功，升任平狄将军。

建安二十年（215年），进军巴西，被蜀将张飞击败，接任荡寇将军。

建安二十三年（218年），夏侯渊战死，代理主帅，率部安全撤退。

延康元年（220年），曹丕即魏王位后，任命张郃为左将军，进封都乡侯，又进封鄚县侯。

太和二年（228年），于街亭之战中大破马谡，迁征西车骑将军。

太和五年（231年），迫不得已领兵追击蜀军，追至木门，中箭身亡，谥号壮侯。

徐晃
典型的战场预备队

客观评价一下徐晃，先看统兵、经济、制衡、个人勇武四个维度。

先看统兵维度。徐晃跟了曹操后，曹操授予徐晃兵权，让徐晃去打五原县的贼寇，徐晃破之，升裨将军。这升得挺快，比张辽、乐进、于禁官职都高，为啥？人家带着白波贼梁县大营的军队投降的，属于带资进组，而且资不少，这是原因之一。同时曹操厚待徐晃还有宣传作用：徐晃带着白波军投靠了曹家，看徐晃现在待遇多好，还没投曹家的白波军兄弟们，快来投，还有黑山军，你们都是起义军，都欢迎加入！然后徐晃跟随曹操打吕布，独立领兵降服了吕布两员将领，一个叫赵庶，一个叫李邹。能招降两将，两将还有名字，这种记载很少见。然后徐晃与史涣一起击败眭固，然后跟着曹操击败刘备，破颜良，击败文丑，拜偏将军。虽然破颜良的军队是张辽带的，人头是关羽拿的，所以没人注意到徐晃也参加了。打

徐晃：
典型的战场预备队

文丑，文丑军是徐晃军击败的。有趣的是，如果按东汉的地域划分，张辽是并州人，徐晃和关羽是司州人，按今天的地理划分，张辽、徐晃、关羽都是山西人。三个山西降将打河北的颜良、文丑。战后，关羽封亭侯，徐晃封偏将军，只有张辽比较可怜，没有被加封。徐晃、关羽是曹操立的降将榜样。

攻打邺城的时候，徐晃又招降了易阳县令。看见没有？徐晃是招降高手，前面招降吕布两将，这里招降袁绍一个县令。这可能与徐晃是降将榜样的标签有关。徐晃又独立领兵打了毛城，用伏兵击破三个营，随后又跟随曹操打蹋顿。我们只记得打蹋顿的，是张辽、张郃，却不知道有徐晃，其实是张辽、张郃、徐晃三个降将一起打的。所以我个人猜测徐晃的定位是战场的预备队，跟着去，却不是首发。一旦出现连续要打两仗，别的将领需要技能冷却的时候，就轮到他上场了。是不是这个逻辑？打完蹋顿之后，张郃被封为平狄将军，"狄"指北胡，因为他把蹋顿这个北胡给平定了。徐晃被封为横野将军，"野"指北胡荒野，把北胡荒野给横扫了。只有张辽比较可怜，没有被加封，这和打颜良、文丑像不像？这还是因为曹操想要树立降将榜样，对徐晃好，是给各地义军看的；对张郃好，是给袁绍军看的。张辽原先是吕布的部将，对张辽好没什么作用，吕布军已经瓦解。

然后徐晃跟随曹操讨伐荆州，打庐中、临沮、宜城等贼寇。赤壁之战后，曹操撤退，曹仁守门。周瑜打曹仁，徐晃跟着曹仁一起对付周瑜；关羽绝北道，要切断曹仁后路，徐晃又和满宠一起打关羽。徐晃典型地充当战场预备队的角色。

我们再看制衡维度。曹操是用宗室来制衡士族。前面说颍川士

第二部分
客观评价

族是曹家的股东,势力很大,曹操也担心哪天自己就成傀儡了,所以用自己家人来制衡股东,让夏侯惇、夏侯渊、曹仁、曹洪去担任东西南北四处的运营总监,四大总监。自己家人力量毕竟不够,如何为这些总监配备经理呢?五子良将就是答案。张郃和徐晃两位经理就配给了曹家西部总监夏侯渊。徐晃跟着夏侯渊平定太原叛乱,然后屠太原,这是曹家的企业文化,哪里叛乱,屠哪里。然后打韩遂、马超联军,出战的是徐晃、朱灵、张郃三位降将。徐晃、朱灵负责渡河,张郃负责保护曹操。曹操这么喜欢搞三降将的玩法,也挺有意思。之后徐晃跟着夏侯渊打梁兴,招降了三千多户,一万多人;然后徐晃单独去打一个氐族部落,又招降了他们,不愧是招降高手。徐晃被升为平寇将军——氐族是寇,被徐晃给平定了。然后友军被围困,徐晃来救援,击破敌人三十多个营;接着汉中之战,陈式攻击马鸣阁道,徐晃前来救援,击败陈式,救下马鸣阁道;接着就是大家熟悉的襄樊之战了,又来救援曹仁。总结,徐晃是降将榜样,善招降,也是预备替补和救援王。

徐晃在个人勇武维度没有什么记载,并不是演义里面拿着大斧头的形象。

在经济维度上,徐晃带着梁县白波军投了曹操,属于带资进组,身份不一样,而且被曹操立为了降将榜样。作为企业文化的宣传口,用来吸引各路起义军来投降。当然,伴随着起义军越来越少,徐晃的作用越来越小,然后降将标杆的角色转移到了张辽。徐晃的作用没了,排名也随之下降。张辽成了五子良将之首,被封到征东将军,尽管没有给总监的实权,但也是总监级别的。张辽是外姓第一将,藩属臧霸不算,那个是藩属,不是将。外姓第一将必须是前

徐晃：
典型的战场预备队

将军，乐进、于禁两人是右将军、左将军；朱灵带着袁绍军三个营主动弃暗投明，成为后将军。所以第一批四大将军里面是没有徐晃、张郃。原因是，这两人是为局势所迫，被迫投降的。到了第二批四大将军时，乐进、于禁不在，张郃、徐晃顶替乐进、于禁。徐晃顶替乐进成为右将军，张郃顶替于禁成为左将军，然后文聘顶替朱灵成为后将军，所以五子良将里面，徐晃只能排到第四，第五是张郃。但张郃活得久，老年爆发了，做到了三公将军级别，是第二批里面的顶尖了。所以第一批的张辽、乐进、于禁顺序不变，第二批的顶尖张郃排到了第四，徐晃第五垫底。

徐晃 小传

徐晃（？—227年），字公明，河东郡杨县（今山西省洪洞县）人，东汉末年三国时期曹魏大臣、名将。

早年，随车骑将军杨奉讨伐贼寇有功，为骑都尉。

初平三年（192年），说服杨奉护送汉献帝东入洛阳，被封为都亭侯。

建安元年（196年），归顺曹操，参与徐州之战、官渡之战、攻打冀州、白狼山之战、南郡之战、渭南之战、凉州之战、汉中之战等重大战役，立有功勋，历任裨将军、横野将军、平寇将军等。

建安二十四年（219年），樊城之战中，率军击退关羽，解除樊城之围。

建安二十五年（220年），曹丕即魏王位，被封为右将军，进封逯乡侯。曹丕称帝后，又进封为杨县侯。不久，迁封为阳平侯。

第二部分
客观评价

黄初七年（226年），与司马懿到襄阳抵挡诸葛瑾，因功增食邑二百户，前后共计三千一百户。

太和元年（227年），徐晃去世，谥号壮侯。

曹丕
曹丕的作用

曹丕有啥作用？

曹丕最大的作用就是铲除了臧霸。有人说臧霸不是魏国的将军吗？曹丕作为魏国皇帝杀自己国家的将军干吗？这真的是最大的贡献吗？其实臧霸不是将军，臧霸是曹魏的藩属。什么叫藩属？就是半独立性质的势力。通俗点说就是"国中之国"，就好比刘备在刘表那儿叫藩属，太史慈在孙权那儿也是藩属。

本书的观点主要是借鉴了田余庆先生的观点。田余庆先生是一位杰出的历史学家。他认为青徐黄巾作乱后，青州军投降了曹操，那徐州黄巾军哪去了呢？他认为徐州黄巾军都被臧霸吞并了。所以当曹操打完了吕布之后，徐州还有一帮什么人呢？以臧霸为首的原本是徐州黄巾军的势力。曹操没歼灭他们，就把他们给招降了，这些势力属于藩属性质。因为曹操屠杀过徐州，所以他就没有直接管理徐州，而是承认了臧霸势力这个既成事实。臧霸不是一个人在战

第二部分
客观评价

斗，有一票小弟。臧霸的小弟叫孙观，孙观和他弟弟在青州，臧霸自己带着尹礼、昌豨等一堆人在徐州，势力很强大。他们有没有反心呢？史料没记载。在官渡之战的时候，他们还是东部战区的主力，对于曹操打官渡之战非常有作用。但是一转眼，到曹操要死的时候，出事了。

按照田余庆先生的观点，曹操在洛阳的禁卫军里有青州兵，青州兵一看曹操死了，直接放下武器卸甲归田了。当时曹魏朝廷有两种观点，一种观点认为应该立刻派兵去消灭这个以臧霸为首的青徐势力，然后把曹家人放在青徐当地方官，还有一派势力认为不行，完全不能这么做，这么做就麻烦了，这么做会出大祸，要怀柔。曹丕选择了怀柔。但是同时就在这一年，他给曹休连升四次官，最后一个官是啥？是把曹休弄到了徐州，想让他当徐州老大，遥领扬州刺史，然后是征东将军。上个征东将军是张辽，这标志着张辽当东部统帅的梦想彻底结束了。曹丕还不放心，亲自带船队南下，表面上是跟东吴作战，其实是干吗？其实是把曹休安置在青徐。皇帝本人亲自来青徐，把自己族兄弟放在这里镇场子。这是曹丕刚上位第一年，220年干的事。到了222年，他再次给曹休加到了征东大将军，并授予曹休假黄钺，这就能死死地控制臧霸了。曹休用了两年的时间，来逐渐地提升自己的能量，企图把臧霸给抽空，那抽空臧霸最好的办法是什么呢？那就是打仗，因为在打仗的过程中，军队就归曹休指挥，巩固了他作为东部大统帅的地位。所以在222年，也就是夷陵之战后，曹魏三面攻吴，其中东部战区的洞口之战就是曹休指挥张辽和臧霸。张辽当时生病了，没法上战场，然后给臧霸安排了什么活呢？给了他五百艘船和一万军队，当敢死队。通过洞

曹丕：
曹丕的作用

口之战，曹丕和曹休对于东部的这个控制权又加深了一点。接下来的史料有点冲突，一个史料说曹休上了个奏疏，说还要打东吴；还有一个史料说是臧霸上了个奏疏，说"国家未肯听霸耳！若假霸步骑万人，必能横行江表"，提出要打东吴。这里，田余庆先生抓住一个论据，就是臧霸怎么能自称"霸"呢？他在曹丕面前不能称"霸"，他得称"臣"。很多人能就抓住了这个点做文章，认为臧霸有不臣之心，然后接下来曹丕直接把臧霸调到了京城当执金吾，三公、九卿都是吉祥物，就等于是收了臧霸的兵权。这一年是哪一年不太清楚，应该是222年到225年之间的某一年。曹丕把老大臧霸给弄走了，臧霸的那些小弟们能干吗？这不要出事的吗？所以曹休负责镇压这里，但估计是镇压不利，所以225年曹丕亲自带水军来到广陵，表面上是来攻打东吴，其实就是来平定臧霸这帮小弟的叛乱。这一次，曹丕把地方上臧霸的小弟的地方官给换掉了，估计又换成了一帮曹家人，所以又激起了这支藩属势力的不满，直接发动暴动，杀掉了厉阳太守徐质。这个反叛军的主将是谁呢？这个人叫唐咨。曹丕人命令青徐开始剿灭各种势力。徐州剿灭地方势力的人主要靠王祥，就是那个卧冰求鲤的王祥。王祥是琅琊王氏人。现在朝廷竟然要靠他们琅琊王氏的力量，来消灭这场徐州的叛乱。他的官职是徐州别驾，相当于是徐州州牧府下面的第一人。青州这边的叛乱靠谁呢？靠王凌和王基。王基是青州的，不是世家大族，而是寒门。王凌是太原王氏，王允的侄子，响当当的世家大族，他就是后来淮南三叛的那个王凌。估计王凌觉得这个王基也姓王，要提拔一下，所以王基获得了这个机会。王凌、王基平定了青州的叛乱，王祥平定了徐州的叛乱，曹丕把这些事都做完后要回去了，结果船遇到了大

第二部分
客观评价

风浪，翻了。可能曹丕受了风寒，回去就死了，这是226年的事。

所以我们看曹丕执政的这七年都在干吗？220年，他要做出一个决定，就是打不打青徐这帮人。同年他又做了个决定，自己带着曹休到徐州，把曹休像定海神针一样压在徐州镇住这帮藩属。两年后又做了个决定，让曹休带着臧霸去打仗，当敢死队。接着再把臧霸弄到京城来当吉祥物，把臧霸的兵权都给剥夺了。然后在他人生的最后两年，亲自到徐州，把这帮官员换一遍，引起了造反，造反就镇压。所以曹丕从220年到226执政这七年，主要的精力在干吗？就是在跟臧霸较劲呢。曹魏一共九个州，臧霸占了青徐二州，九分之二的地盘不是自己直接领导的，什么感受？这是田余庆先生关于曹丕和臧霸的一些推理。

接下来客观评价曹丕，先从经济、统兵、制衡三个维度。

我们先看统兵维度。二代主公，像曹丕、孙权、阿斗，他们都没有统兵能力。有人说为什么二代就不如一代强，怎么就一代不如一代？原因主要有三点：第一点，一代主公和二主公玩的游戏不一样，一代主公玩的游戏叫"开疆阔土跟我冲"，二代主公玩的游戏叫"端水平衡活下来"。一代主公的主要职责是为了开疆扩土，二代主公的职责是为了自身保持稳定。这个工作职责不一样。第二点，二代主公年纪都较小，没有获得统兵的这个机会，比如说曹丕，宛城之战他才九周岁，赤壁之战他才二十周岁，你让他怎么统兵？你让他代替曹仁守江陵被周瑜打吗？他扛得住吗？让他代替夏侯渊去打凉州，然后虎步关右吗？他能行吗？那不可能啊。第三点，因为他们是储君，身份太特别。比如说曹丕有豫州士族的扶持，比如曹植有冀州士族、外戚丁家、弘农杨氏的扶持。两边派系是斗争状态。

曹丕：
曹丕的作用

作为储君的生命极为精贵，怎么能让他统兵打仗呢？所以你看到曹植当南中郎将，去救曹仁的时候，幕僚们绝对不能让曹植去。所以最后的结果是曹植喝醉了酒，不能去了。孙权也是，孙策死的时候，孙权才十八周岁，而且以张昭为首的淮泗派征伐系不想让孙权当主公，他们是要拥立孙权的三弟孙翊。因为孙翊的性格跟孙策一样。如果孙翊上位后，会继承孙策的政策，继续镇压江东士族。淮泗派征伐系跟江东士族是仇敌，于是江东士族就要辅佐孙权，那不然没活路了。举个不恰当的例子，孙权相当于是替补席上的球员，然后突然变成首发主力了。我们看演义，感觉孙权接班是一个极为顺畅、极为自然的过程。事实上这里面有很多斗争。阿斗更是如此。阿斗当皇帝的时候才十六岁，也没有统兵能力。当然，主公里面也有儿子生得早的，儿子有统兵能力的。比如说袁绍的大儿子袁谭，能独当一面，但这也带来了新问题，就是因为你能独当一面，部属们就护拥在你身边，那老主公怎么办？那不需要老主公了。所以历史上，皇帝和太子的关系总是难以相处，就是这个原因。所以，袁绍跟刘表连说出继承人是谁这个机会都没有，就去世了。所以贾诩提醒曹操说，你赶紧定继承人吧，你看看袁绍和刘表的情况。有人说了，那不对啊，你说孙权没有统兵能力，他不是自己统兵打了五次合肥吗？你说曹丕没有统兵能力，他不是自己领水军打了两次吴国吗？确实如此，但他们的主要目的不是为了打对方。前面说了，江东派支持孙权，孙权还要获得淮泗派的心，打合肥就是帮淮泗派打回家乡。他这个政治姿态一定要做出来，打不打得下来不重要，但是主公要去打。

曹丕一共执政七年，创建了中书台，对后世影响深远。这是为

第二部分
客观评价

什么呢？豫州士族支持了曹丕，曹丕上位了，等于公司上市了，要不要分红给士族，分什么呢？那就是九品中正制。从此以后，只有世家大族子弟才能当官。换句话说，世家大族子弟当官就变得很容易了。九品中正制是导致士族变成门阀的一个关键的过渡。曹操活着的时候，千防万防，一直压制士族，包括唯才是举，都是为了这个。但到了曹丕上来以后，没有办法，人家真金白银砸进去，把你推上去，那你必须给人家分红。但是并不代表曹丕是傻子，曹丕立刻把秘书提拔到了中书台。这个秘书是曹操定的，魏的秘书是谁呢？刘放和孙资，以他们为首。到了曹丕时代，设计中书台，一个叫中书监，一个叫中书令。有人说秘书、中书，这到底是干吗的呀？最早的实权掌握在三公九卿手中，后来帝王觉得三公九卿是外朝，自己又塑造了内臣，内臣塑造了尚书台。然后现在又觉得尚书台是外臣，设计了新的内臣中书台。历史不断地在往前推进。以前是拿尚书来制衡三公九卿，现在是拿中书来制衡尚书。看着是个新鲜事物，其实换汤不换药，相当于之前汉末政治斗争里面的宦官身份。中书台的人除了身体器官正常、不端茶倒水、有文化、才高八斗之外，他们在政治斗争中做的事，其实跟宦官是一样的。包括孙权，他照抄曹丕，也搞了中书台。不过蜀汉没有，你想如果阿斗，利用这个中书台来制衡荆东士族以及降将派，能不能执行下去呢？但是阿斗有宦官。所以曹魏和东吴那边没有什么宦官专权，但是蜀汉有，蜀汉有黄皓。黄皓产生的作用其实跟孙资、刘放和胡综、是仪是一样的。帝王的近臣，掌管高级机密，代表帝王发声，代表帝王去与各种势力制衡斗争。

然后再看经济维度，曹丕的七年经济是发展的。第一是他延续

曹丕：
曹丕的作用

了曹操的屯田制，第二是因为"九品中正制"，士族都变强大了，整个国力就强大了。这个财富没掌握在皇帝手里，还在士族手里。对异族战争打得也不错，延续了曹操的思路，在并州、幽州这些地方还是靠地方的豪强，鲜于家、田豫家、牵招家，这也是延续。曹丕比较有贡献的是支持曹真，让曹真去打西域，斩首五万胡羌，重新打通丝绸之路。曹魏这边战报都是要乘以十的，《三国志·国渊志》明确记载，曹魏的所有对敌作战的战报都是按乘以十算的，所以可能是斩首胡羌五千，这是曹真最大的贡献。重新打通丝绸之路，然后西域各部族开始来朝贡曹魏，增加了贸易。这点非常重要，这也是蜀汉后期为什么跟曹魏作战那么痛苦，跟这个也有关系。我们知道的曹真就是个废物，而且西域之路一直是畅通的。到了二十多年后，二百五十年左右，我国出现了一个人从洛阳出发，然后走到了新疆，西行，求取真经。有人说《西游记》冒出来了，不过他不是唐僧，他是八戒，他姓朱，叫朱士行，法号八戒，是我国第一个正式受戒的和尚。那个笮融只是爱好者，并不是正儿八经受戒的和尚。

曹丕剩下的最重要的事就是削藩，一个是藩属，一个是藩王。藩王就是他的弟弟们，天天折腾他们。今天给你换个封地，明天给你换个封地，不让你在一个地方待久，就害怕出事。一旦出事，曹魏形成分裂，那就是诸葛亮说的天下有变了。淮南三叛那种突然爆发、突然被扑灭不可怕，怕的就是有居心叵测的势力扶持其他诸侯王，突然建立一个新国家，就像袁谭跟袁尚一样。淮南三叛这种搞不死魏国，但是一旦变成袁谭和袁尚那样，家族就彻底完蛋了。所以曹魏对于袁家的教训是严防死守。曹丕执政七年，主要的精力花在了怎么削掉藩属势力和削弱藩王实力。削藩属是收回了领土，保

第二部分
客观评价

证了统一。削藩王是阻止了分裂,阻止了天下有变。所以曹丕的七年对于曹魏的稳定产生了极大的作用。

总结一下几个亮眼的点:一个是成立中书台来制衡尚书台,一个是打通西域之路,一个是削藩王防止分裂,一个是削藩属收回国土。

再说一些野史,比如说曹丕喜欢吃葡萄,还有拿甘蔗跟人比武,还有记载曹丕的剑术老师叫史阿,史阿的剑术老师叫王越,于是很多人夸张曹丕剑术超群。人的能力是跟经验挂钩的,剑术不上阵杀敌没有用。曹丕和孙权都说自己能骑射,那骑射也没上过阵,也没射过敌人,骑射经验可以忽略不计。只是因为当时北方猛将都会骑射,所以曹丕跟孙权要蹭一下。

曹丕 小传

魏文帝曹丕(187年—226年),字子桓,沛国谯县(今安徽省亳州市)人,曹魏开国皇帝曹操之子。

年少,博览经传,通晓诸子百家学说。

建安二年(197年),张绣复叛,曹操长子曹昂和侄儿曹安民遇害,年仅十岁的曹丕乘马逃脱。

建安十六年(211年),任五官中郎将,副丞相。

建安二十二年(217年),成为魏国世子。

建安二十五年(220年),曹操去世,继任丞相、魏王。

同年称帝,建立曹魏。

黄初七年(226年),病逝于洛阳,谥号文皇帝,庙号高祖。

曹睿 三国后宫人数天花板

三国后宫人数天花板是谁？

曹睿，曹操的孙子，后宫万人。有个词叫"娘子军"，曹睿的娘子真的能组成一支军队，万人大军。曹睿不光娘子多，还宠爱男子，比如曹休的儿子曹肇，"有殊色，曹睿宠爱之，寝止恒同"；还有曹操的养子秦朗，曹睿亦是亲爱。所以别看后宫上万，其实真正的"皇后"是曹肇，"贵妃"是秦朗。后宫人数众多，那后宫得住宿，皇帝的老婆不能住四人间八人间，那就得拼命盖房子。所以曹睿还是盖宫殿天花板，光才人级别的老婆就住了八个街区，贵人和夫人以上级别的住在南边的宫殿里。一万多名老婆光住普通的房子里多无聊，还得有池塘、假山，各种稀奇古怪的铜像，通俗点说，相当于给一万名老婆打造了一个迪士尼；还叫来大发明家马钧，让他别研究投石车和连弩了，来给自己造木偶戏机括，这机括通过流水能让木偶小人动起来看戏，相当于给老婆们打造了一个电影院。一万

第二部分
客观评价

名老婆，打造一堆五星级酒店，然后打造迪士尼和电影院，就是为了玩，就是挥霍。关键是这一万多名老婆还是带薪玩、拿工资的，工资标准跟百官一样。史书里该怎么评价曹睿？那必须是四个字："荒淫无道"，超级大昏君，是不是？然而曹睿真的是"昏君"两个字就能简单概括的吗？

咱们来如何客观评价曹睿？老规矩，先看统兵、经济、制衡和个人勇武四个维度。

在个人勇武维度上，曹睿有万人后宫，这个人勇武谁比得了，吕布看了得沉默，董卓看了得流泪。

再说经济维度，曹睿有一万个老婆，拼命花钱，花了多少呢？说这些开销达到了军费的一半。有人说，那完了，曹魏被这昏君霍霍完了，不用讲了。将士没军饷，百姓遇到灾难时没有赈灾的钱。历史真的是这样吗？还真不是，魏国九个州，四个州发了大洪水，差不多半个国家都发洪水了，正常救灾时有钱，没什么问题。边疆军费够不够呢？够，西部对蜀汉，南部对东吴，北部对胡人，东北对公孙渊，四处都有战事，但是军队从来不缺粮。

再说统兵维度。曹睿虽然没有亲自指挥过军队，但一直是遥控指挥，还没事自己预判一下，大多数情况下他预判得挺准。在曹睿当皇帝的十三年里，魏军在西部挡住诸葛亮五次北伐，北部干掉鲜卑老大轲比能，导致鲜卑分裂，南部在襄樊、合肥多次挡住吴军，西北灭了公孙家。有人说了，这不科学，一个如此荒淫无道的皇帝，怎么没影响救灾，没影响战争，都做得挺好，这个剧情没道理。

这就要讲到最后一个维度了，制衡。三国时期，有三个皇帝是把制衡放在人生的首位的，孙权、阿斗、曹睿。曹睿为什么要曹睿：
三国后宫人数天花板

搞制衡呢？为了拯救曹家。曹操是靠以颍川为首的豫州士族起家的，一手宗室，一手士族，用夏侯惇、夏侯渊、曹仁、曹洪来制衡荀彧、钟繇、陈群等人。到了曹丕时代，曹丕依靠豫州士族的支持当了皇帝，为了回馈士族，采纳了九品中正制，让士族子弟更容易当官。曹丕在位六年多，主要是回收了藩属臧霸的青徐二州，让魏国的实际控制权从七个州变成九个州；同时曹睿也在制衡士族，用二代宗室曹真、曹休、夏侯尚等人来制衡司马懿、陈群等人。但是在宗室夏侯尚死后，士族司马懿成了南部统帅，获得了兵权，士族的势力开始上涨。司马懿为了士族内部实现制衡，还提拔了山西派来制衡豫州士族。所以曹睿看到山西派，王凌家、毌丘家、贾家、郭家都在崛起，而曹家宗室的两根顶梁柱曹真和曹休接连死亡，此消彼长，宗室逐渐陷入劣势。按这个趋势发展下去，曹家未来必定被士族吞并。如何能给曹家续命呢？表面上，打压士族，必定被反噬，所以曹睿开始采取釜底抽薪的策略。士族联盟的主要手段不是靠联姻吗？那好，皇帝我好色，我把民间美女都娶了，让当代后世人都骂我是昏君，我不在乎。民间女子、士族女子我都照单全收、概莫能外。我把你们士族女子都给娶了，看你们拿什么联姻。再有，士族强大，是因为地多、户多、私兵部曲多、钱多、官多，我怎么才能削弱士族呢？那我就花钱，花士族的钱，修那么多宫殿，都是士族买单。有人说了，那百姓不就苦了吗？当时百姓是依附于士族的，给士族种地，士族分给百姓一些口粮，保证他们饿不死，能继续给士族种地，剩下的都是士族的利润。曹睿花的就是士族的利润，除了士族提供的军费开销外，他设法最大限度地消耗他们的资源。后宫的宫殿、祭祀的庙宇，把这些都盖够数

第二部分
客观评价

了,那就修池塘、造铜像来点奢侈的,实在不行,按极高的要求让士族们去修路,导致士族们抱怨说,那路能走就行了,修那么好干吗呀?有时候曹睿还折腾士族,让三公九卿去种地,浑身搞得脏兮兮的。

最厉害的是,曹睿在托孤时任命了五个托孤大臣:曹冲的同母弟弟曹宇,曹真的儿子曹爽,曹休的儿子曹肇——刚才说的那个"男皇后",托孤里还有"贵妃"秦朗,最后还有一个不为众人所知的夏侯献。五个曹家人手握禁军,领军将军就是夏侯献,禁军最强的是保镖军团武卫军,将军是曹爽,最强骑兵军团骁骑军则由秦朗担任。我曹睿就撕破脸了,托孤就是没有士族,怎么样?禁军严阵以待,你是士族,来吧,来造反吧,我曹家准备好了。接下来各种史料就都不一样了,有人说中书台的孙资、刘放成功忽悠了曹睿,让曹睿改成了曹爽和司马懿两人托孤,还说曹睿不愿意死,一定要等到司马懿回来,亲手把接班人交到司马懿手上,然后才愿意死。在众多史料里面,最有意思的《汉晋春秋》的记载,说曹睿已经病到不能拿笔的地步了,修改托孤大臣的诏书是中书刘放握着曹睿的手写的,这就太值得玩味了。刘放握着的是活着的曹睿的手,还是死了的曹睿的手,这成了千古谜案,即便是陈寿写起来也得慎重,因为他牵扯到晋朝的得位正不正的问题,弄不好司马家都得把陈寿给砍了。这里的问题很多,曹睿一辈子都在针对士族,临死前一开始定的托孤大臣里没有士族,怎么就被孙资、刘放几句话就给说服了?这两人都是中书,也就是皇帝的秘书,属于皇帝的近臣,隶属于皇权势力。皇权内部的近臣被士族拉拢了,所以出现了千古谜案。这次非常凶险,是曹家和士族的第一次撕破脸，曹家要手撕士族；下一次就是高平陵了，士族要手撕曹家了。

曹睿长发垂地，结巴话少，但其实是大智若愚，是最强大脑。他能记住身边所有人的信息，包括这些人的亲属的信息。但即便是最强大脑，用各种计策对付士族，也顶多是为曹家续命而已。曹家的人才逐渐凋零，河南、山西的士族生生不息。长久下去，曹家必定被士族吞并，这一结局无法改变。

曹睿 小传

曹睿（204年—239年），也作曹叡，字元仲，沛国谯县（今安徽省亳州市）人，三国时期曹魏第二位皇帝、政治家、文学家。

从小得到祖父曹操的喜爱，年十五被封为武德侯。

黄初元年（220年），曹丕受禅称帝。

黄初二年（221年），被封为齐公，后改封平原王。

黄初七年（226年），被立为皇太子，第二天，即皇帝位。

黄初七年（226年）—景初二年（238年），任用曹真、司马懿等人，防御东吴、蜀汉，平定鲜卑，攻灭公孙渊，颇有建树，使得曹魏王朝达到全盛时期。

景初三年（239年），曹睿病逝于洛阳，谥号明皇帝，庙号烈祖。

司马懿
士族吃掉军阀

如何客观评价司马懿？老规矩，统兵、经济、制衡三个维度。

先看经济维度。司马懿全力支持邓艾在两淮的屯田计划，使魏国后期国力突飞猛进，可判定为中等。有人说了，那不对呀，既然突飞猛进了，怎么才是中等呢？因为曹魏本就有大规模屯田的政策，司马懿、邓艾选择在两淮屯田只是一种延续。有人说了，只是延续而已，那算下等吧？非也，虽然是延续，但又和其他屯田不同，司马懿和邓艾的计划是同时开渠灌溉，打通漕运，水路运粮运兵，这个是关键。以四万人的军队进行屯田并防御，收成是其他地方的三倍，每年能存下来五百万斛粮食，存个六七年，有三千万斛，够十万大军吃五年。不仅粮食有了，漕运也通了。吴军来进犯，魏国水军能快速到达，而且通过开渠解决了淮河水患问题。相比之下蜀汉的刘备、诸葛亮并没有类似的明确落地的大型方案。在我们的认识中，司马懿、邓艾那是打仗厉害，没想到他们在经济上还有

司马懿：士族吃掉军阀

这样的策略吧？其实司马懿和诸葛亮前期的定位一样都是萧何，坐镇后方，供应兵马钱粮，所以对粮食和运输非常敏感，后来才当了战区老大，先是当荆州扛把子，然后当雍州扛把子。至于邓艾，他从小就是屯田的百姓，后来当了屯田的官员，最擅长的就是粮食管理。

再看司马懿的统兵维度，表现上等，继续在粮食上做文章。有人说了，不是统兵吗？怎么玩粮食？司马懿标志性的战役有三场：进攻孟达、进攻公孙渊、防御诸葛亮，核心思路都是围绕粮食展开。打孟达时，孟达的军队少，粮食多，能支持一年。司马懿的军队是孟达的四倍，但粮食不够一个月的。司马懿决定火速进攻，火力猛攻。他的心理预期是，即便是自己伤亡过半也在所不惜，必须快，要用有限的粮草来争取时间。打公孙渊，情况正好相反。公孙渊兵多粮少，司马懿兵少粮多，司马懿则放缓，和打孟达完全不一样。对诸葛亮呢？诸葛亮五次北伐，前三次曹魏的主帅是曹真，第四、第五次才是司马懿。司马懿见诸葛亮秦岭运粮困难，粮少，就坚决不出战，耗你粮食，耗死你。所以诸葛亮第五次北伐改变思路，战区屯田，不运粮了。结果诸葛亮阳寿到了，还没有大决战就病逝了。所以整体来看，司马懿的思路是，我粮少，我就猛攻；我粮多，我就耗你；即使你给我送女装挑衅，我也不出战。不过历史上司马懿没有穿女装，可能是尺码不对。

有人说了，这也不光彩呀。你得用各种奇谋妙计打得精彩才光彩啊。打仗不是打球赛，要有精彩进球，打仗就是要以最小的代价取得胜利。那司马懿为什么会那么懂粮食，能供应兵马钱粮，能在战场上运用粮食策略呢？因为他是士族。士族投资军阀兵马钱粮，成为军阀的股东，同时获得一定的职务。

第二部分
客观评价

接下来就是第三个维度，制衡。司马懿上台后，主要制衡颍川士族和山西派。颍川士族有陈泰、邓艾、钟会，山西派有王凌、毌丘俭、贾充、裴秀、郭淮。结果司马懿活着的时候，山西派的王凌反了，司马懿去讨伐，结果极限一换一，王凌死了，司马懿折腾得也死了。司马师接班后，山西派的毌丘俭又叛变，又是极限一换一，毌丘俭和司马师都死了。然后司马昭接班后，颍川士族的邓艾疑似要叛变，颍川士族的钟会真的叛变了。所以整体来看，司马懿的制衡是较差的。司马懿本来接替了颍川士族，怕坐不稳，扶持山西派来制衡，各种压制颍川士族，导致山西派坐大，最终失衡。制衡能力被评为下等。

有人说了，我糊涂了，司马懿不是制衡颍川士族吗？怎么又说他接替颍川士族呢？司马懿是司州河内人，但他属于豫州颍川派系。因为司马懿的爷爷司马儁是颍川太守，与颍川的荀、钟、陈、韩四家是盟友，也就是司马懿的爷爷和荀彧的爷爷、陈群的爷爷、钟繇的太爷爷、韩馥的爷爷辈是盟友。所以到了他们的父亲辈还是盟友。当时袁家是天下士族之首，族长是袁绍的四叔袁隗，做到了上公太傅，与大将军何进一起录尚书事，顶级了。颍川派支持袁家。曹操是袁家的小弟，所以司马懿的父亲司马防提拔曹操当洛阳北部尉，这是曹操人生中的第一个官职。所以司马懿的大哥司马朗给曹操当股东，曹操一开府，司马朗就是曹操的主簿，后来当了兖州牧。兖州是曹魏的龙兴之地。而且司马朗与山西派的王凌、贾逵都是好友。后来司马朗因为瘟疫去世了，司马懿接班。因为爷爷是颍川太守，所以司马懿和颍川士族走得很近。因为爸爸司马防提拔曹操当洛阳北部尉，所以司马懿跟曹操走得很近。所以颍川士族之

司马懿：
士族吃掉军阀

首荀彧推荐提拔了司马懿。在荀彧死后，司马懿接替其位置与陈群一起执掌颍川士族。因为哥哥司马朗给曹操当主簿，所以司马懿接替哥哥也给曹操当主簿。因为哥哥司马朗与山西派友善，所以司马懿提拔山西派。司马懿没有一个选择是他决定的，都是爷爷、爸爸、哥哥铺好的路，他只是延续跟荀彧、投资曹操、当主簿、继承颍川派、提拔山西派的做法，全不是他的创意，只是延续前人的策略。司马懿只是司马家族接力棒的第四棒，按照前人制定好的路线向前推进。

有人说了，那干掉曹家也是前人制定的路线吗？这个问题深了。从顶级维度来看，这是大族向士族、向士族王朝、向门阀的演变。自从刘秀依靠大族起家，大族们开始世代为官，成为士族。士族与皇权争权，皇族利用宦官打压士族，士族转而投资军阀，让军阀坐大，再吃掉军阀，成为士族王朝。不光是司马懿，各地的士族都有吞并本地军阀的可能。河北派之首沮授就有吞并袁绍的可能。江东派之首陆逊就有吞并孙权的可能。总之士族吞并与他们合作的军阀，要创建士族王朝，这不是特殊现象，这是历史洪流，是谁也无法阻挡的。士族王朝形成后，士族形成门阀，到了顶点后开始衰落。为什么衰落？门阀没有内部的内卷机制，无法换血呀！到了科举出现后，内卷来了，能换血了。庶民通过科举成为新士族，一些没落的士族成为寒门，再成为庶民，庶民再通过科举成为新士族，形成健康的循环机制。但一些顶级士族会一直活跃在各个朝代，这就是铁打的士族，流水的王朝。

再说回司马懿。有许多人说了，我穿越到三国时，干掉司马家，曹家就有备无患了。你想多了，要吃掉曹家的不仅仅是司马家，而

第二部分
客观评价

是士族这个阶级。你干掉司马家，未来钟会会成为第二个司马懿；干掉钟会，陈泰也会；干掉陈泰，贾充也会。总之曹家麾下哪个士族得势，哪个士族就会吞并它。曹家只靠自己家族的几个人能挡得住历史洪流吗？

司马懿 小传

司马懿（179年—251年），字仲达，河内郡温县孝敬里（今河南省温县）人，三国时期魏国权臣、政治家、军事家、战略家，西晋王朝的奠基人。

自幼聪明多大略，博学洽闻。

建安六年（201年），佯装风痹症，拒绝曹操的征辟。

建安十三年（208年），曹操强行辟司马懿为文学掾。

建安二十四年（219年），升任太子中庶子，佐助魏太子曹丕。

建安二十五年，曹丕篡汉，任命司马懿为尚书，不久转督军、御史中丞，封安国乡侯。

黄初七年（226年），曹丕驾崩。司马懿为辅政大臣，击退孙权，击败诸葛瑾，斩杀张霸，升任骠骑将军。

太和二年（228年），攻克上庸，擒杀孟达。

太和四年—青龙二年（230年—234年），抵御诸葛亮北伐。

景初二年（238年），平定辽东。

景初三年（239年），曹芳继位，年仅八岁，司马懿与大将军曹爽一起接受遗诏辅佐少主。升任太傅，入殿不趋，赞拜不名，剑履上殿。

正始十年（249年），发动高平陵之变，控制朝廷。

嘉平三年（251年），在洛阳去世，后被追尊为宣皇帝。

华佗

不为良医，愿为良吏

评价华佗，可能有以下几个点，比较颠覆传统意义上从演义当中获得的认识：

颠覆点一，华佗不想当医生，想当官。颠覆点二，华佗属于徐州士族势力，是陈登家族的小弟。颠覆点三，徐州士族遭到曹操打压，华佗的仕途基本结束了，只能在曹操身边当个方术士。颠覆点四，曹操有十六人方术小队，里面有华佗，也有左慈。颠覆点五，华佗并没有给曹操开颅，他是因为请假回家，骗曹操说自己老婆生病了，曹操一调查发现被骗了，把华佗杀了。颠覆点六，曹操弄死华佗，不仅仅是因为被骗，而是因为华佗是徐州士族势力的余孽，被徐州士族势力的余孽骗，曹操难免会浮想联翩，痛下杀手。

有人说了，你又胡说了，华佗就是个医生，怎么说他要当官，还牵扯士族斗争呢？史料记载，"然本作士人，以医见业，意常自悔"。华佗原本是士人，现在是医生，非常后悔，华佗不想当医生。

第二部分
客观评价

第二条，华佗属于徐州士族势力，史料记载，"沛相陈珪举孝廉"。华佗是亳州人，是曹操的老乡，游学到徐州，精通经学，被徐州陈珪举孝廉。能被举孝廉可不简单，接下来就能开始当文官了，但华佗拒绝了。陈珪举华佗，代表陈珪的态度，看中华佗。华佗拒绝，代表华佗懂事，陈珪放着世家大族不举，举你是重视你，但你不能不懂事，不能真接受。

那为什么华佗会精通经学呢？为什么会被陈珪看中呢？因为陈珪的叔父陈球是经学大师，陈球有个徒弟叫卢植，卢植有个徒弟叫刘备。换言之，陈球是刘备的师爷，刘备跟陈登同辈，算同门师兄弟。那华佗有可能是陈珪的徒弟辈，跟陈家学的经学，所以被陈家提拔。如果是这样，那华佗也和刘备、陈登算同门师兄弟，所以华佗给陈登治病，这不是巧合。陈登是陈家少主，华佗是陈家小弟，两人的关系可能既是主仆，又是师兄弟的关系。

既然华佗了解陈登的病情，为什么没有救活陈登呢？史料记载，此病"后三期当发，依期果发动，时佗不在，如言而死"。华佗告诉陈登，你这个病三年后会发作，到了三年后果然发作了。但华佗人不在，陈登就死了。

华佗受陈家提拔，明知三年后少主陈登生死攸关，为什么还缺席呢？我们来看看陈登临死前遭遇了什么。有人说陈登可厉害了，守广陵，挡住了孙策、孙权的多次进攻，可惜命短，死在了任上。非也。陈登是被调任了，离开了广陵郡，百姓们非常不舍。曹操调离陈登，不是针对陈登个人，也不是针对仅仅陈家，是针对徐州所有家族。曹操屠过徐州，所以徐州不是自己管理，而是交给藩属臧霸管理。徐州士族在曹操时代全部被压制。所以你看，琅琊诸葛家的诸葛诞、琅琊王氏的王祥都要大器晚成，很晚才能走上仕途。王祥可不小，只比诸葛亮小三岁。曹操对整个徐州士族都是压制，又怎么会让陈登在广陵坐大呢？你还那么厉害，连孙策都被你击败了，在广陵那么得人心，你陈家下一步要干什么？打算干掉臧霸当徐州霸主吗？不调走你，调走谁？在陈登生病三年后发作的时候，曹操会让华佗去给陈登看病吗？华佗此时是曹操的十六名术士之一。

这里可以做个假设，陈登病死之前，华佗可能请过假，要去给陈登看病。但，曹操没有批准，而且曹操对华佗请假一事心怀芥蒂，成为两个人之间解不开的一个疙瘩。后来的某一天，华佗又找曹操请假，说自己老婆病了，得回家照顾老婆。这曹操能不起疑心吗？华佗老婆是真病了，假病了？还是华佗要到徐州给什么士族看病，或者是联络徐州的士族势力？曹操要搞清楚这件事，就派人去调查。如果不是这样，一个方术士、医生请假是不需要曹操费这么大力气去调查的。结果一查，华佗说谎，他老婆没病。曹操很生气，把华佗抓回来拷问。史书里记载，"传付许狱，考验首服"。华佗只是拖延不回去，何至于要拷问？那拷问什么呢？为什么不来上班？恐怕还是拷问华佗的目的，或者是受谁指使之类。结果，华佗被拷问致死。

这就是华佗，一个不想当医生、想当官的徐州士族的小弟。因为徐州士族被曹操打压，所以华佗也当不了官，最后被拷问致死。

华佗 小传

华佗（约145年—208年），字元化，一名旉，沛国谯县（今安徽省亳州市）人，东汉末年著名医学家。

少时，在外游学，钻研医术，行医足迹遍及安徽、山东、河南、江苏等地。

医术全面，尤其擅长外科，精于手术。并精通内、妇、儿、针灸各科，与董奉、张仲景并称为"建安三神医"。

建安十三年（208年），因遭曹操怀疑，下狱被拷问致死。

孙坚　为什么三国杀中孙坚没有主公技

如何客观评价孙坚？背刺盟友天花板。

孙坚背刺了盟友荆州刺史王睿，背刺了盟友南阳太守张咨，而且手段很不光彩。讨伐董卓时，孙坚找盟友荆州刺史王睿要物资，王刺史很大方地提供物资。孙坚突然跳出来说，我奉命来处决你，王刺史惊讶"我有何罪"。孙坚说，我也不知道，反正我就是来处决你的。王刺史被迫自杀。然后孙坚又去找盟友南阳太守张咨要物资，张咨不理他。孙坚就带着礼物去拜见，张咨回请孙坚，这是礼数。在回请时，孙坚说，你负责修整道路，好让反董大军过去，你怎么现在还没有把路修好？军法从事，就把张太守拉出去砍了。看见没？孙家爱背刺，根子就在这里，孙策背刺盟友刘勋，孙权背刺盟友刘备，这都不是巧合。这是老孙家祖传的手艺。

评价孙坚也从统兵、经济、制衡三个维度来看。

先看经济维度。孙坚的军队吃什么，粮草武器、铠甲哪里来，

第二部分
客观评价

谁出钱？孙坚在杀了王刺史和张太守过后，无求不获，要什么有什么，找当地豪强们要，无人敢不给。所以你看孙策后来为什么劫掠江东士族，也是祖传的手艺。但靠劫掠过日子不是长久之计，而且还会被反噬，孙策就是这么死的。但孙坚不一样，孙策还是嫩，孙坚是老油条，聪明。他怎么玩的呢？我孙坚不当老板，投靠袁术，给袁术当手下。袁术是我老板。我没粮草了，请发工资。这就是孙坚和孙策、公孙瓒的区别，后面两者都是自己要当老板活受罪，孙坚就不一样。为什么孙坚有这觉悟呢？因为孙坚比孙策多活了十年，多活这十年干吗了呢？孙坚当了十年的县丞，当了三个地方的副县长。县丞和县尉不一样，刘备的安喜县尉、高唐县尉都是尉。县尉是武职，县丞是文职，是副县长。孙坚这十年的副县长的工作经验，锻炼了政治智慧，和孙策完全不同。孙坚就老老实实给袁术当小弟，袁术管饭，日子特滋润。有人说了，孙坚假意投靠袁术，其实有反心，但是袁术为什么敢信任孙坚呢？袁术当时在荆州南阳郡，他想壮大势力，荆州刺史、南阳太守都是阻碍，而孙坚背刺的正是荆州刺史和南阳太守。这投名状，袁术百分之一万满意，而且孙坚对荆州世家大族们抢取豪夺，获得的资源真的归自己吗？那猎狗叼个兔子，兔子真的归猎狗吗？当然归主人，但兔子恨谁，恨猎狗。孙坚的劫掠行为使他的政治羽毛脏了，不会再有世家大族跟孙坚合作了。他自毁长城，袁术自然信任他。虽然中途袁术有过疑心，但被孙坚给说服了。

有人说了，孙坚怎么想的，为什么一定要投袁术？他自己就不能当个好主公，和世家大族们好好合作，成就霸业吗？这里有两个原因。首先，一回到孙坚的背刺问题上。孙坚不仅背刺过王刺史和孙坚：
为什么三国杀中孙坚没有主公技

张太守，还得罪过董卓。当年孙坚跟随司空张温去平定凉州叛乱，队友是董卓，孙坚认为董卓傲慢无礼，要求司空杀掉董卓，司空没听，这事就过去了。现在董卓把持朝政了，孙坚慌了，他怕董卓弄死他，所以赶快加入士大夫的反董联盟。反董联盟全是袁绍搞的士大夫联盟，都是自己人，只有一个外人，就是孙坚。袁术距离孙坚最近，而且袁术又是盟主袁绍的弟弟，果断投靠，这是原因之一。原因之二是孙坚出身低微，为了美化自己，宣称自己是孙武之后，其实就是个普通庶民，跟袁绍、曹操、刘备这些人完全没法比。他想进入士族圈、名士圈，所以当了十年的县丞，想当文化人，但世家大族们还是看不起他，不愿意投资他。那孙坚怎么办呢？那就武力联姻。什么叫武力联姻呢？我有军队，我看上大地主家的闺女了，你就说嫁不嫁。孙坚要娶钱塘吴氏家的女儿，钱塘吴氏说孙坚是"轻狡"之人，不能嫁。吴家女儿说了，如果我不嫁，我们整个家族就会遭殃，不能为了我令整个家族遭殃，嫁。这就是吴夫人，孙策、孙权、孙翊、孙匡的亲妈。孙坚就是通过这种联姻手段，获得了钱塘吴氏的支持。孙坚还把妹妹嫁给了富春徐氏，也许也是用这种"亲切友好"的方式来联姻的。这就是孙坚在投靠袁术前，能有饭吃的来源。除此之外，孙坚还示好扬州顶级士族陆逊家族。陆逊堂叔被贼兵围困，孙坚立刻去救援。手下们说，那里不是我们的地盘，我们越界了，不好吧？孙坚表示，你懂什么，陆家可是超级忠义之士，怎么能放着忠义之士不救呢？看见没？孙坚通过拉拢陆家、联姻徐家来稳固自己的地位。陆家、徐家在吴郡都是厉害家族。今天的陆家嘴、徐家汇，就是陆家、徐家的后人开拓的。所以孙坚先是结盟吴家、徐家，后来投靠袁术，在这个过程中一直没有叛变。他

第二部分
客观评价

不像孙策，孙策整天蹦跶，想创业三个字就差写脸上了。所以袁术也特别损，你不是想创业吗？行，我让你去打陆家，让你杀死陆家一半的族人，你的羽毛也脏了，看你以后怎么混，看江东士族们还跟不跟你玩。而且当时孙策不是孙家族长，这是个颠覆点。孙坚死后不是孙策接班，而是由孙贲和吴景，就是孙坚的大侄子和孙坚的小舅子来接班。

这就要讲到孙坚的制衡维度了。孙坚左手抓宗室，右手抓外戚。孙坚通过联姻与吴家、徐家联盟，使吴家、徐家成了外戚。吴夫人的弟弟吴景和孙坚的外甥徐琨是重量级人物。徐琨跟着孙坚打董卓的时候，就是偏将军了。这是什么概念？周瑜打完赤壁之战才是偏将军。孙坚都忌惮徐琨这个外戚。外戚太强的话，孙家就会被外戚吃掉，所以孙坚得重用宗室，他重用三弟孙静、侄子孙贲、堂侄孙香。孙香后来被袁术封为汝南太守、征南将军。这也是个颠覆点。我们总认为孙坚最重用的是程普、黄盖、韩当。事实上这都是小角色，比起吴景、孙贲、徐琨、孙香的分量，他们啥也不是。孙家军就是个彻彻底底的家族企业。你不是宗室，不是外戚，就啥也不是。还有一个颠覆点。孙坚活着的时候，孙策没有打过仗，也没有随过军。所以孙坚死后，孙家军不是由孙策接班，是由宗室老大孙贲和外戚老大吴景，也就是孙策的大堂哥和亲舅舅接班。孙坚时代，重用外戚和宗室；到了孙策时代，重用淮泗派，打下江东又多了个江东派；等孙权上位后，傻眼了，外戚、宗室、淮泗、江东，他们之间的斗争需要孙权来处理，开场就是地狱模式。

评价孙坚的第三个维度，统兵。孙坚仗打得非常好，出道就指挥千人，跟随官兵讨伐会稽贼寇，凭借战功，当了十年的县丞，接

孙坚：
为什么三国杀中孙坚没有主公技

着讨伐黄巾，讨伐西凉，讨伐荆南三郡叛乱，被封为县侯，无敌了，是三国人物里第一个封县侯的。讨董的时候，孙坚被徐荣军和李傕、郭汜、张济、贾诩军联合击败。然后孙坚击败胡轸、吕布军，斩杀都督华雄，然后再击败董卓、击败吕布，接着袁术和袁绍翻脸，袁术命令小弟孙坚去打袁绍的小弟刘表，孙坚卒。孙坚为啥会卒呢？原因很多，有襄阳、樊城的犄角之势，有黄祖的本地人优势，有孙坚曾劫掠过的荆州地方豪强憎恨他的原因，等等。但我要说的是另外一个，孙坚单马行岘山，为黄祖军士所射杀。孙坚竟然是单枪匹马，孤身一人去追敌，成了孤勇者。这是巧合吗？孙坚十七岁的时候孤身战海盗，打黄巾军时受伤坠马，孤身躲在草丛中；甚至在黄巾军战斗中，孙坚也是孤身冲锋。所以孙坚孤身被杀不是巧合。包括孙策，与太史慈孤身交战，孤身遇到三个刺客。包括孙策的三弟孙翊，孤身遇刺；包括孙权，孤身坐在射虎车里猎虎猎熊。这都不是巧合，这是老孙家祖传的技艺，是DNA。

　　为什么会孤勇，为什么爱背刺？听着不太能理解。其实，这是汉末三国时期边疆人的特点。边疆人反复无常，爱背刺，吕布和张绣也是。边疆人的文化相对缺乏，孤身的勇武是立根之本，需要靠这一点形成个人崇拜才能镇得住边民和异族。马超孤身战阎行，吕布孤身战郭汜，这都是中原少见的。我们回到孙坚，孙坚是边疆人当中少有的当过十年文官的，他了解士族的世界观，知道"三互法"的重要性，对局势看得更清楚。强行要当主公的边疆人都会失败，像吕布、张绣、公孙瓒都是。但孙坚不一样，因为有见识，他选择投靠袁术当个统帅，自己不当主公。很多人会疑惑《三国杀》游戏当中，为什么孙坚没有主公技，就是这个原因。虽然他战死了，但

第二部分 客观评价

正是因为这个决定，孙家军能继续给袁术打工，孙家军才得以延续，才有了后来创建吴国。如果孙坚强行要自己当主公，也只会落个和公孙瓒、吕布一样的下场。

孙坚 小传

孙坚（155/156 年—192 年），字文台，吴郡富春（今浙江省杭州市富阳区）人。东汉末年将领、军阀，孙吴政权的奠基者之一。

出身寒门豪族，少为县吏，以勇猛尚武显名，被召署假尉。

熹平元年（172 年），为吴郡司马，后历任盐渎、盱眙、下邳县丞。

中平元年（184 年），孙坚率淮泗精兵至河南镇压黄巾起义，任佐军司马。

中平三年（186 年），朝廷派司空张温代理车骑将军，西讨边章等乱兵。孙坚参军事，奏请斩董卓，张温未行。

中平四年（187 年），被任命为长沙太守，剿灭区星叛军，被封为乌程侯。

初平元年（190 年），参与讨伐董卓，兼并荆州刺史王睿、南阳太守张咨两支势力，依附袁术，被表奏为破虏将军，兼领豫州刺史。

初平二年（191 年），于洛阳城外击溃董卓，攻克洛阳，驱逐吕布，修复汉陵墓，清扫汉室宗庙，并得汉帝所遗之传国玉玺。

初平三年（192 年），奉袁术命征荆州刘表，为刘表部将黄祖兵士射杀。

孙策

孙策适合做主公吗

如何客观评价孙策？老规矩，先看统兵、经济、制衡三个维度。

先看统兵维度，孙策是上等。纵观整个汉末三国，能快速击败各方势力，吞并大片领土的，只有两个统帅，一个是夏侯渊，一个是孙策。夏侯渊一举击败了韩遂、马超、兴国氐王、百项氐王、平汉王宋建。而孙策则快速击败了刘繇、许贡、严白虎、王朗。当然，在此过程当中，他们背后的"奶妈"——钟繇、袁术也不能忽略。但从统帅这个维度来看，他们确实是以最快的速度击败了最多的敌人。

再看经济维度，孙策196年占领江东大部分领土，200年遇刺，在四年的时间里，孙策对江东经济的贡献有限。相反，他在打压江东士族和掠夺江东士族方面表现突出，因此，判定孙策经济维度为下等。

最后看制衡维度。孙策带领淮泗派征伐系进入江东。按道理，

第二部分
客观评价

所有的外来主公都要处理和本地势力的关系，就好比曹操要处理豫州人和兖州人的关系，吕布要处理兖州人和徐州人的关系，袁绍要处理豫州人和冀州人的关系，孙策要处理淮泗人与江东人的关系。由于处理不当，孙策被本地人杀了，吕布被本地人坑死，曹操差点被本地人坑死。孙策死于制衡问题，为下等。

我们站在各种人的角度看一下孙策。

站在江东士族的角度，孙策是侵略者。

在荆州士族的眼中，孙策也是侵略者。你爸孙坚来打荆州死了，你又来打，仍然是侵略。刘表是朝廷封的荆州牧，你孙策是什么？是扬州牧吗？是名不正言不顺的侵略者。

在中原士族的眼中，孙策属于反复无常的边疆人，董卓、李傕、吕布、张绣、公孙瓒、刘备、孙策、孙权这些都是反复无常的边疆人。

在山越人眼里，孙策还是侵略者。我们山越人生活在江南的山区丛林，和你孙策井水不犯河水，你主动跑过来侵略我们。为了震慑山越，还屠城，和曹操一样。孙策屠了东冶，就是今天的福州。

在袁术旧部的眼里，孙策是盟友。比如刘勋，他认为孙策是自己人，结果孙策坑了他，偷袭他。孙策拿下城池，俘虏了大小乔。全世界都把孙策当反贼，只有刘勋把他当盟友，结果他还坑刘勋。所以孙策的口碑不好。其实最关键的点是，孙策不符合"三互法"和废史立牧的规则。废史立牧规则，只有京城重臣和皇亲国戚可以当州牧。"三互法"规定，本地州牧不能是本地人。孙策既是本地人，又不是朝廷重臣，也不是皇亲国戚，而且他攻打的是皇亲国戚刘繇、刘表。所以在当时所有人的眼中，孙策成为江东之主是不合法的。

孙策：
孙策适合做主公吗

然后在江东士族陆逊家族的眼中，孙策是害死陆家一半族人的入侵者。那孙策面对这种局面，他怎么处理呢？他选择杀，谁反对他，他杀谁，以至于孙策的母亲吴夫人曾一度要跳井，认为孙家和江东士族这样搞下去，孙家未来必定会被江东士族彻底干掉。你孙策才几个人，淮泗军团也就几万人，江东有百万之众，这和蜀汉的东州派还不一样。东州派有几十万难民，不怕益州的几十万人。所以吴夫人的判定是孙家完了。果然，江东人暗杀孙策。孙策临死前也想过，如果在江东待不住，孙家军就回到淮泗。所以孙家面临的问题很危急，而且一开始定的接班人是孙策的三弟孙翊。孙翊的性格就是个小孙策。孙策意识到不行，如果孙翊接班，只会重蹈覆辙，整个孙家军就会毁灭在江东。于是，孙策改变了主意，让孙权接班，认为孙权怀柔的性格能制衡好与江东士族的关系。

我们受《三国演义》的影响，认为孙策不死，能一统天下，认为孙策是王者，孙权是垃圾，其实孙权才是合格的主公。如果孙策没死，整个孙家军会一起毁灭在江东。而且受演义的影响，我们认为孙策留给孙权的是一个好基业，孙权接班就能坐享其成。事实上，这是个烫手的山芋，是个烂摊子，宗室、外戚、淮泗派、江东派，还有以太史慈为首的刘繇旧部，派系关系错综复杂。孙策把自己搞不定的制衡问题留给了孙权，孙权为了活命被迫处理制衡。一旦失衡，自己小命不保，一路制衡，最终练成了制衡天花板。孙策当主公的时间较短，在194年到197年，这三年，孙策只是袁术麾下的统帅，就像关羽只是刘备麾下的统帅。关羽占着荆州，但荆州不是关羽的，是刘备的。孙策197年前占着江东，江东不是孙策的，是袁术的。从197年袁术称帝到200年孙策去世，孙策自己当主公，

第二部分
客观评价

只当了三年,是大家熟悉的军阀里面,当主公时间最短的。他还没有学会怎么当主公,就死了。所以拿孙策当主公的经验和曹操、刘备、孙权对比是极为不公平的。

有人说了,那孙坚有几年的主公经验呀?一年都没有。孙坚长沙起兵后就投靠了袁术,他只是袁术手下的统帅,不是一个独立的势力,完全没有自己当过主公。

孙策 小传

孙策(175年—200年),字伯符,吴郡富春县(今浙江省杭州市富阳区)人。东汉末年割据群雄之一,孙吴政权的奠基者之一。

年少时,其父孙坚镇压黄巾起义,孙策携母迁居舒县,与当地豪族名士周瑜等人相交,颇有声誉。

初平三年(192年),孙坚被射死。孙策继承父亲的遗志,暂时屈事袁术,后带兵攻取庐江郡。

兴平二年(195年),击败扬州刺史刘繇。

安元年(196年),击败会稽太守王朗和吴郡太守严白虎。

建安二年(197年),孙策公开与称帝的袁术决裂,被朝廷授骑都尉、会稽太守,袭封乌程侯。

建安三年(198年),曹操以朝廷的名义表孙策为讨逆将军,册封孙策为吴侯。

建安四年(199年),击败庐江太守刘勋和荆州牧刘表部将黄祖。

建安五年(200年),夺取豫章郡,统一江东地区。

同年四月,为许贡的门客所伤,不治身亡,年仅二十六岁,临终前遗令其弟孙权继位。

孙权
噩梦难度的主公之路

如何客观评价孙权？我先从经济、统兵、制衡三个维度来评价。

先看经济维度。孙权发展的江南、浙江、福建、江西、广东是南方经济崛起的起始，成为衣冠南渡的基础。今天南方经济繁荣，孙权功不可没，曹操、刘备、司马家、诸葛亮在经济上的贡献都比不上孙权。孙权在经济维度上为上等。

再看统兵维度。孙权打仗毫无天赋，五次打合肥，一点长进都没有。诸葛亮每次北伐都有进步，孙权丝毫没有进步，孙权就不是统兵打仗的料。在这个维度上，他是下等。

最后看制衡维度。三国里最会制衡的就是孙权。不到二十岁开始玩制衡，一直玩到死，先把表哥（徐琨）变成岳父来制衡舅舅（吴景），然后用孙坚时代的老臣来制衡孙策时代的将领，用淮泗人来制衡江东人，又用宗室来制衡淮泗人，即使是淮泗人内部，还要用

第二部分
客观评价

淮泗派的流寓系来制衡淮泗派的征伐系，用外戚来制衡士大夫，用四儿子来制衡三儿子，用左都督来制衡右都督，用左护军来制衡右护军，用左都护来制衡右都护，保证各派系能量均衡，不会崩掉。袁绍、曹操、刘备在制衡上都不如孙权，孙权在制衡上是上等。

三个维度评价完了，我们再站在各种人的角度来看一下孙权。

如果你是江东本土士族，那么你会觉得孙权是个好主公。江东士族向孙权提供了兵马钱粮，孙权则给予到江东士族顶级的政治能量和统治权力，但在曹魏就不是，颍川士族虽然向曹魏提供了资源，但曹魏只能给他们顶级的政治能量，顶级兵权是完全不可能的，兵权必须掌握在曹氏、夏侯氏的手中。益州的世家大族们更惨，提供了兵马钱粮，却无法获得顶级的政治能量或统兵权力。所以在此对比下，如果你是本土士族，你会认可孙权。但是这并非孙权的仁德，封建主公没有仁德这个维度。这个现象也是因为制衡而产生的。所以当制衡局势发生变化时，孙权也会做出二宫之争，把所有派系一心往下打压的行为，为了制衡，伤亡无所顾忌。所以作为本土士族，你要明白，你和孙权是既合作又对抗的关系。没有感情，只有博弈。作为非江东士族，比如你是荆州士族，孙权占领了荆州，并不会重用你们，你也只会说孙权怎么那么坏。其实三国都一样，曹操也是士族里只重用颍川士族，其他士族得不到崛起的机会，这是主公与大股东的合作规则，到哪都一样，你和大股东不是一个派系，再有才华也没用。

如果你是孙权的族人，只要不太大，不要让孙权感受到威胁，你是能获得能量的，比如孙瑜、孙皎之类。一旦超越了这个阈值，孙权可能感受到危险，会把你大变活人，比如孙贲、孙辅之类。这孙权：
噩梦难度的主公之路

和曹操不一样。曹操对夏侯惇、夏侯渊、曹仁、曹洪是非常信任的。所以作为孙权的族人，你要知道那个阈值在哪里，心里要有数。

如果你是孙权的百姓，经济的开发对你的个人生活是有改善的，境内没有战火也保证了你的生命安全。即使是叛乱，也是山越族叛乱，汉人叛乱较少，不像曹魏内部叛乱不断，而且叛乱被剿灭后，孙权也不会报复平民，不像曹魏，只要内部叛乱，剿灭就屠城。

于是有人说了，那孙权是好人啊。孙权也属于边疆人，具备反复无常这个特点，内心缺乏孔孟之道，做事可以突破底线，不是传统意义上的好人。有人说了，那孙权算英雄吗？我从不做这种概念性的评价。如果你欣赏孙权的卧薪尝胆精神，只看他的一个维度，那他就是英雄。如果你觉得孙权制衡玩得溜，是个杰出的老板，那他就是杰出的老板，这是你的理解，都可以。如果你说他不会打仗，是孙十万，是渣权，那他就是渣权。如果你觉得孙权心狠手辣，那他就是恶魔。

这就像盲人摸象一样，如果你摸尾巴，那大象就是个绳子；如果你摸大腿，那大象就是个柱子。那如果问大象到底是什么，大象就在那里，就是大象，不是绳子，也不是柱子，因为大象是复杂的，就像英雄、狗熊、奸雄这种定义无法客观地定义一个历史人物一样，更不能简单地抹黑或者洗白。不是说我今天写《曹操传》，那曹操是我的主角，他的所有优点我死命地吹，他的缺点我不提或者一笔带过，或者找歪理来洗，这是我不赞同的。大象就在那里，不黑也不白。大象就是大象，不以个人立场而改变形象。

第二部分 客观评价

孙权 小传

孙权（182年—252年），字仲谋，吴郡富春县（今浙江省杭州市富阳区）人。三国时期孙吴开国皇帝。

建安五年（200年），孙策遇刺身亡，孙权继位，被汉廷任为讨虏将军、会稽太守。

建安十三年（208年），与刘备联军，于赤壁之战大破曹军。

建安二十四年（219年），派吕蒙袭取荆州。

黄初二年（221年），向曹魏称臣，被册封为吴王。

黄武元年（222年），在夷陵之战中大败刘备。

黄龙元年（229年），正式称帝，国号"吴"，史称孙吴。

黄龙二年（230年），派将军卫温、诸葛直抵达夷洲。

神凤元年（252年），孙权病逝，享年七十一岁，在位二十四年，谥号大皇帝，庙号太祖。

徐琨
孙权的哥哥，孙权的岳父

如何客观评价徐琨？

徐琨是东吴早期统帅天花板，孙坚对他重封，孙策忌惮他，孙权对他非常尊敬。

先看经济维度。徐琨是吴郡富春人，即如今杭州人。在上海和苏杭一带，徐家、陆家可不得了。徐家汇、陆家嘴听说过吧？后来的徐阶也是这里的人。《士族生存法则》第一条："军阀要和当地士族合作。"你有钱，那孙坚就得跟你合作，孙坚就把自己的亲妹妹嫁给了徐家族长徐真，生个儿子，徐家少爷就是徐琨。所以徐琨是孙坚的外甥。同理，杭州吴家也有钱，孙坚本人娶了吴家的女子，然后孙坚打仗，杭州吴家、徐家提供了兵马钱粮，是股东。吴家股东代表是孙坚的小舅子吴景，徐家股东代表是孙坚的外甥徐琨。这两个人跟着孙坚去打仗。

再看统兵维度。徐琨随孙坚征伐有功，被拜为偏将军。在孙坚

第二部分
客观评价

时代就当了偏将军,应该是孙坚麾下的统帅。徐琨当偏将军是什么概念呢?比关羽早了近十年,比周瑜早了近二十年。后来徐琨跟随孙策讨伐刘繇,他和他母亲都立了大功。徐琨的母亲还参与了战争,出谋划策。三国里真正参与战争的女性只有两个,一个是徐琨的母亲,一个是王异。其他的像王元姬、辛宪英,只分析大局势,没有真正参与过战争。由于徐琨和他母亲的功劳,徐琨被封为丹阳太守。丹阳可不是一般的地方,以山越著名,那是募兵基地。曹操、孙坚、刘备都是靠丹阳山越起家的,所以孙策封完后,自己心里都不安了。史料原文,"琨手下兵多,策嫌其太重,且方攻伐,宜得琨众"。孙策觉得徐琨的兵太多了,就拿走了徐琨的兵权,还让舅舅吴景代替徐琨当了丹阳太守。孙策对徐琨就是这么忌惮。看见没?孙坚重封他偏将军,孙策忌惮他,把他的士兵和官职都拿走了。到了孙权时代,徐琨是孙权表哥,孙权直接喊他叫爹。不是表哥,怎么叫爹了?原来孙权为了拉拢徐琨,娶了徐琨的女儿,徐琨摇身一变,从表哥变岳父了。不仅如此,孙权让徐琨当督军中郎将,去攻打叛变的庐江太守李术。徐琨取得胜利后,被封为广德侯,迁平虏将军。平虏将军是个杂号将军,孙权自己才是个杂号将军,关羽近十年后才当上杂号将军,周瑜到死也没当上杂号将军。广德侯,广德是县,广德侯是县侯。关羽、周瑜这辈子也没当过县侯。孙权为什么这么拼命封徐琨呢?

这就进入了制衡维度。孙权上位时权力极小,幕府兵权在中护军周瑜手里,行政权在长史张昭手里。张昭之前带领所有文官,要拥立孙权的三弟孙翊当主公。三弟孙翊依然有许多支持者。外戚舅舅吴景手握丹阳重兵,还有个藩属太史慈。通俗理解,就是外有外

徐琨：
孙权的哥哥，孙权的岳父

戚、藩属、觊觎位置的弟弟，幕府内部文武权力又在别人手里，孙权就是这种接近傀儡的主公。为了生存，他把淮泗派流寓系当成心腹，就是鲁肃、诸葛瑾、步骘等人，用他们为自己出谋划策；又和江东士族谈交易，就是顾雍、陆逊、朱桓等人，利用他们再来制衡淮泗派征伐系。那如何制衡这个外戚舅舅吴景呢？孙权就认了个爹，让徐琨成为自己的岳父，用岳父来制衡舅舅。一个外戚是灾难，两个外戚就是平衡。

最后203年左右，两个外戚同时消失了。舅舅自然死亡。岳父死在战场上，去打黄祖，战场混乱，不知道哪射来的箭，就把徐琨给射死了。

徐琨 小传

徐琨（生卒年不详），吴郡富春县（今浙江省杭州市富阳区）人。三国时期吴国开国功臣。

出身吴郡豪门，最初担任郡吏。

后，随舅舅孙坚讨伐董卓有功，拜偏将军。

初平三年（192年），孙坚逝后，追随孙策，攻讨扬州刺史刘繇，占领丹杨郡，并领丹杨太守。后，改授督军中郎将。孙权嗣位后，平定庐江太守李术叛乱，击破皖城，被册封为广德侯，加号平虏将军。

建安五年（200年），孙权继位后，徐琨领军击破皖城，被封为广德侯，迁平虏将军。

后，随孙权征讨黄祖，身中流矢，不治而亡。

刘焉

为什么《蜀书》第一个写的不是刘备

《三国志》里《魏书》第一个写的是曹操,《吴书》第一个写的是孙坚,而《蜀书》第一个写的却不是刘备。《魏书》前三个写的是曹操、曹丕、曹睿爷孙三代,合理吧?《吴书》前三个写的是孙坚、孙策、孙权父子三人,也合理。但是《蜀书》前三个竟然写的是刘焉、刘璋、刘备,这三人关系怎么算?那么问题来了,为什么会这样呢?原因是我们总说蜀汉,如果政权叫汉,那刘焉、刘璋完全没有资格放在刘备前面。刘备前面那得是谁?汉桓帝、灵帝、少帝、献帝、刘备这样排。但如果这只是一个蜀地的割据政权,那就是刘焉、刘璋、刘备,没毛病。有人说了,刘焉、刘璋算老几,也配和刘备比。其实,这只是我们习惯性地把刘备当主角的看法。

事实上,从许多维度来看,刘备只是刘焉的延续。

比如,站在益州本地人的角度来看,刘焉重用几十万难民,也就是三辅人和南阳人组成的东州人,用难民来压制本地人。刘焉这

刘焉：
为什么《蜀书》第一个写的不是刘备

么做，刘璋这么做，刘备还这么做。对于益州人来说，三代刘老板一模一样，毫无区别。刘备就是个小刘焉。如果站在难民的角度看，三代刘老板都是用我们难民来压制益州人。刘焉听说预言益州要出天子，就来了益州；听说预言吴懿妹妹会当皇后，就让儿子娶吴懿妹妹。刘备呢？听说益州要出天子，来了益州；听说吴懿妹妹会当皇后，就自己娶吴懿妹妹，这是不是一样？

站在征伐的角度，刘焉占领巴蜀后，派张鲁进攻汉中；刘备占领巴蜀后，也是进攻汉中，一样。然后刘焉想称帝，道具都准备齐了，但汉献帝还存在呀，这是个问题。所以刘焉让儿子们勾结马腾，密谋攻打长安，估计是想让汉献帝消失，但马腾战败了，刘焉计划失败。汉献帝活着，他就当不了皇帝了。到了刘备这里，简单了，曹丕让汉献帝禅让了，刘备直接对外宣称汉献帝死了，然后称帝了。其实汉献帝没死，汉献帝是和诸葛亮同一年死的。最有意思的是，刘备还给汉献帝整了个谥号，叫愍，可怜的意思，可怜的刘协，你被曹丕"弄死"了，其实汉献帝活得好好的。蜀汉粉丝们不应该把刘协叫作汉献帝，"献"是曹睿给的谥号。如果认为曹魏是东汉的延续，是正统，才叫汉献帝。如果认为蜀汉是东汉的延续，属于正统，那得管刘协叫汉愍帝。

回过来看，刘焉和刘备在对待益州人和难民的态度、对吴懿妹妹的方式、占领巴蜀后的作战方向，以及称帝思维都一模一样。所以在外人看来，刘备没啥特别的，玩的都是刘焉玩剩下来的，一个小刘焉。有人说了，小刘焉不应该是刘璋吗？非也，刘璋没娶吴懿妹妹，刘璋也没想称帝，刘备比刘璋更像刘焉的延续。有人说了，刘备像刘焉也合理，因为，刘焉在幽州当官的时候认刘备当侄子。

第二部分
客观评价

认侄子那个是演义编的，而且刘焉也不可能去幽州当官。刘焉要知道罗贯中这么编，那得说：几个意思啊，看不起谁呢？刘焉当过的官是啥？辟公府、洛阳令、冀州刺史、南阳太守、宗正、太常。解读一下，先是给三公当府官，然后接着当洛阳县令——首都洛阳的县令，然后冀州刺史、南阳太守。在冀州、南阳当官是什么概念？云台二十八将，有十一位来自南阳，七位来自冀州，七位来自颍川，南阳、颍川、冀州是最好的地方。刘焉是冀州刺史、南阳太守，然后是宗正。这是什么职位？皇亲国戚大长老，皇亲国戚第一人。然后刘焉当了太常，位列九卿，下一步就三公了。所以你看刘焉当过的官，都很厉害，他不可能跑到边疆幽州当官。在即将晋升三公的时候，刘焉突然改变了职业规划，玩了个花活，他提议废史立牧。就这个提议加速了大汉王朝的结束。汉朝灭亡最大的两个罪魁祸首，一个是袁绍，一个是刘焉。玩过三国杀的同学知道，一旦废史立牧，这局游戏就结束了。看见没有？无论历史上还是游戏中，废史立牧都能加速结束。

废史立牧为什么那么重要？我在此详细说一下。东汉是按州、郡、县划分的，相当于今天的省、市、县，州相当于省，郡相当于市，县就是县。州的老大叫州牧，就是省长；市的老大叫太守，就是市长，这都没有区别。省长管市长，市长管县长，对吧？那当时省长不常设置，只偶尔才有，管理结构是朝廷直接管理全国一百多个市长。省长不是没有，是偶尔有。比如说皇甫嵩灭了冀州黄巾军后，冀州太乱，皇甫嵩就当了冀州省长，这是偶尔的、临时的。所以市长是地方上的顶级长官了。刘焉当了南阳太守，南阳是天下第一郡，地方官最牛的了，到顶了。当时没有省长，但有一个特殊的刘焉：
为什么《蜀书》第一个写的不是刘备

官职叫作刺史。刺史是个小官，只有六百石俸禄，而太守市长有两千石，刺史的俸禄连太守的三分之一都没有。但是刺史是监督官，负责监督市长，他没有权力指挥市长，但能监督市长。到188年，刘焉提出废史立牧，说黄巾之乱后，各地混乱，为了整顿地方，必须各地都有省长，必须一直有，每个州都有，废除掉以前那种只负责监督的刺史，改为拥有州牧权力的刺史，或者直接立州牧，所以叫废史立牧。所以188年后的刺史等于州牧，但级别上州牧更尊贵，其实实权一样。有人称刺史为省长，有的从刺史升为了州牧也称省长，没有实质区别，都是掌管一个州的军政大权，管着一个州所有的太守，是地方上的土皇帝。有人说一个州而已，能有多强。赤壁之战前，孙权所谓的江东，其实只有扬州的三分之二。我们感觉赤壁之战前孙权拥有了一个国家，事实上还不到一个州。阿斗虽然是皇帝，但蜀汉只有一个益州，而且益州南部的异族根本不服管，蜀汉其实只管半个州，还要进攻九个州的曹魏。所以别小看一个州的土皇帝。刘焉为什么提出这个呢？他想跑到最偏远的交州去当皇帝，交州就是广东和越南北部，天高皇帝远，真去了，等于自己当皇帝了。然而他手下说，老大别去交州，我听说江湖预言益州要出天子，你的目的不就是自立当天子吗？你去交州能不能当天子还不知道，但益州是要出天子的，你去了益州不就对应预言了吗？刘焉为了当土皇帝，提出了这个制度。结果麻烦了，大汉十三个州，京城司隶不算，弄出十二个土皇帝，形成割据，这不是加速了大汉的灭亡吗？有人说了，刘焉怎么那么自信，他提出废史立牧，他就能当上州牧吗？万一不选他怎么办？刘焉是策划者，这个制度必须对刘焉有利益。废史立牧的逻辑是必须是皇亲国戚或者是京城重臣才能

第二部分
客观评价

当州牧。刘焉当过宗正呀,皇亲国戚里的大长老,他必须能当上。

咱们客观评价一下刘焉。统兵、经济、制衡三个维度。

先看统兵维度。一、刘焉派张鲁、张修进攻汉中,杀掉了益州汉中郡太守苏固。二、刘焉击败了益州犍为郡太守任歧。三、刘焉派青羌兵击败了益州校尉甲龙,斩杀甲龙,并击败了董卓派来的前将军赵谦。四、刘焉杀掉了益州豪强王咸、李权等十几人。打汉中,打犍为,打益州校尉,打朝廷将军,斩益州豪强,刘焉是靠着这一系列操作,才稳住了益州。这个比较颠覆吧?我们记得刘焉就是朝廷封了官,然后名正言顺就上任了,非常简单。其实哪有那么容易,你想在这儿当土皇帝,各个太守得同意呀,益州的世家大族也得同意呀。益州天高皇帝远,我是太守,我是豪强,你凭啥拿张调令,就来管我,这得靠拳头。那刘焉怎么做到的呢?太守不服,军队打。豪强不服,直接杀。

那有人会问,刘焉不就是个暴君吗?非也。史料记载,刘焉在益州是"务行宽惠",实行的是仁政,这是刘焉的经济维度。正是这个仁政救了刘焉,为什么这么说呢?你刘焉再厉害,带着一群外地人想征服本地人,谈何容易啊。同样的剧情,曹操在兖州大崩溃,孙策被刺杀,刘备被丹阳兵反叛,吕布被士族反叛,刘表能镇得住是得到了荆州本土士族的支持,但刘焉没有呀,怎么办呢?恰好贾诩乱武,李傕、郭汜劫掠三辅,张济劫掠南阳,三辅和南阳十几万户难民逃亡,也就是五十多万人,往哪里逃呢?益州的刘焉实行仁政,结果五十多万难民就涌入了益州。难民是外地人,刘焉也是外地人,而且难民里有大约四分之一的荆州人,刘焉就是荆州人,这就形成了联盟。这个联盟是一股强大的力量,军队叫作东州

刘焉：
为什么《蜀书》第一个写的不是刘备

兵，派系叫作东州派，死死压制住益州本地人。关键的是人多，十几万户五十多万人，是什么概念呢？蜀汉灭国时的户籍人口是九十多万人，当年东州人就有五十多万，可能与益州本土户籍人口持平了。你可以简单理解为，益州人口一半是外地来的难民，一半是本地人。这个现象一直延续了下去。刘焉时代搞制衡，一手是外地难民，一手是本地人，让外地难民压住本地人。刘璋时代还是这么干。到了刘备时代，依然这么干。吴懿、法正、孟达、李严是外地人，黄权看着是本地人，其实是荆州江夏黄氏搬家过来的，和刘焉是亲戚。刘焉的母亲就出自江夏黄氏家族。

所以很多人奇怪，为什么刘备要重用吴、法、孟、黄、李这些人？这是刘备能决定得了的吗？你管辖内一半的外地难民，不用这些外地难民的大佬，能行吗？刘备没得选，所以刘备的口号是"恢复汉室"，看着和刘焉、刘璋这种割据势力不一样，但其实真正落地做的事儿、管理模式、重用的人、要打的领土以及想称帝，毫无区别。只是我们今天会觉得刘备独一无二，是大汉最后的光。但在当时人看来，你不就是刘焉、刘璋的延续吗？而且我们过得还没有刘焉、刘璋时代好，因为那个时候没有直百钱，没有严苛的法律。

正因为这样，《蜀书》的顺序是刘焉、刘璋、刘备。刘备真实的身份只是蜀汉割据政权的第三代统治者。

刘焉 小传

刘焉（？—194年），字君郎（一作君朗），江夏竟陵（今湖北省天门市）人。东汉末期宗室官员、军阀，汉末群雄之一。

初，以汉朝宗室身份，拜为中郎，历任洛阳县令、冀州刺史、南阳太守、宗正。

中平五年（188年），提出"废史立牧"，自请充任交州牧，后成为益州牧，封爵阳城侯。

到任后，优容豪强，安抚士庶，派张鲁占据汉中，派青羌兵击杀了任岐、贾龙。

初平二年（191年），造皇帝专用的乘舆车具千余辆，荆州牧刘表上言朝廷称其图谋不轨。

兴平元年（194年），与长子左中郎将刘范及征西将军马腾策划进攻长安。事败，长子刘范与次子刘诞皆被杀。

不久，发背疮而死。

刘璋

说曹操来，曹操没来

刘璋很励志吗？是的，一个被权臣扶持的傀儡主公，反杀了权臣，然后再用外戚去对抗藩属；然后本该当主公的哥哥狂疾病逝，自己坐稳了位置，相当励志。

原本刘璋是没有资格当主公的，刘焉有四个儿子，老大老二死了，该老三刘瑁接班，老四才是刘璋。而且老三娶了吴懿妹妹，就是刘备未来的皇后。江湖预言，吴懿妹妹未来能当皇后，所以刘焉让老三娶了她。他的意思是，我刘焉称帝，然后传位给老三，老三当了皇帝，老三老婆是皇后，预言达成。看见没有？这老三是刘焉定下来的未来皇帝，所以刘璋哪有机会？而且立长不立幼，老三是哥哥，老四刘璋是弟弟，怎么也轮不到刘璋。但是刘焉死后，权臣赵韪觉得刘璋好控制，把刘璋扶上台当了傀儡。

刘璋刚上台，益州本地人甘宁甘兴霸就造反了。赵权臣立刻去镇压。甘宁失败了，逃到刘表那里。赵权臣一调查，说是刘表挑唆

第二部分
客观评价

的甘宁，这说明刘表要大举来进攻我们了，为了保家卫国，我要当征东中郎，将率领大兵团去抵挡刘表。刘表一看益州军队来了，赶快让李严守护边界秭归。赵权臣和李严这就对峙上了。李严是来防御的，没必要进攻，赵权臣手握重兵也是来防御的，也没必要进攻。这些都不是重点。重点是赵权臣已经名正言顺地手握重兵了。这就是我常说的，你得有项目做，才能获得能量。项目做不做成功，不重要，重要的是你得一直有项目做。许多人说历史上哪个哪个统帅，为什么要进攻，这明显是吃亏的仗，为什么要打？你是站在军事的角度考虑的。站在政治的角度，能去打，项目能启动，就能吸到能量。这能量你吸到了，你的政敌就没吸到，此消彼长。项目能启动，你就成功了。然后手握重兵的赵权臣，突然勾结地方豪强，突然造反了，说突然可能不准确，因为他一造反，蜀郡、广汉、犍为全部造反了，这可能叫如约造反。这个如约的结果是啥呢？合围成都，包围刘璋。许多人说刘璋懦弱，214年的时候刘备一包围成都，刘璋都吓傻了，他哪见过这阵势？这是你不了解刘璋，刘璋还真见过。刘璋上位的第六年，遭遇了在成都被包围。按照一般的剧本，刘璋的故事到这里就该结束了，除非奇迹发生，结果奇迹真的发生了。这个奇迹叫东州难民，他们是司州三辅和荆州南阳来的难民，因为都从益州东边的州来的，被称为东州难民。刘焉时代，刘焉为了不成为益州本地人的傀儡，就用东州难民来压制益州本地人，所以益州人和东州人之间有血淋淋的仇恨。如果益州人攻破成都，成都城里的东州难民必定遭殃。所以东州难民奋起反抗，最后绝地反杀。

有人说了，刘璋运气真好。非也，这不仅仅是运气问题。大家

刘璋：
说曹操来，曹操没来

思考一个问题，成都是刘璋势力的首都，为什么会有大量的难民？这些难民数量庞大，能做到绝地反杀，至少得几万人。既然赵权臣是益州人，他与东州难民是敌对的，为什么数万难民会出现在首都？如果赵权臣一直待在首都，那必定不可能。但赵权臣走了，借着保家卫国的名义到外面拥兵自重，不在首都了。这个时候，刘璋干了件事：史书的记载是刘璋软弱，纵容难民，无力管理难民。你光看这个记载，那刘璋好像是个"废物"，但恰恰是这个"废物"的举动，导致成都才会出现数万难民。大部分傀儡主公都面对一个问题，要不要亲近权臣派系，比如刘琮要不要亲近以蔡瑁为首的荆州士族，阿斗要不要亲近荆州士族，都面临这个选择。如果刘璋真是个乖宝宝，被赵权臣忽悠，亲近贤臣益州人，远离小人难民营，那刘璋早就死了。无独有偶，纵容难民这事，曹操也干过。曹操纵容青州难民、青州兵，刘璋纵容东州难民、东州兵，虽然曹操没有出现被叛军包围孤城的那一天，但如果出现，也许这么多年的纵容也能换来青州兵的绝地反杀。曹操死后，曹丕继位，曹丕惧怕藩属臧霸出问题。孙策死后，孙权继位，孙权惧怕藩属太史慈出问题。刘焉死后，刘璋继位，刘璋惧怕藩属张鲁出问题。结果呢曹丕上位第六年，彻底削除了藩属臧霸一党。孙权上位第六年，藩属太史慈去世。刘璋上位第六年，藩属张鲁果然不听指挥了，要叛变了。

有人说刘璋咋那么惨，赵权臣的问题还没搞定呢，现在张鲁问题怎么处理？其实刘璋惧怕的除了赵权臣、张藩属之外，还有庞外戚（庞羲）。赵权臣拥兵自重，张藩属拥兵自重，庞外戚也是。庞外戚是巴西太守，后来张飞也是外戚，也是巴西太守。庞外戚在巴西拼命招募巴西的賨人，也叫板楯蛮，即异族兵，属于私自扩充兵

313

第二部分
客观评价

力，并有了不臣之心。既然张藩属拥兵自重，庞外戚也拥兵自重，那刘璋就命令庞外戚去打张藩属，看看你们谁的兵更强。刘璋的制衡还是有一套的，纵容外地难民对付本地人，调动外戚去打自立的藩属。外戚和藩属也不存在利益冲突，你在汉中吃你的，我在巴西吃我的，谁会跟谁真死磕呢？所以双方就比画比画，没太大消耗。这个结果刘璋能满意吗？肯定不行呀。按《后汉书》记载，张鲁有许多部曲在巴郡，刘璋封庞外戚为巴郡太守，管辖范围变大了，以前只管巴西，现在管整个巴郡，就能吸收张鲁的部曲了。这样一来，原本是你吃你的，我吃我的，现在你要吃我盘子里的了，打吧。张鲁主动进攻庞外戚，张鲁是几乎不主动进攻别人的，除非你吃到他盘子里了。刘璋的计划成功了，庞外戚被削弱了，没有能力叛乱了。至于叛乱的张藩属不用怕，他只吃他盘子里的，不主动进攻。现在的局势是赵权臣死了，庞外戚弱了，张藩属不主动打人，刘璋终于获得了安稳。

但是没安稳几天，新情况出现了。赤壁之战前，曹操封了两个官，一个是孙权的大堂哥孙贲，被封为征虏将军；另外一个是刘璋的三哥刘瑁，被封为平寇将军。这可是个危险的信号。孙策的大堂哥孙贲在孙坚死后，是当过孙家之主的，现在曹操以天子名义给封了个征虏将军，而孙权也只是个讨虏将军，都搞不清楚谁是主公了。曹操就故意勾起孙贲心里的一个念头，你看我也曾经也是孙家之主呀，就算孙贲不这样想，其他一直居心叵测的人也想扶植孙贲。曹操就是想往这个方面引导。刘璋这里也是，他三哥是平寇将军，自己是振威将军，振威和平寇，谁是主公呢？而且刘瑁是哥哥，刘瑁的老婆命中注定是皇后，益州人该怎么想？拥立刘老三，

刘璋：
说曹操来，曹操没来

干掉难民支持的刘璋，可怕不？所以孙权那边，赤壁之战一打完，孙贲就去世了，孙贲的亲弟弟也被孙权以私通曹操的罪名终身监禁。刘璋这里也是，刘瑁被曹操封完了官，不久就狂疾过世。曹操要挑拨他们内部自乱，最好能像袁谭、袁尚一样分裂、互咬。曹操之前尝到了甜头，就想复制这种剧情。

当然曹操给孙权的哥哥、刘璋的哥哥封官，这也就意味着他想要吞并孙权和刘璋了。其实，孙权和刘璋很像，孙权一上位，面临的是亲三弟孙翊、权臣周瑜、外戚吴景、藩属太史慈，刘璋则面对三哥刘瑁、赵权臣、庞外戚、藩属张鲁。孙权这边的结果是，三弟遇刺，周权臣病逝，吴外戚去世，太史藩属去世。刘璋这边是三哥病逝，赵权臣被灭，庞外戚被削弱，张藩属不管了。上半场二人的剧本接近，下半场二人的剧本也一样。曹操南下，刘表势力投降，曹操要打孙权，孙权把刘备当藩属用，联合抗曹，然后继续用刘备当门板，挡门。所以刘璋这里的剧情应该是，曹操来了，张鲁势力投降，曹操然后打刘璋，刘璋应该找个藩属联合抗击曹操，然后继续用这个藩属当门板，挡门。这个藩属应该是谁？天下间还有谁能与自己联合抗曹？论实力，论经验，论对曹军的熟悉程度，除了刘备，还能找到第二个人吗？有人说了，不对，刘备不是在给孙权当门板的吗？他都接了孙权的活了，怎么还能再接刘璋的活呢？但是刘备有关羽，让关羽代替自己继续给孙权当门板，自己抽出身来把刘璋的活给接了。按道理来说，刘璋的剧情走向会和孙权一样。果然，曹操来了，找韩遂、马超借路打张鲁，韩遂、马超不借，造反了，曹操就击败了韩遂、马超；接下来该吃下张鲁了，然后刘璋、刘备联合抗曹了。

第二部分
客观评价

　　但是就在所有人都以为曹操要来进攻张鲁的时候，张鲁府库都准备好了，就要投降的时候，曹操没来。曹操为什么不来了呢？曹操去玩制衡去了。曹操想在河北称公，以削弱豫州士族对自己的控制。不光孙权、刘璋需要制衡，曹操也需要。比起打刘璋，曹操内部的制衡更重要。曹操去忙这个去了，跟豫州士族内卷去了，把豫州士族之首荀彧给卷死了。曹操走了，刘璋傻眼了，这就好比孙刘联合抗曹要打赤壁之战，结果曹操没来掉头走了，留下刘备跟孙权大眼瞪小眼，那这俩能和睦相处吗？肯定不行。刘璋这里也是。之前刘璋想得挺好，刘备当门板挡住曹操，就算刘备有异志，他也不敢轻举，因为曹操就会打他背后，刘备会被牵制得死死的。结果曹操没来，整个计划崩了。

　　新扶植的藩属叛了，有人说了，刘璋肯定慌了，他哪见过这个。还真不是，刘璋还真见过。藩属张鲁也叛过，刘璋怎么办呢？让外戚去打藩属。现在刘璋故技重施，让外戚吴懿去打藩属刘备，同样的配方，同样的味道，既能挡住叛变的藩属，又能削弱外戚，岂不美哉？但是令刘璋没有想到的是，外戚叛变了，投降刘备了。刘璋有点懵了，这怎么跟上次不一样呢？不过他还有撒手锏——东州难民。刘璋派东州派的李严为护军，去对付刘备。上次东州难民能绝地反杀背叛的权臣，这次一定也能反杀背叛的藩属。结果东州难民也叛变了。刘璋没牌了，彻底完了，剩下就是时间问题了。有人说了，咋会这样呢？为什么同样的手法，这次就不行了呢？其实这有个立场问题，庞外戚去打藩属张鲁，他们二人无法并存，张鲁是政教合一的统治者，又不打算占领巴蜀，庞外戚如果投降了张鲁，那还能成为巴蜀外戚吗？那完全不行了。但这次吴外戚去打藩

刘璋：
说曹操来，曹操没来

属刘备就不一样，吴外戚是巴蜀外戚，刘备占领巴蜀后，可以与吴外戚联姻，吴外戚继续当巴蜀外戚，没有变化。主公是刘璋还是刘备，对于吴外戚没有区别，而且弃暗投明，跳个槽，还能涨一下待遇。东州难民也是一样，之前和益州势力全程死磕，必须磕，因为无法共存。益州人赢了，东州难民在益州就不被重用了，甚至活不下去。但现在面对刘备，刘备占领巴蜀后，他们依然可以被重用，而且是弃暗投明，还能提升待遇。东州兵是由三辅人和南阳人构成的，刘备带的是荆州军队，但其中也有南阳人，黄忠是南阳人，魏延也是南阳人。李严也是南阳人。这还打什么呢？东州派投靠刘备后，南阳人就成了"蝙蝠人"，既是东州派，又是荆州人，这多爽。李严的副手费观，也就是费祎的叔叔，荆州江夏人，是刘璋家的外戚，一样既是东州派，又是荆州人，所以未来费祎混得好。所以刘璋的外戚和东州派为什么会投降？因为刘备并不是要废掉刘焉、刘璋的体系，而是要当刘焉、刘璋体系的延续，这是能投降的根本。如果刘备说我进入益州后，要彻底改变刘焉、刘璋那一套，要重用荆州派和益州本地人，把东州人赶出益州；还有不相信什么皇后预言，不会和刘璋的外戚吴懿联姻。如果是这样，那你看吴外戚和东州兵会投降吗？所以刘备要当刘璋的延续，这恰恰成为他能干掉刘璋的制胜法宝。因为只是换一个老板，其他都不变，大家才敢投降。

当然，万事都是双刃剑，刘备要当刘璋的延续，虽然对占领益州和稳定益州有用，但同时也伤害了刘备的元老派和荆州派的感情。元老派和荆州派会想，我们跟着你接管了新公司，你倒好，自己成了老板，原公司的核心原样不动，那我们怎么办？你让吴懿当

第二部分
客观评价

国舅爷，那以前的国舅爷糜芳怎么办？你重用孟达攻城略地，那元老派的士仁怎么办？你让东州派法正当尚书令加护军将军，那诸葛亮带着的荆州派怎么办？所以成也萧何，败也萧何，刘备延续刘焉、刘璋的这个思路，能让他快速崛起，创建蜀汉，但也造成了内部的不兼容，产生连锁反应。后来出现法正去世、黄忠去世、张飞遇刺、孟达叛变、黄权叛变等一系列问题，令蜀汉衰败，一直延续到李严被弹劾，费祎被刺杀。这都是不兼容所造成的后遗症。

总之，刘璋以傀儡的身份出道，通过各种制衡坐稳位置，但因为曹操要去玩制衡，没有档期，导致刘璋的制衡失衡，被刘备钻了空子。刘备为了干掉刘璋，选择强行兼容，打败了刘璋，迅速崛起，但因为内部不兼容，短暂的辉煌后立刻衰败，并留下了后遗症。

刘璋小传

刘璋（？—221年），字季玉，江夏竟陵（今湖北省天门市）人。东汉末年宗室、军阀。

为刘焉幼子，母费氏。

中平五年（188年），刘焉出任益州牧，只有第三子刘瑁随刘焉入蜀。后来，刘璋上表请求探望刘焉，入蜀之后便不再返回朝中。

兴平元年（194年），刘焉长子刘范与次子刘诞皆被杀。刘焉背疽发作去世。益州帐下司马赵韪等人推举刘璋继掌益州。

建安五年（200年），赵韪发动叛乱。刘璋退守成都，依靠"东州兵"击破并斩杀赵韪。

建安十六年（211年），听信张松、法正之言，迎接刘备入

刘璋：
说曹操来，曹操没来

益州，抵抗曹操。

建安十七年（212年），处死张松。刘备转而进攻刘璋。

建安十九年（214年），刘璋出城投降。刘备把刘璋迁至公安。

建安二十四年（219年），东吴吕蒙、陆逊袭击荆州，刘璋因此归于东吴，被孙权任命为益州牧，居于秭归。

夷陵之战（221—222年）期间，刘璋去世。

刘备

刘备的『逆商』

如何客观评价刘备？我先从统兵、经济、制衡三个维度来评价。

先看统兵维度。刘备统兵三次奇袭许都，其中一次斩蔡阳，一次围困夏侯惇和于禁，战绩不错。曹操的基地许都总共被袭击过三次，这三次全都是刘备策划的。刘备之前又击败过王忠、刘岱、车胄，这都是战功。刘备人生最辉煌的汉中之战，击杀夏侯渊，占领汉中。许多人说刘备不会打仗，这种评价是不公允的。陶谦用刘备当藩属挡曹操，袁绍、刘表、孙权和刘璋都曾用刘备当藩属去挡曹操。刘备被称为"五星藩属"，专业对抗曹孟德。曹操曾说"刘备，吾俦也"，都不敢看不起刘备。今天许多人说刘备不会打仗，这是不合理的。在统兵这个维度，刘备是上等的。有人说了，那刘备的战绩也能跟曹操比吗？论统兵能力我认为刘备不比曹操差，差的是后勤。曹操有强大的颍川士族支持，是刘备比不了的。

刘备：
刘备的"逆商"

再看经济维度。刘备并没有大力发展荆州和益州，没有类似于"繁荣邺城，打造建邺"这样的举措。诸葛亮的法律很严苛，但并没有类似变法的改革措施。至于所谓的蜀锦挂钩值百钱经济体系，这个只是后人的想象而已。益州无法与曹魏的大规模屯田相比，对比东吴，东吴将还是原始荒蛮的浙江、福建、江西、广东进行了开发。所以从经济发展的角度，刘备是较弱的，但相比蛮横、掠夺的李傕、郭汜，比他们要强。所以算中等水平。

最后看制衡维度。曹操从起家开始，就一手士族，一手宗室，三十年来一直平衡二者的关系，经验丰富。孙权从接位开始，面临变成傀儡或被暗杀的危险，所以一直用制衡手段来活命，平衡各种关系，经验也很丰富。刘备势力早期分为河北派和徐州派，但伴随着失去徐州，整个势力成为流浪军团，形成元老派，也就不存在制衡问题了。当刘备占领荆州后，开始制衡荆州派和元老派的关系，在占领益州后开始制衡荆州派、元老派、东州派三者的关系。但由于刘备制衡经验较少，使元老派崩溃，又因为过度依靠东州派，产生失衡，短期内法正、黄忠、张飞、马超等重臣名将先后去世。这种现象被认为是失衡导致。综上，刘备的制衡能力属于下等。

三个维度评价完，我们再站在各种人的角度来看一下刘备。

首先，当事人承认刘备是皇亲国戚吗？这是大家最关心的话题，我认为是承认的。因为曹操表举刘备为豫州牧，朝廷认了，按照"废史立牧"的规定，州牧得是重臣或者皇亲国戚。刘备自然不是重臣，所以他能符合要求的，只有他是皇亲国戚。换言之，在当时的人们看来，豫州牧刘备的血脉和幽州牧刘虞、兖州牧刘岱、扬州牧刘繇、荆州牧刘表、益州牧刘焉是一样的，并不像今天网友们

第二部分
客观评价

说的，刘备的血脉是假的。虽然中山靖王有一百二十个儿子，繁衍了三百年，他的子孙成千上万人，但依然不影响刘备血脉被承认这个事实。如果你是普通百姓，你会惧怕曹操，因为曹操有十几次屠城，但你不会惧怕刘备，因为刘备不屠城。孙权也有过屠庐江和屠江夏，但刘备没屠过，即便是刘备要充盈府库，也是用直百钱的方式，而不是直接掠夺。当刘备要把益州人的房子、地分给部下时，面对赵云的劝阻，刘备还是听劝的。

如果你是名士，你不用惧怕刘备。虽然刘备也是边疆人，和董卓、吕布、张绣、孙权家族是一样的，有点反复无常的特点，但刘备比他们多了一个身份，那就是经学名士之徒。刘备是大儒马融的徒孙，是大儒卢植的徒弟，是经学宗师郑玄的师侄。论师门，刘备和袁绍、崔琰、刘琰、孙乾全是同门，这也是他与一般的边疆军阀最大的差异。他对大儒很好，比如宋忠、许靖，还有相当于刘备宗室的张飞，也很尊敬名士。

如果你是益州本土士族，你不会喜欢刘备，因为刘备只是延续了刘焉、刘璋的做法，对益州本土依然是压制状态，重用的是压制益州人的东州派。当然这也不是刘备故意想这样做，而是面对刘璋造成的东州派得势的局面，无法改变，只能延续。

如果你是刘备的家人，那还是很危险的。刘备损失了好几任夫人，孩子经常被抓，在长坂坡时，阿斗虽然被赵云救了出来，两个女儿却被曹军抓住。

有人说了，那刘备到底仁德不仁德？我常说，封建主公没有仁德这个维度。举个例子，好比你打游戏，系统提示你可以用五百个农民的命换一个名士。这个时候你会思考损失五百个农民是不是残

刘备：
刘备的"逆商"

忍吗？不会，你只会思考，我是赚了还是亏了，划不划算。刘备是否杀糜竺，这要看杀有利还是不杀有利，怎么样有利于稳固元老派。刘备要不要打荆州，就要看利大于弊还是弊大于利，怎样有利于巩固荆州派。再者，这是刘备一个人决定的吗？这是董事会高层的集体决议，和老板的个人是否仁德没有任何关系。有人问了，那刘备是不是很虚伪？如果你还没到三十岁，你就理解成刘备虚伪吧。如果你超过了三十岁，就不会问这个问题。

说一个大家关心的话题，刘备有没有野心，我认为是有的。刘备四个儿子叫"封禅永理"，还有汉献帝没死，刘备非说汉献帝死了，自己称帝。

另外，刘备有一个特殊的能力叫逆商，就是逆境中的反应。刘备应该是三国所有人物里面遭遇逆境最多的人，但刘备从未放弃。实话实说，我个人在生活中常用刘备的逆商来激励自己，我常对自己说，你遇到的挫折，比起刘备来说算啥。

最后很多人关心刘备有没有个人的勇武。史料记载里是有的，说刘备"有武勇"。好，刘备结束。

刘备 小传

刘备（161年—223年），字玄德，涿郡涿县（今河北省涿州市）人，三国时期蜀汉开国皇帝、政治家。史称先主。

少年时拜卢植为师，而后参与镇压黄巾起义，立下战功。担任安喜县尉、下密县丞、高唐尉、高唐令等职务，后投奔公孙瓒。

黄巾余党管亥围攻北海，刘备应北海相孔融所请，解北海之围。

323

第二部分
客观评价

兴平元年（194年），曹操进攻徐州，刘备前往徐州救援陶谦。陶谦病重，举刘备继任徐州牧。

建安元年（196年），被吕布击败，前往许都投奔曹操，被举为豫州牧。

建安四年（199年），因衣带诏一事，离开许都。

建安五年（200年），被曹操击败，投奔袁绍。

建安六年（201年），往投荆州刘表。

建安十二年（207年），三顾茅庐请出诸葛亮。

建安十三年（208年），联合孙权，大败曹操于赤壁。

建安十四年（209年），被举为荆州牧，一年后从孙权手中借得荆州江陵，据有荆州五郡。

建安十六年（211年），应刘璋之请，带兵入蜀。

建安十九年（214年），进入成都，领益州牧。

建安二十四年（219年），斩杀夏侯渊，取得汉中之战的胜利，进位汉中王、大司马。

章武元年（221年），在曹丕篡汉后，于成都登基称帝，国号"汉"，史称蜀汉，年号"章武"。

章武二年（222年），兵败夷陵，退回永安。

章武三年（223年），托孤诸葛亮、李严，病逝于白帝城，终年六十三岁，谥号昭烈皇帝。

诸葛亮

诸葛亮最杰出的贡献

如何客观评价诸葛亮？

老规矩，先从统兵、经济、制衡三个维度来评价。

先看统兵维度。诸葛亮统兵六次，一次南征，五次北伐，战绩是两胜四负。表面上看确实不高，但诸葛亮是天下奇才，是三国里统兵成长值最快的人。第一次北伐时，诸葛亮在天水、南安、安定、街亭、柳城、箕谷等六处战场。到了第二次北伐，立刻改变策略，聚焦只打一个陈仓。到了第三次北伐又改变策略，从奇袭变为阳谋，直接打武都、阴平获胜。到了第四次，就已经能在卤城之战中大破司马懿，斩甲首三千，但因为运输困难，退兵了。到了第五次，他不再运粮，准备三年战区屯田。这招行不行呢？不知道，还没有打到决战，诸葛亮病逝了。诸葛亮就是那种超级天才。第一次考试二十分，第二次四十分，第三次六十分，第四次八十分，成绩一直提升，第五次能不能涨到一百？不知道，去世了。你要问战绩怎

第二部分
客观评价

样，是不怎么样，但你要问能力，成长速度无人能及。如果诸葛亮不死，能北伐十一次，能不能占领陇右，稳住胡羌，攻下长安，真不一定。另外，诸葛亮研发了连弩、木牛流马、八阵图，在《诸葛氏集》中，还详细记录了诸葛亮使用棋子、鼓、锣来指挥军队的方法以及各种军令。我认为诸葛亮统兵的整体能力属于上等。

再看经济维度。虽然诸葛亮被称为法家代表人物，但法家里的管仲、商鞅，这都是通过变法达到了国富民强的效果。诸葛亮并没有变法举措，他的律法只是严苛，并不能起到繁荣的作用。从214年入川到227年写《出师表》，十三年的治理结果是益州疲弊。从227年到234年的七年里，诸葛亮一直没有回过成都，一直在汉中，就更没有经济举措可言了。至于网上流传的"蜀锦挂钩直百钱"打货币战，这个我之前说过是后人的想象。所以诸葛亮的经济维度是中。蜀汉百姓不生活在天堂，也不生活在地狱。蜀汉是历史上一个普普通通的割据势力，只是后人赋予它太多的想象。

最后看制衡维度。诸葛亮作为荆州派老大，主要在制衡南郡系和南阳系。南郡系是"天龙人"，庞统、马良、马谡、向朗、向宠、习祯、杨仪、廖化、高翔这些都是"天龙人"。其中南郡里的襄阳人是"天龙人"中的"天龙人"。诸葛亮培养的接班人，比如马良、马谡、杨仪，这都是襄阳的。南阳的黄忠、魏延、邓芝属于第二等。然后非南阳、非南郡的，非南人是第三等。所以诸葛亮要制衡南郡和南阳的关系。比如街亭之战，南郡的马谡当都督，南郡的高翔当掎角，南阳的邓芝当疑兵，南阳的魏延当辅助。再比如官职的设计，丞相长史是南郡襄阳的杨仪，丞相司马是南阳的魏延。这魏延、杨仪各代表一系互相斗争，诸葛亮来平衡。在诸葛亮活着的时候，平衡处理得还不错，没什么大问题。制衡能力为中等。

有人说，你把诸葛亮评价低了，诸葛亮应该是三国第一人，你看后世的名臣是怎么夸诸葛亮的，你有什么资格说诸葛亮不好？司马炎为了政治需要大力宣传诸葛亮，诸葛亮从此成了顶级名臣的代名词。历代名臣夸顶级名臣的代名词很正常。我们印象里的诸葛亮其实是顶级名臣的代名词，并不是真实的历史人物。当去掉这些光环过后，我们客观冷静地来看这个人。我认为三国君主不算，综合能力最杰出的四个人是荀彧、司马懿、诸葛亮、陆逊，四人同一高度，只是后世的宣传和影响不一样。蜀汉是以诸葛亮为首的荆州士族与刘备合作，东吴是以陆逊为首的江东士族与孙权合作，曹魏是以荀彧为首的颍川士族与曹家合作。荀家下台后，司马家成为颍川士族的二代首领，继续与曹家合作。说一个我的特殊理解，如果诸葛亮是和刘备一起死的，换言之，如果诸葛亮一天大统帅都没有当过，我认为丝毫不影响对他的评价，他依然是和司马懿、荀彧、陆逊一个档次。有人会说那不对呀，诸葛亮如果没有当上统帅，那还有什么功劳，是不是当谋士？非也。刘备死之前，诸葛亮的定位一直是萧何，负责搞后勤供应兵马钱粮。刘备在樊城，诸葛亮教刘备把荒地给流民种。赤壁之战后，诸葛亮负责荆南三郡的税收。汉中之战、夷陵之战，诸葛亮坐镇成都足兵足粮，这是真正的定位——后勤人员。在刘备死后，诸葛亮统兵，当大统帅，成为韩信。至于随军谋士，像张良、荀彧、郭嘉一样，诸葛亮压根不是。其实诸葛亮、司马懿早年都是萧何，后期都是韩信，其实搞后勤的才是地位最高的第一牛人。刘邦的第一人萧何，朱元璋的第一人李善长，这都是搞后勤的，不是韩信、徐达。这和大家的传统认知不一样。所

第二部分
客观评价

所以诸葛亮前期的角色是萧何，解决了刘备的短板。刘备死后，诸葛亮当韩信，很有天赋，成长值很快，但没有达到巅峰，阳寿尽了，战绩不佳。所以诸葛亮最杰出的贡献，恰恰是当萧何的时期。

然后我们站在各种人的角度再看一下。

在阿斗眼里，诸葛亮是权臣。集丞相、益州牧、司隶校尉、开府、北伐军统帅于一身，权力到顶了，但是诸葛亮不是奸臣。

有人说权臣不就是坏人吗？非也。诸葛亮可以对标张居正，都是权臣，都是大权在握，但是并没有做坏事。关于开府，整个三国里只有两个霸府，一个曹操，一个诸葛亮。

有人说了，那诸葛亮有没有想过篡位呢？为什么要篡位？诸葛亮已经权力自由了，篡位做什么？而且蜀汉真实的国号叫汉，蜀汉是史称，汉家天子姓刘，诸葛亮改叫刘亮吗？

如果你是荆州人，那诸葛亮就是神。所有的历史人物，最核心的身份是在本派系的定位，而不是官职。其实作为一个派系的老大，首要任务是维护本派系，强大本派系，然后才考虑其他。就像陆逊，陆逊的首要任务是强大江东士族，然后再考虑其他。诸葛亮作为荆州派老大也是一样，重用本派系，核心全是荆州人。其实荀彧也一样，他推荐的钟繇、陈群、戏志才、郭嘉也全是颍川人。派系老大都一样。然后维护本派系的利益，让顶级的政治能量落入本派系手中。但诸葛亮比荀彧强的是，顶级统兵权力也落入了自己派系手中。所以诸葛亮成了权臣，荀彧不是权臣。作为荆州人，会觉得自己是"天龙人"，诸葛亮就是神。

作为东州派，不会喜欢诸葛亮，原本他们是压制益州人的地头蛇，现在被荆州人压制。而且诸葛亮制定的严苛律法主要是打击东州派和本土豪强，他们是被削弱的对象。作为益州本土人，付出了兵马钱粮，既无法获得顶级政治能量，又无法成为大统帅。而中原士族能获得政治能量，江东士族两个都能获得。对比之下，那对诸葛亮不会太有好感。

以谯周为首的益州本土豪强，他们期待着中原王师早日到来。

再看益州南部的异族，他们被诸葛亮击败后，没有被屠城，不像曹军打完异族就屠城。而且诸葛亮七擒七纵，南部异族会觉得诸葛亮是个善良的人。当然，你善良归你善良，我臣服完之后，你一走，我该叛变还会叛变。

最后作为益州本土庶民，诸葛亮的威望极高，因为诸葛亮打压了东州派和本地豪强，削弱了几十年来一直作威作福的东州、益州豪强们，为庶民增加了利益。

总结：萧何之才，未曾变法。统兵奇才，连弩八卦。派系之主，权臣不奸。名臣符号，客观评价。

诸葛亮 小传

诸葛亮（181年—234年），字孔明，号卧龙，琅琊阳都（今山东省沂南县）人，三国时期蜀汉丞相。

早年，随叔父诸葛玄到荆州；诸葛玄死后，躬耕于南阳。

安十二年（207年），刘备三顾茅庐，诸葛亮提出《隆中对》，陈说了三分天下之计。

建安十三年（208年），面见并说服孙权，孙刘形成联军，大败曹操于赤壁。之后，任军师中郎将，督令零陵、桂阳、长沙三郡，负责调整赋税，充实军资。

建安十九年（214年），与张飞、赵云率兵溯江而上，攻克

第二部分
客观评价

巴东,与刘备会师成都。成都攻下后,受任为军师将军,署左将军府事。

建安二十五年(220年),刘备登基称帝,任诸葛亮为丞相、录尚书事,假节。

章武三年(223年),刘备病重,诸葛亮到永安接受托孤。刘禅继位,被封为武乡侯,开府。

建兴二年(224年),领益州牧,大小政务,悉由决断。

建兴三年(225年),率军南征,稳定了南中。

建兴五年(227年),上书《出师表》,率军进驻汉中。

建兴六年—建兴十二年(228年—234年),五次北伐中原。

建兴十二年(234年),积劳成疾,病逝于五丈原(今陕西省宝鸡市岐山境内),享年五十四岁,被追谥为忠武侯。

关羽

关羽败在刘备的"政治失衡"

如何客观评价关羽？

先看统兵、经济、制衡、个人勇武四个维度。

先看经济维度。209年，关羽遥领襄阳太守，任务就是打襄阳，但为什么十年后才发动襄樊之战呢？就是经济不行，好比游戏里没有技能值，关羽放不出技能。那荆州的兵马钱粮去哪了？被刘备带去打益州了。这是个交易。你们襄阳人、南阳人帮刘备打益州，刘备让关羽帮你们打襄阳、南阳，帮你们把家打回来。刘备这里和孙权一样。孙权的做法是，你们淮泗人帮我打荆州，我帮你们打淮泗，去打合肥。所以关羽发动襄樊之战，不是什么擅自行动，这是兑现交易。有人说了，那刘备做得不对呀。214年，襄阳人、南阳人帮刘备占领了益州，关羽那边怎么迟迟不去进攻襄阳、南阳呢？因为刘备军的经济状况做不到两线作战。有人说了，那不对，孙权为什么可以双线作战？209年，孙权打合肥，周瑜打南郡；215年，孙

第二部分
客观评价

权打合肥，吕蒙打荆州；219年，孙权打合肥，吕蒙占荆州。为什么孙权可以，刘备不可以？因为刘备底子薄。刘备209年才当荆州牧，五年后，他占领益州。诸葛亮在荆南收了几年税，又率兵增援益州去了，没有人把精力放在发展经济上。而孙权不一样，孙权上位后主要是搞制衡和经济，后来占领交州后，扬州和交州一起开发，国力不一样，所以孙权常常两线作战，或者一年里两处战场同时作战。214年刘备把荆州资源抽走了，关羽在经济上无法攻打襄阳。又过五年，到了219年，襄阳人、南阳人以及东州人帮助刘备拿下汉中，南阳人黄忠领兵斩杀夏侯渊，这对于刘备意义重大。占了汉中，刘备自封为汉中王，俨然就是小刘邦了。这一次，刘备得兑现承诺了，先重封了东州派，然后令关羽去为荆州派打家，这次再不兑现就说不过去了，而且已经重封东州派了，必须履行对襄阳人、南阳人的承诺。另外，关羽在荆州也镇守十年了，兵马钱粮也积攒得差不多了，所以关羽发动了大规模的襄樊之战。简单理解，关羽当襄阳太守后，一直很穷，没有技能值，憋了十年，才放出技能来。所以在经济上，关羽算b级。

再看制衡维度。史书上说张飞喜欢士大夫，鞭打士兵，"刑杀既过差"。关羽则喜欢士兵，不喜欢士大夫。这种现象其实和关羽、张飞的身份有关系。由于刘备没有亲兄弟，所以关羽、张飞充当了刘备宗室的角色。如果刘备是皇帝，这两位就是王爷，一个是跟在刘备身边的王爷，一个是镇守一方的王爷。跟在刘备身边的王爷，代表刘备的态度、观点，那必须拉拢文人士大夫。同时刘备封张飞为司隶校尉，监督百官，类似于锦衣卫。锦衣卫"刑杀既过差"，是不是就能理解了？关羽是镇守一方的王爷，如果他和当地的士大

关羽：
关羽败在刘备的"政治失衡"

夫关系好，结成同盟，如果邻国的主公要跟他联姻，他也同意，那意味着啥？他想自立了。刘备是汉中王，关羽是楚王，孙权是吴王，平起平坐了。所以关羽一定不能跟以潘濬为首的荆州本地士族搞好关系，也一定不能接受孙权提出的联姻，而且必须态度坚决，立场坚定，大骂使者。所以，关羽一定要高举大旗：我是宗室，我和士族潘濬不是同党，我和前外戚糜芳不是同党，我和元老派士仁不是同党，对孙权提出的联姻，我是"虎女焉能嫁犬子"。我没有私心，只忠于刘备，千万不要传出我在荆州要自立的谣言。

小结：说关羽高傲，以宗室自居，看不起士大夫，看不起前外戚，看不起元老，这是一种解读。还有一种解读就是，关羽因为是宗室，又是独立在外的宗室，为了避嫌，和士大夫、前外戚、元老、邻国主公这些人的关系就不能好，所以他得大骂邻国使者、得大骂外戚、元老，得傲视士大夫，这不是政治优势，这是政治无奈。关羽的制衡维度，a级。

有人说了，那曹魏是怎么解决这个问题的呢？在曹魏，宗室和士大夫是制衡关系，像关羽这样的封疆大吏型的宗室，比如夏侯渊、曹仁，身边压根就没有有能量的士族，这种问题不存在。当刘备留下关羽"督荆州"，留下潘濬"典荆州"的时候，关羽该以什么样的态度与潘濬共存，这就是个送命题。和士大夫亲近了，刘备要防；和士大夫闹翻了，孙权要防。都说关羽性格差，脾气差，有缺陷，其实真把你放到关羽这个位置上，这道考题你未必能比关羽做得好，你觉得自己聪明，说不定哪天被赐死，你都不明白是为什么。

然后看关羽的统兵维度。在这贫穷的攒技能值的十年里，魏国

333

第二部分
客观评价

的乐进和文聘可没闲着。今天来打关羽一下，明天来打关羽一下；今天烧你几条战船，明天夺你一批辎重。这些成为关羽的黑点。关羽黑粉们一直拿乐进和文聘说事，说关羽挨打，啥也不是。关羽黑粉们的话，也不能算错，毕竟历史真是这么记载的。其实在我看来，关羽没技能值，乐进其实也没技能值。赤壁之战后，曹操的重心在凉州和汉中，乐进只是守卫襄阳，他没有足够的技能值放大招，去攻克江陵。所以所谓的乐进、文聘欺负关羽，其实也就是没有技能值的普通进攻，只是"刮痧"而已，并未对关羽造成什么切实伤害。所以我认为，说关羽被乐进、文聘连番输出，关羽啥也不是，这个逻辑是不对的。还有一种理解就是曹魏有史官记录，而蜀汉没有史官记录。乐进和文聘给关羽刮痧被记载下来了，也许关羽也反击过，也给乐进刮痧过，但没记载下来。也许是双方各自刮痧，五五开。你打不下江陵，我打不下襄阳，都是瞎折腾，刷下存在感，好写年终总结，就那么回事。

接着说关羽的统帅能力。关羽的战术打法，其实是江夏水军的传统打法。一、利用巨舰封锁江面，江夏水军曾经这样对付过孙权。赤壁之战后，关羽封锁江面，绝北道，断绝曹仁后路。十年后，关羽封锁汉江，破坏樊城和襄阳的掎角之势，很有用。二、江夏水军利用大船优势，相当于可以移动的城池，俯视射击，弓箭很强，依靠这个射死了东吴的大将徐琨。关羽延续这个打法，用大船包围堤坝上的于禁军，俯视射击，又依靠大船为掩体，不近战肉搏，就依靠弓箭优势，致使于禁投降。三、江夏军善于诱敌伏击，靠这个杀了孙坚和凌操。关羽延续战术，退兵时吸引徐晃进入十重鹿角的包围圈，战术没有问题，只是很可惜，包围圈被徐晃打穿了。所以小结，关羽在统帅水军上，因地制宜，把江夏水军的优势发挥增强，成了三国水军天花板，s级。

最后看个人勇武维度。能展现关羽个人勇武的，只有斩颜良一件事。在一部分人的脑海中，是关羽单人独马，面对万军，直接冲过去了，谁也挡不住。关羽穿过敌军的前军，冲进中军，斩杀了中军指挥官颜良，万军当中刺颜良。还有一种观点认为，张辽带着先锋军以及关羽一起，快速袭击颜良，颜良仓皇应战，军队没有形成集结。假设是缺少左翼，张辽带着先锋军正面硬刚颜良的前军，关羽个人绕路，来到了颜良军的左翼。由于颜良军队没有来得及集结，左翼空缺，颜良军的注意力集中在张辽与前军交战上，所以关羽突然从左侧迂回插入颜良中军，刺死颜良。简言之，一种观点认为关羽是如乔峰般的英雄，虽千万人吾往矣；一种观点认为，关羽是刺客，抓住了颜良仓皇应战、没有形成集结的空子。这两种观点争论不休。我个人认为，换一个思路来看，关羽杀了颜良后，颜良身边的将士们来围追堵截关羽，结果没有挡住关羽，关羽杀出去了。这一段没有争议，从这个角度来看，杀了敌人主将，还能从万军中杀出来，这也足以证明关羽的个人武力是三国顶流级别的，s级。

统兵s，经济b，制衡a，个人勇武s，平局值是a+，统军将领当中无出关羽之右者。

另外说一下关羽"绝北道"。关羽"绝北道"是神战绩吗？

有人说关羽"绝北道"要切断曹仁后路，曹操怕了，派徐晃、满宠来打关羽，关羽一对二，然后曹操又叫李通来支援，关羽一对三，胜负没有明确记载。但是曹仁怕了，退兵了，放弃了江陵。周瑜带重兵围困曹仁，曹仁都不怕。关羽一招"绝北道"以一敌三，

第二部分
客观评价

最后吓得曹仁弃城逃走,所以能拿下江陵是关羽的功劳,周瑜只是趁机占城而已,这种说法对吗?

关羽"绝北道"是在汉津。长坂坡时,关羽带着水军在汉津与刘备相遇,所以关羽"绝北道"大概率用的是水军封锁水路,此时关羽指挥的可能是刘琦的江夏水军。这个江夏水军之前是黄祖的,黄祖和孙权交战时,就曾用两艘巨舰封锁江面,所以关羽"绝北道"极有可能是用巨舰封锁江面。现在曹操的战船已经被烧了,曹操又跑了,留下乐进、徐晃、满宠断后,也没有说这三个人有没有水军。就算有,他们也没有水战经验,所以徐晃、满宠来战关羽,带的应该是步兵和骑兵。要解决关羽用巨舰封锁水路的问题,这个难度很大,所以它不是一个简单的谁厉害谁不厉害的问题,而是兵种和任务是否匹配的问题。所以这才调来李通。李通是江夏人,很可能知道怎么对付江夏水军。史书记载,"关羽绝北道,李通率众击之,下马拔鹿角入围,且战且前,以迎仁军,勇冠诸将"。说明关羽为了阻挡敌人,地上设置了鹿角包围圈,这和后来对付徐晃用的十重鹿角包围圈是一样的。李通一路拆鹿角,一路向前迎接曹仁,比所有将领都要勇猛。有人说了,那关羽和李通到底谁赢了?史书记载不明确,可能两边都赢了。有人说,怎么还能都赢了呢?周瑜在打南郡的曹仁,关羽绝北道是给曹仁压力,迫使曹仁放弃南郡。李通的任务是来救援曹仁。最后的结局是,曹仁放弃了南郡,李通接应了曹仁,这不是双赢吗?有人说了,因为关羽"绝北道",所以曹仁放弃了南郡,所以南郡算是刘备军打下来的。这个逻辑就好比说这次考试考得不错,因为选择题做得蛮好,这么说没毛病,但是填空题做得也很好,应用题做得也很好。关羽好比选择题,周瑜好比应用题，都有功劳。但如果关羽粉说，曹仁退兵全是关羽的功劳，我认为是不合理的。

这是209年，然后209年到215年之间，关羽被乐进、文聘骚扰的问题，这个我上面说过了，互相消耗而已。然后是215年吕蒙奇袭三郡，为什么关羽会丢了三郡，是荆州的能量被刘备抽走了，关羽此时没有技能值，吕蒙可是技能值满分的。这对比之下，关羽必定守不住。

到了四年后，219年，刘备要兑现和荆州派的交易，让关羽去打荆北，给荆北人争取家园。资源倾斜，关羽有技能值了，发动了襄樊之战，恰好赶上百年难遇的洪水暴涨，涨了十几米高，曹军被水淹，而关羽指挥的是顶级江夏水军，这足可以尽情虐曹军了，俘虏了于禁及其三万多士兵，这就到了湘关取米问题。关羽俘虏了三万多于禁的士兵，粮食不够吃，于是去抢东吴的粮食。有观点认为，这是关羽自取灭亡，你抢东吴的粮食，那东吴能不白衣渡江打你吗？还有观点说，这是于禁的计划，很高明，他认准了关羽不敢杀俘虏，故意投降，要吃穷关羽。首先说于禁想吃穷关羽的计谋，当然是不可能的，于禁是被迫投降的。其次，有人说了，关羽直接把三万降军杀了多好，不就没事了吗？又有人说关羽仁德，怎么能杀俘虏呢？其实这是个宣传攻势问题，关羽当前的任务是拿下樊城和襄阳，如果关羽杀了于禁降兵，那襄阳和樊城的将士还敢投降吗？相反，庞德不投降被杀了，这释放出来的信息是什么？投降优待，不投降就杀，这才能瓦解敌人的士气，迫使敌人投降。有人说了，实际上没用，樊城的敌人不也没有投降吗？那是因为曹魏也在搞宣传，说徐晃、张辽、夏侯惇三波援军马上就要到了，从而提升

第二部分
客观评价

了士气。

再说取米的问题。难道关羽不取米,孙权就不打关羽了吗?当然不是,那只是个借口而已。有这个借口会出兵,没这个借口也会出兵。为什么?因为赤壁之战前,鲁肃就给孙权设置好了规划,必须拿下荆州,所以拿荆州不是临时决议,是孙吴的国策。那关羽不知道孙权的目的吗?我认为是知道的。四年前,吕蒙就曾偷袭过一次了,拿下了三个郡。那关羽有没有想过,孙权会在襄樊之战这个节骨眼来偷袭呢?是想过的,所以在打襄樊之战之前,他设立了三道防线,斥候遍布,沿岸烽火。那关羽为什么不退兵呢?因为汉水暴涨十几米,眼看就要淹过樊城的城墙了,关羽军驾船攻城,这是千载难逢的好机会。襄阳、樊城互为"犄角",非常难攻克,下次汉水再暴涨十几米,不知道是哪年的事了。樊城只差一步之遥,樊城一旦攻克,襄阳失去了支撑便会立刻崩塌。只要在吴军拿下江陵之前,关羽占领樊城,吴军必定退兵。所以这就是关羽在赌,是我先拿下襄樊,还是吴军先拿下江陵,看谁速度快。江陵也不是那么好攻下的,糜芳的江陵和士仁的公安互为犄角之势,就看关羽先砍下曹仁、吕常的"犄角",还是吴军先啃下糜芳、士仁的"犄角"。结果糜芳叛变了,局势便崩溃了。

有人说了,都怪关羽,关羽对糜芳好一点,糜芳能叛变吗?这个问题不取决于关羽。关羽对糜芳再好,能帮助他重新当回刘备的大舅子外戚吗?能帮助他重新当回刘备的第一大股东吗?糜芳失去了第一大股东和主公大舅子的两个身份,谁能弥补?这个心理落差,是关羽弥补得了的吗?前大舅子、前大股东的背叛,这是刘备一碗水端不平造成的,不是关羽的锅,但它成了这场"犄角"竞赛

关羽：
关羽败在刘备的"政治失衡"

失败的关键因素。

有人说了，即使没有东吴背后偷袭，关羽也打不过徐晃。非也。关羽和徐晃交手了两个回合，第一个回合，声东击西，关羽败了；第二个回合，关羽把徐晃引入了十重鹿角的包围圈。这个计划没毛病，结果徐晃运气好，突破了包围圈，这是个小概率运气事件。连曹操都说，我用兵三十年，我听到的古代用兵的高手都没有你这么玩的。这并不能证明徐晃比关羽强，只是运气使然，而且关羽是退败，不是溃败。关羽统帅大兵团的经验比徐晃丰富，徐晃之前没有统帅过大兵团，所以徐晃能干出十重鹿角往里冲的事，但关羽此时选择了后退，退到了汉水以南。因为如果在江北，关羽将面临徐晃和樊城军前后夹击的危险。关羽退到汉水以南后，就标志着同时拿下襄樊的计划彻底失败了。

我们给关羽定三个目标：目标一，拿下襄樊；目标二，守住江陵；目标三，逃到上庸。现在一目标失败，吕蒙已经到了江陵，而关羽还没有意识到个人危险，还没有意识到他得逃到上庸，于是他选择了目标二，回救江陵，一路南下。如果他此时意识到他得个人逃亡，那得选目标三，逃到上庸，应该直接向西走去上庸，而不是南下。现在关羽得到了糜芳投降的消息，吕蒙占领了江陵，江陵城里的关羽军家眷成了俘虏，军心涣散。关羽决定西保麦城。此时孙权来诱降关羽，关羽假装投降，同时不断与吕蒙书信往来，商议条件，这都是麻痹敌人。实际上，关羽把旗子立在城上，带兵悄悄出城。结果关羽军队散了，身边只剩下十几骑。这里有几个观点：观点一，认为关羽仁德，将士们的家眷都成为东吴的俘虏，关羽体谅将士们，允许他们逃走，投降东吴，以保全他们家眷的命；观点

第二部分
客观评价

二,认为关羽军是失控了,将士们奔散,关羽任何办法都没有;观点三,认为这是关羽的计谋,故意逃散的时候化整为零,全部散开,向四面八方逃,让吴军不知道关羽本人到底往哪逃,这有利于关羽逃到上庸去。最后的结果是,孙权断定关羽会往上庸逃跑,派朱然和潘璋去堵住关羽的路。朱然堵在了靠近沮水道的临沮,所有人都以为关羽必定从临沮走,但是关羽选择了靠近漳水道的漳乡。关羽以为他骗过了吴军,但万没有想到,潘璋带着手下的司马马忠堵在了漳乡,抓住了关羽、关平、赵累,全部斩杀。

回看襄樊之战。关羽为什么发动襄樊之战?是荆北人为刘备拿下了益州和汉中,刘备得兑现承诺,为荆北人拿下荆北。战役打响后,利用顶级水军的优势,压制着襄阳和樊城,并俘虏了于禁及其三万军士。这个战绩有没有资格算s级?然后徐晃和关羽交战,徐晃侥幸打穿了包围圈获胜,但这不是襄樊之战关羽失败的核心,核心是糜芳的叛变。糜芳为什么叛变?因为从糜芳原先是刘备的大舅子、刘备军的第一大股东,现在变成了吴懿是刘备的大舅子,法正、诸葛亮是刘备军的大股东,通俗地说就是糜芳失势了,股份被稀释了,什么也不是了。这是刘备的制衡出现了问题。

然后关羽为什么不从秭归逃往益州,因为秭归被陆逊封住了。那为什么刘备不派人打掉秭归的陆逊,好让关羽逃亡呢?因为刘备的首都在成都,距离秭归较远。陆逊封锁了消息,刘备根本不知道。刘备不像孙权,孙权是天子守国门,刘备的首都在腹地,这也是政治需要。

最后,为什么上庸的刘封和孟达在关羽压制襄樊时不来协助,在关羽落难时无法前来救援呢?因为刘封和孟达要压制住上庸的地

关羽：
关羽败在刘备的"政治失衡"

头蛇申家，自顾不暇。那为什么刘备不多给刘封力量，让刘封既能压住申家，又能支援关羽呢？因为政治问题，刘封是过继子，有继承权，牵扯到刘封、阿斗谁接班的问题，也很复杂。

所以我们整体来看，发动襄樊之战，是刘备要政治回馈荆北人，糜芳叛变，是因为刘备政治失衡。刘备距离秭归较远，是因为要成为刘璋的延续，以稳定东州派。最后，为什么刘封没能力救关羽？是因为牵扯到刘备的储君问题。所以襄樊之战从头到尾都是被政治左右，关羽只是个统帅，政治问题他解决不了。关羽作为统帅，威震华夏，已经成功了，绝对 s 级了。最大的污点就是包围圈被徐晃打穿了，这不能怪关羽，这是极小概率事件，只能说徐晃太幸运了。

所以我个人认为，因为刘备崛起得较晚，缺乏管理大公司的政治经验，在政治环境不稳定和复杂的情况下，盲目乐观，并未重视存在的政治隐患，而急于去兑现拖欠许久的政治承诺，最终导致走向衰落。

关羽 小传

关羽（160年—220年），字云长，本字长生，河东郡解县（今山西省运城市盐湖区解州镇）人，东汉末年名将。

初，因事亡命涿郡。跟从刘备起兵，镇压黄巾起义，为别部司马。

建安四年（199年），刘备再次夺取徐州，关羽行下邳太守。

建安五年（200年），曹操东征刘备，关羽兵败被俘，暂时投靠曹操，被封为偏将军。

第二部分
客观评价

参加官渡之战，诛杀颜良，解白马之围，受封汉寿亭侯。

不久，关羽就离开曹操，投奔在袁绍麾下的刘备。

建安十三年（208年），随刘备进驻夏口。

赤壁之战后，参与攻取江南诸郡，授荡寇将军、襄阳太守。

建安十九年（214年），刘备平定蜀地后，以关羽董督荆州事。

建安二十年（215年），驱逐孙权所置的长沙、零陵、桂阳三郡长官。

建安二十四年（219年），刘备称王后，拜前将军。发动襄樊之战，水淹于禁统帅的七军，斩杀敌将庞德，威震华夏。

面对徐晃的进攻以及孙权的偷袭，败走麦城（今湖北省当阳县），同年十二月（220年1月中下旬和2月上旬）遇害于临沮。

张飞

张飞为什么会"刑杀既过差"

如何客观评价张飞？还是看统兵、经济、制衡三个维度。

先看制衡维度。张飞不是主公，也不是权臣，能表现其制衡能力的事例不多，但还是有一些可以参考。张飞"爱敬君子而不恤小人"。张飞对士大夫很好，对武人不好，这就是一种失衡。张飞对文人刘巴，甚至"尝就巴宿"，在刘巴家里过夜，但对武人却是"鞭挞健儿"。刘备批评张飞说是"刑杀既过差"，你对部下的刑罚失去了限度，也就是张飞动不动会斩杀手下。不过许多人感情上接受不了这个翻译，解读为张飞动不动就打手下，把刑杀解释成打，不承认张飞爱杀人，还会问，张飞杀过谁，有名有姓吗？其实还真有一个，谁呢？秦宜禄，就是曹操和关羽都要娶他老婆那个，最后他老婆被曹操娶了。曹操封他当县令，但当刘备背叛曹操夺了徐州，曹操来打徐州时，刘备逃跑，路过秦宜禄的地盘。张飞就对秦宜禄说，你老婆都被曹操霸占了，你还给他当官，别当了，跟我走吧。秦宜

第二部分
客观评价

禄想想也是，就跟张飞走了。但没走多久，秦宜禄想，不对，我在曹操那儿好歹是个县令，跟你张飞跑了，你们是流浪军团，那我啥也不是了，就后悔了，要回去，直接被张飞杀了。关羽想娶他老婆，张飞杀了他本人，这人也够倒霉了。这算不算是张飞爱杀人的事例呢？有人说了，那不是。这姓秦的后悔了，要回到曹魏那里，这就是背叛，这就是敌人，杀个叛徒怎么了？你要这么理解，也可以。张飞还劫掠过夏侯家十三岁的女儿当老婆，所以给人的印象是道德差了点。张飞的"飞"意为提升，张飞实际上字益德，"益"意为增加。很可能在他年轻的时候，家族认为这个孩子需要提升增加道德。

那我们回到张飞杀人这个问题上，为什么张飞会"刑杀既过差"？因为他是刘备封的司隶校尉，职责是监督百官。仗着这个身份，刑杀过度并不奇怪。张飞因为这个被手下刺杀了，所以刘备也是有责任的。你给张飞封了这个官，助长了他的杀戮之风。不过刘备手下有元老派、荆州派、东州派，还有益州本地人，关系复杂，是需要一个能震慑百官的人。而且这个人还得是刘备绝对信任的，相当于宗室成员，那就只有张飞了。张飞是刘备的老乡，未成年就跟着刘备混，又是儿女亲家，找不出更亲的了。刘备能无条件信任的人，仅张飞一人。张飞的制衡，算下等。

再看统兵维度。张飞是用兵高手。有人可能会说，你在搞笑吗？张飞不是大老粗吗？不是杀猪的吗？非也非也。历史上的张飞并没有杀猪的记载，也没有记载他是不是开酒楼的有钱人。但我个人认为他应该不是世家大族，否则不会放弃家乡跟刘备走，真正的世家大族不会放弃家乡的，比如田豫。有人说，张飞是美男子，是书法家，是画家。有人是张飞吹，编了许多张飞的段子，以至于误导了后人。

张飞：
张飞为什么会"刑杀既过差"

有人问了，那张飞是黑脸大胡子吗？历史并未记载，也没说张飞目不识丁。但张飞兵法厉害。巴西之战是山地战，张飞大战张郃，张飞通过小道神兵天降，直接杀出来，攻击张郃军的腰部，导致张郃军首尾不能相连。张郃丢弃战马，带着十几个人爬山逃走。下辨之战，张飞的军队没有形成集结。为了拖延时间，张飞用计谋散布假消息，让曹洪误认为张飞要切断他的后路，导致曹洪不敢进攻。虽然这招被曹休识破了，但并不影响张飞这招疑兵之计的含金量。在长坂坡的时候，张飞也是玩疑兵之计，据水断桥，瞋目横矛曰：某是张益德也，可来共决死！把敌人给唬住了。有人问，张飞算统帅吗？算的，张飞打张郃是独立统兵两个军一万人，夷陵也是要带两个军一万人来支援刘备。这是个人独立指挥的。还有和友军一起的，比如下辨之战，张飞是主帅，指挥了马超军、吴兰军、雷铜军，成为联合军的统帅。在入川时，张飞、赵云、诸葛亮一起合并入川，张飞是统帅。张飞的统兵能力是上等的。

最后看经济维度。有人说了，张飞是猛将，还要管经济发展？非也。张飞的定位是统帅，统帅需要管理经济，这很正常。比如邓艾、羊祜、杜预他们都有经济记载，而张飞没有，这并非张飞个人的问题，而是三个国家的差异。魏国是一个拥有军队的国家，蜀汉是一个拥有国家的军队。魏国一切按法律程序来，州牧和统帅都会努力发展地方经济，来强大国力。东吴则是国王与领主共治，领主像是商人一样努力发展自己的地盘，强大自己。蜀汉是一支拥有地盘的军队，类似于军政府统治，所以蜀汉的统帅大多没有什么经济举措，这和蜀汉的基因有关系。

总结：历史上的张飞，不是帅哥，不是世家大族、书法家或画

第二部分
客观评价

家,不是黑脸大胡子,他勇冠三军,是万人敌,是统帅,兵法厉害,能义释严颜、国士无双,但也能劫掠十三岁少女,也"刑杀既过差"。

曾有人问我,历史上的张飞值得我们尊敬吗?我说,不知道,我从不下这种定义。人是复杂的多面体,你如果欣赏他的义释严颜、国士无双,那就尊敬。你如果厌恶他劫掠少女、"刑杀既过差",那就不尊重。我们没必要想方设法把历史人物打造成偶像,也没必要绞尽脑汁,把谁一定钉在耻辱柱上。张飞就是张飞,不需要什么英雄、非英雄、正派、反派来定义。我们可以学习他的国士之风,也可以吸张飞的教训,告诫自己远离和自己有矛盾的人。

我们找到能学习经验的事儿,找到能吸取教训的事儿,就成功了,而不是非要崇拜或憎恨某人。因为三国距今一千八百年,我们只能尽可能地去推理出一个接近真相的古人,但永远无法了解真正真实的古人,自然不必崇拜或憎恨。

张飞 小传

张飞(?—221年),字益德,幽州涿郡(今河北省保定市涿州市)人,汉末三国时期蜀汉名将。

张飞勇武过人,与关羽并称为"万人敌"。关羽年长数岁,张飞以兄事之。

中平元年(184年),黄巾起义爆发。张飞跟从刘备起兵,镇压黄巾起义,为别部司马。

建安元年(196年),袁术攻打刘备,争夺徐州。刘备派张飞守下邳,张飞因交恶曹豹而被吕布所破。

建安三年(198年),吕布败亡之后,张飞被任命为中郎将。

建安五年（200年），随刘备与张飞投奔袁绍。

建安十三年（208年），刘备于长坂坡败退时，张飞仅率二十骑断后。

建安十四年（209年），刘备占领荆州后，张飞为宜都太守、征虏将军，封新亭侯。

建安十九年（214年），与诸葛亮、赵云等领荆州兵入川增援刘备，在江州义释严颜。刘备平定益州后，任命张飞为巴西太守。

建安二十年（215年），巴西之战中，击败魏国名将张郃。

建安二十三年（218年），武都之战中，兵败而还。

章武元年（221年），刘备称帝，张飞晋升为车骑将军、领司隶校尉，封西乡侯。

同年，被部将范强、张达杀害。谥号桓侯。

赵云
最后的元老派

如何客观评价赵云？老规矩，我们从统兵、经济、制衡、个人勇武四个维度来看。

先看统兵维度。赵云黑说了，赵云还有统兵能力，他不就是个保镖吗？非也。入川的时候，赵云独立领兵打下犍为和江阳，而张飞打下巴西，诸葛亮打下德阳。按面积看，赵云打下的地盘最大。

赵云粉说了，赵云是大将，不是保镖。非也，事实上赵云曾两次救出阿斗，并负责管刘备的内事。之前负责刘备内事的是甘夫人，赵云是甘夫人的接班人。赵云前期干的就是保镖的活，后来转职了，开始领兵了。赵云入川打的地盘最大，但不代表他没有当过保镖。当然，这要看跟谁比，要是跟魏延比，赵云不算保镖，魏延是部曲，他才是刘备的贴身保镖。可有趣的是，赵云和魏延都当过牙门将军，这个职位可能具有保卫处工作的性质。

赵云粉说，子龙七进七出，天下无敌。赵云黑说，那是演义，赵云：
最后的元老派

是假的，没有七进七出。确实七进七出是假的，但是赵云三进三出是有记载的。根据《云别传》记载，赵云在汉中之战大战曹军，三进三出，又用空营计大破敌军，被刘备称之为"一身是胆"。赵子龙一身是胆，就是这么来的。这就是赵云的个人勇武维度。能够带领十几骑、几十骑大战敌军的只有吕布、曹仁、赵云、文鸯几个人。

赵云粉说了，赵云最帅，赵云是大帅哥，他们都没有赵云帅。赵云帅不帅这个问题见仁见智，《云别传》记载，赵云"姿颜雄伟"。赵云粉会解读成，姿颜很帅，又很雄伟，就像解读诸葛亮"容貌甚伟"一样，容貌很帅，又很雄伟。如果按这个逻辑，那"容貌短小"怎么解读，容貌很帅，身材短小？其实这里的姿颜、容貌都是外形的意思，"姿颜雄伟"就是外形雄伟，"容貌甚伟"就是外形非常伟岸。有人说"伟"有美的含义，但是按照陈寿的习惯，顶级大帅哥会用"美"字来形容。比如孙策"美姿颜"，袁尚，"貌美"。其他史料里面，公孙瓒、荀彧、何晏也有"美"的记载，但赵云无"美"字。

再看经济维度。刘备占领成都后，要给手下分房分地，被赵云阻止了。赵云粉说，赵云仁德。赵云黑说，赵云是钢铁直男。然后刘备发奖金，关羽、张飞、诸葛亮、法正都有，但没记载发给赵云。赵云粉说了，第一种可能是刘备小心眼，因为赵云阻止刘备分房分地，所以发奖金唯独不发给赵云；第二种可能是发给了赵云，只是赵云的排名排不进前四，史书里面只提到关羽、张飞、诸葛亮、法正的名字，没提到赵云，不代表没给赵云发。赵云黑说了，压根就没发给赵云，赵云级别太低，没资格，其实分房分地也没赵云的事，压根就不会分给他，所以他跳出来反对刘备发给别人。我

第二部分
客观评价

的理解是这样的，关羽、张飞代表宗室，诸葛亮代表荆州派，法正代表东州派，只有宗室、荆州派、东州派得到了重赏。赵云是元老派，元老派处于劣势，没机会得到重赏。有人会问为什么，因为这是帝王的惯用手段，宗室、士族征伐者、士族本地派，帝王只会重用这三类。以曹操为例，宗室有夏侯惇、夏侯渊、曹仁、曹洪等；豫州士族，是跟随曹操东征西讨的一类；河北士族，是邺城的本土士族。只有这些人有政治能量，于禁、乐进这些元老派远逊于他们。孙权也是，宗氏中孙瑜、孙皎被重用，用孙瑜去制衡周瑜，用孙皎去制衡吕蒙，淮泗士族是征伐派，周瑜、吕蒙、蒋钦、周泰；本土士族有顾、陆、朱、张。元老派的黄盖、韩当没有太大政治能量。所以各势力的元老派都是失势的，重赏的时候没有赵云，没有于禁，没有黄盖，太正常了。

接下来就是最后一个维度，制衡。元老派是失势的。哪些是元老呢？糜芳、士仁、糜竺、孙乾、夏侯博、赵云、刘琰。糜芳、士仁叛变了，糜竺、孙乾成了吉祥物，夏侯博被曹操抓了，只剩下赵云、刘琰。有人讲了，那关羽、张飞、简雍这三个成为宗室的呢？刘备去世前，关羽、张飞就死了，等于宗室没了。阿斗上位后就是荆州派、东州派对立的局面，元老只剩下赵云和刘琰。赵云是被贬官，然后死了。刘琰更惨，被弃市。元老集团彻底结束。

总结，赵云最早是公孙瓒手下的兵王，然后跟着刘备当保镖，之后开始指挥军队，属于不得势的元老派。在元老派叛变逐渐消亡的大环境下，赵云的日子也不好过。赵云不是统帅，达不到关羽、张飞、马超的重要程度。但赵云的个人勇武还不错，一身是胆不是浪得虚名。说赵云是钢铁直男，我觉得也不至于，好歹赵云也做到了镇东将军——重号将军级别。赵云不愿意娶赵范的嫂子，这事能看出赵云有一定的政治头脑啊。能在几十年前主动回归刘备，二人同床眠卧，这也不是一般人。

赵云 小传

赵云（？—229年），字子龙，常山真定（今河北省正定县）人，汉末三国时期蜀汉名将。

初，率领义从加入公孙瓒。其间结识了汉室皇亲刘备。

建安五年（200年），刘备依附袁绍。赵云到邺城见到刘备，二人同床眠卧。

建安七年（202年），博望坡之战中，生擒夏侯兰。

建安十三年（208年），长坂坡之战中，保护幼主刘禅和甘夫人，升为牙门将军。

建安十六年（211年），刘备入益州，赵云留守荆州，为留营司马。后一年，孙夫人准备携带刘禅回东吴，赵云拦江截下刘禅。

建安十八年（213年），赵云与诸葛亮、张飞等率军入蜀，攻取江阳、犍为等郡。次年到达成都。刘备攻下成都之后，任命赵云为翊军将军。

建安二十四年（219年），汉水之战中，单枪匹马，战退曹军，取得了汉水大捷。

章武元年（221年），劝阻刘备伐吴。刘备不听谏言，执意东征，留赵云都督江州。

章武三年（223年），升任为中护军、征南将军，封爵为永昌亭侯，随后又升迁为镇东将军。

建兴五年（227年），随诸葛亮转驻汉中。

建兴七年（229年），赵云去世。

马超

马超的价值

如何客观评价马超？从个人勇武、统兵、制衡、经济四个维度来评价。

先看个人勇武维度。马超的黑粉说了，马超个人勇武不行，单挑差点被阎行杀死，完全不行。马超粉说了，马超和阎行不是约定式单挑，是在混战中相遇，可能还有其他士兵在干预战斗，不能简单理解为马超单挑不如阎行。如果马超真不行，能被评价为"信布之勇"？我个人认为，其实不矛盾。马超二十岁出头，经验不足，打不过阎行很正常。后来随着经验积累，壮年时，有"信布之勇"了，成为个人勇武天花板之一。吕布、关羽、张飞、马超、文鸯，汉末三国五强，不分先后。马超粉说了，不对，马超可是将门虎子，自幼习武，打不过阎行，一定是因为其他原因。但实际上马腾以前是樵夫，自己砍柴，背到城里去卖。马超十一岁的时候，马腾才从军，所以马超十一岁之前都是樵夫的儿子，估计每天还要跟着爸爸去砍

马超：马超的价值

柴。樵夫的儿子，二十岁出头，没打过阎行，很正常。

再看统兵维度。马超的黑粉说了，马超全是败仗，先被曹操打败，又被夏侯渊打败，去打王异又失败，这战绩还谈什么统兵？其实马超的统兵记载还是很强的，打郭援是半渡而击，虽然是钟繇教的，但领兵的是马超。然后潼关之战，提出跟曹操耗粮草，这表现了军事思想，迂回到曹操背后，万人袭击曹操百人，差点干掉曹操。曹操撤往河北了，马超闪电战快速袭击天水，占领冀城。面对张郃、夏侯渊，他能果断丢弃器械，金蝉脱壳。所以马超的统兵和军事思想确实可圈可点。马超也许读过《孙子兵法》，有两下子。马超粉说了，威震凉州的马超，兵法是很厉害，但要说马超有多帅，还真没记载。而且马超可能有百分之七十五是胡人血统，他奶奶是胡人，他母亲也可能是胡人，所以马超的胡人气息应该很浓。电视剧《新三国》里面，马超披头散发，留着小胡子那个造型，很多人说丑，我个人认为可能还真的很接近历史，还有游戏《三国战纪》里，马超也是披头散发。小时候我不懂，我总以为马超应该跟赵云一样，白马银枪才对。现在仔细想想，马超外形可能就是个减肥版的董卓。

再看制衡维度，分为三个阶段。第一阶段被制衡，第二阶段制衡，第三阶段没资格牵扯制衡。在第一阶段，马腾去了京城，烂摊子留给马超了，马超需要处理和关中军阀的关系。马超是怎么做的？马超拜韩遂当干爹，韩遂是关中联军的盟主，就像反董时袁绍是盟主一样。现在关中反曹，韩遂是盟主，盟里有十路军阀，韩遂、马超、侯选、杨秋、李堪、张横、成宜、马玩、梁兴、陈银。所以马超是韩遂制衡的对象，但马超很懂，直接拜干爹，对于不听话的、

第二部分
客观评价

不愿意加入联盟的势力，比如刘雄，马超直接将其打败。第二阶段，联盟被离间了，马超单独行动。马超快速打下凉州治所天水，击败曹操封的凉州牧。马超自封凉州督、征西将军，天水的官员们都投降了马超，马超等于自己当主公了，需要他来玩制衡了，平衡胡羌军和天水官员的关系。结果马超没玩过这群天水官员，被坑了，嫡夫人被杀，长子被杀，狼狈逃走。第三阶段，就是没资格牵扯制衡的阶段。就是人们常说的，为什么刘备不重用马超。一般马超黑粉会说，马超反复无常，怕马超会造反，刘备不敢用。马超粉会说，马超太强了，其他人嫉妒马超，排挤马超。其实这个道理很简单，刘备当时公司有三波股东，第一波股东是元老派麋竺、麋芳、士仁这些人，第二波股东是荆州派诸葛亮、马良这些人，第三波股东是东州派吴懿、法正、孟达、黄权、李严等人。现在最得势的就是第三波股东，他们是本土势力，刘备想坐稳益州，必须和他们合作。结果元老派心态崩了，投降了，荆州派一直和东州派较劲。在这种复杂、严峻的股东内卷当中，马超作为一个外来的边疆将领，既不属于任何派，也没有哪一派会把他当自己人。荆州派、东州派想被重用，都挤破头了。所以刘备要制衡元老派、荆州派、东州派的关系，而马超呢，连进牌桌的机会都没有，与他无关。

有人说了，那马超对于刘备不就等于完全没用吗？非也。所以我们来看经济维度。马超不是一个人来投刘备的，他带了一个部落——氐族杨千万部。这个部落后来创建了前仇池国，名将杨大眼就是他们家的。这么强的氐族部落，对于刘备是资产。打仗打的是兵马钱粮，这是优质兵源，价值可不小。还不止，马超到了下辩，氐族雷定部落七个部，一万多人响应马超支持刘备。我猜测雷铜就

马超:
马超的价值

是这个部落里面的，所以马超在刘备这里没被重用，但不代表没有用，氐族的杨家、雷家对于刘备都有用。我甚至怀疑，沙摩柯可能也是跟着马超来投刘备的。许多人认为沙摩柯是武陵蛮王，其实不是，沙摩柯是胡王，胡是北方，极有可能是马超带来的氐族人里面的一个部落的首领。这就是马超的价值。

有人说了，为什么这些北方胡人跟着马超往南跑呢？答案很简单，为了生存。就像三体人为什么要往地球上跑，因为自己住的地方气候不稳定，好的时候适合生活，不好的时候不适合生活。就像三体人的乱纪元和恒纪元一样。乱纪元的时候，生存存在问题，那就南下寻找资源。

马超 小传

马超（176年—222年），字孟起，扶风茂陵（今陕西省兴平市）人，马腾之子，汉末三国时期蜀汉名将。

少有健名，曹操曾多次征召马超入京为官，但都被马超拒绝。

建安十三年（208年），马腾入朝为官，马超留守凉州，被封为偏将军、都亭侯。

建安十六年（211年），联合关中军阀韩遂等抵抗曹操，被击败后，退往安定，又走奔上邽。

建安十九年（214年），前往汉中投奔张鲁。不久之后，归降刘备，被封为平西将军，督临沮。

建安二十四年（219年），刘备进位汉中王。刘备称王后，迁升马超为左将军，假节。

章武元年（221年），刘备称帝，马超官至骠骑将军，领凉州牧，进封斄乡侯。

章武二年（222年），马超病逝。

魏延

魏延的"奇谋"

客观评价魏延，可以从制衡、个人勇武、统兵、经济四个维度来评价。

先看制衡维度。魏延就是白莲花、傻白甜，拿着仙侠剧女主角的剧本，但没有女主角的幸运光环。诸葛亮是男一号，魏延是女一号，杨仪是女二号，都希望诸葛亮选择自己。女一号魏延出身低微，凭借努力一步步走到今天；女二号杨仪贵族出身，凭借自己的背景成为长史。女二号杨仪各种看不起女一号魏延，处处找魏延的麻烦，心机深重。而女一号魏延，没有心机，率真直爽，不服就干，逼急了，就对着女二号拔刀相向。女二号就向诸葛亮哭诉，搬弄是非，挑拨离间。诸葛亮去世后，女一号、女二号都想成为诸葛亮的接班人。女二号杨仪一心干掉女一号魏延。女二号放弃战场，带着大军要回京。而这个时候傻白甜、女一号魏延竟然率军挡住了女二号大军的路。女一号魏延想干什么，是想要反杀女二号吗？非也。

> 魏延：
> 魏延的"奇谋"

女一号竟然是想说服女二号陪自己继续北伐。都这个时候了，他满脑子想的还是北伐。所有人的思维模式都切换到政治模式了，现在这局游戏叫"谁当接班人"，不是"谁去北伐"。心机女二号本来就要除掉女一号，正好缺理由呢，趁机指责女一号造反，凡是跟随女一号的，就是要跟随女一号造反。这一下女一号的士兵也慌了，纷纷离开女一号。女一号吓坏了，他是来谈继续联手北伐的，万没想到自己成反贼了。他带着一些心腹，赶快逃走。女二号立刻派军队追杀。按照这个剧情，接下来应该出现男二号营救女一号，但很可惜，这不是小说，没有男二号。女一号魏延被女二号杨仪杀死，并灭了三族。这就是所谓的魏延谋反。魏延有反骨，诸葛亮设计要杀魏延，这是演义当中的故事，真实的历史是不存在的。魏延这是有多傻白甜啊，能干出逼停政敌，要政敌陪着自己去打仗这事，被杀千古不冤。

有人说了，魏延不一定是傻白甜，也许他逼停杨仪，就是为了干掉杨仪。问题是，他可以有一万种方法杀死杨仪，让杨仪自然死亡或下毒、放火、暗杀都行，结果选择堵住杨仪大军。这是在争位吗？这是在故意送人头吧！魏延属荆州派南阳系，杨仪属荆州派襄阳系。在荆州派内部，襄阳系是老大，南阳系是老二，襄阳系本就比南阳系混得好。为什么？因为庞统是襄阳人，马良是襄阳人，马谡是襄阳人，向朗是襄阳人，诸葛亮是襄阳的女婿，杨仪是襄阳人。现在庞统、马良、马谡、向朗都死的死、贬的贬之后，就剩杨仪了，他就是荆州派的二号人物，毫无疑问。但任何派系内部都是要制衡的，所以南阳人被拉出来制衡襄阳人。杨仪是长史，魏延是司马，同阶。两个人发生内卷的时候，魏延总是拔刀吓唬杨仪。诸

第二部分
客观评价

葛亮就给魏延升官，表面上升为了前军师，是升官了，实际上是魏延失去了丞相府司马这个实权身份，属于明升暗降。这就是调节制衡的小技巧。这样就形成了魏延级别高但实权小，有勇武，有战功，但是没出身、没文化；杨仪级别低，但实权大，没勇武，没战功，但是有出身、有文化，这么一种平衡状态。所以杨仪指挥大军，魏延指挥小军。

接下来看个人勇武维度。陈寿形容魏延是勇猛过人，这其实和魏延的出身有关。他是刘备的部曲。部曲是一种建立在土地问题上的依附关系，通俗理解，就是魏延家种刘备的地，比如说魏延的父母、哥嫂、妹妹给刘备种地，魏延给刘备当保镖。魏延如果好好干，刘备会多分给魏延家一点分成比例；如果不好好干，逃亡或背叛，那全家就都没了。就是这么一种关系，所以部曲一般很忠诚，也不敢不忠诚，主公也最信任他们。因为魏延勇武，逐步成为刘备的卫队长。刘备带着他入川，魏延屡有战功。刘备对魏延的信任，跟关羽和张飞比起来，对谁更多呢？真不好说，但肯定比对赵云更多。因为这份信任，魏延被刘备提拔，升官像坐火箭一样，一下封到了镇远将军、汉中太守、汉中督，超越了赵云。魏延比赵云晚入职好几年，晚认识刘备十几年，但刘备一句话，魏延就超越了赵云。所以蜀汉是帮派管理模式，丢给你一个雪茄，就你了，汉中扛把子，没有什么特别的理由，只因为帮主乐意。蜀汉是拥有土地的军队，曹魏是拥有军队的国家，东吴是与领主合作的反贼，三家各不相同。

再看统兵维度。魏延当了汉中太守、汉中督，就开启了统兵这个维度。许多人问夷陵之战，魏延怎么不参加，诸葛亮怎么不参加，魏延：
魏延的"奇谋"

是不被信任了吗？实际上，诸葛亮得在后方供应兵马钱粮，魏延得在汉中守门，参加不了。219年到228年，魏延在汉中当了十年的守门官。这十年有什么战绩吗？史料没记载，也许没有，也许有，也许有了也不记载。因为魏延最后是被写入罪人传里的，凡是罪人传里的人，不能写太多的功劳。史料里魏延的战功只有两处记载。一次是反击战，在第三次北伐和第四次北伐之间，曹魏三路军队来打蜀汉，曹真、司马懿两路因为下雨退兵，压根没见到蜀军，剩下一路是郭淮和费曜，遇到了魏延和吴懿，魏延、吴懿大破敌军，魏延因功被封为南郑侯，是县侯，顶级侯爵了。第二次记载，是第四次北伐的卤城之战。魏延、高翔、吴班大破司马懿，斩甲首三千。就这两处。魏延不是大统帅，不是独立领兵，只是奉诸葛亮的命令出击。魏延一直想当偏师，独立指挥一支军队，与诸葛亮的大军双管齐下，两路分兵进攻曹魏。但诸葛亮不同意。魏延渴望的待遇，谁得到了呢？陈式。第三次北伐的时候，陈式和诸葛亮就是各带一支军队。当然，这仗的难易程度不一样，打武都、阴平都是阳谋，所以用陈式；魏延从子午谷打长安是阴谋，难度差异非常大，所以诸葛亮不同意。魏延为什么会提出子午谷奇谋呢？这和他当了十年汉中太守、汉中督有关系。他研究了十年，最有发言权。有人说了，好可惜，没用魏延的计谋，人家研究十年了。这其实也没啥好可惜的。魏延研究十年，只研究了军事。他不懂政治，既不懂曹魏的政治，也不懂蜀汉的政治。这计谋不可能落地。

曹魏的政治需要当正统，必须定都洛阳，洛阳属于司州，司州边上就是凉州，蜀汉打的就是凉州。一旦击破凉州，那就直接兵临司州甚至是兵临首都洛阳了，这能行吗？所以曹魏必须在凉州和司

第二部分
客观评价

州之间划分一个缓冲带，重新划分出一个雍州，核心在长安。所以长安的定位是防御蜀汉军事基地，是曹魏特意制造的盾牌，而且不是一个孤立的盾牌，是能联合防御的盾牌阵。魏延的计划是奇袭敌人的盾牌阵，并认为盾牌阵的指挥官夏侯楙不行，那指挥官真是夏侯楙吗？曹魏内部用宗室来制衡士族，宗室的顶梁柱是曹真和曹休。曹休负责东部，曹真负责西部。为了制衡士族，这哥俩正需要战功来增强自己的能量，能让你蜀汉占到便宜吗？所以第一次北伐，曹真是凉州督，曹真胜利。第二次北伐，曹真还是凉州督，还是曹真胜利。曹真带着曹魏中央军。这哪里是一个如何对付长安夏侯楙的问题？蜀汉这边的政治，那更简单了。北伐曹魏的方案，是用丞相的，还是用你汉中督的？是用襄阳人的，还是用你魏延这个南阳人的？蜀汉北伐军到底谁是老大？魏延的眼里只有军事那点事儿，完全没有政治这根弦。这也是他致死的原因。

最后一个维度是经济。许多人说了，魏延是汉中太守，太守就是市长。那魏延得搞经济开发。但太守和太守是不一样的，魏延是边境城市的太守。那边境城市不需要搞经济发展了吗？问题就在这里，魏延是一个百姓被迁移走了的边境城市的太守。曹操早就把汉中几十万人全部迁走了。汉中没有人，是个空城，那里就是蜀汉的门卫室，所以魏延就算叫汉中太守，但其实不是像市长，更像保安队长。后来诸葛亮到了汉中，汉中就成了伐魏军事基地，北伐军一直驻扎在这里。诸葛亮从第一次北伐来到这里，就再也没回过成都，所以北伐军把家眷都带到这里了，没留在蜀汉当人质，不用回去。这地方只有军队和家属，没有百姓，也就不存在经济建设。

我们整体总结一下魏延。从刘备部曲成为刘备的卫队长，刘备对他极其信任,让他去门卫室当保安队长。他一心琢磨怎么对付敌人,研究了十年,但因为出身低微,没有文化,不懂政治,方案根本无法落地。诸葛亮大军来到之后,他就听诸葛亮的指挥,打了两次大胜仗。诸葛亮也用他来做内部制衡,形成整体局面稳定。他成为荆州派内部南阳系的代表,与杨仪争夺诸葛亮接班人。但还是因为出身低微,没有文化,不懂政治,是个军事脑,最后被杨仪诬陷,身死族灭,是蜀汉内部唯一一个被灭族的人。